인간중심의 **도시환경디자인**

인간중심의
도시환경디자인

나카노 츠네아키 저 | 곽동화·이정미 역

씨
아이
알

저자 서문
본 서의 목적

우리들 주변의 '도시', '지역', '마을'에 관한 가치관은 지난 수십 년간 크게 변하고 있다. 예를 들면 지구온난화 문제와 시민들의 환경의식의 고양, 그리고 2011년 3월 11일에 발생한 동북지방 대지진에 의한 피해는 우리 사회가 모르고 있는 사이에 에너지 의존형으로 이행해온 결과의 영향을 똑똑히 보여주었다. 그것을 계기로 도시에 대한 우리들의 가치관은 크게 변화되고 있는지 이 기회에 묻고 싶다.

저자는 대도시와 지방의 중소도시 계획의 전문가로서 참여하여 각지의 현실을 실감하고 지금까지와 같은 방식의 도시 만들기를 전개해도 좋은 것인지 의문을 가져 왔다. 특히 일본 지방도시의 중심시가지 공동화로 대표되는 이너시티 문제이다.

근대도시계획의 선진국인 서양 또한 그러한 징조가 1950~1960년대에 뚜렷해져 그것을 신속하게 수정했다. 그렇게 성공한 도시의 중심부는 지금 많은 시민들이 생활하고 있고 활기찬 도시가 되고 있다. 그것은 자동차 사회로 대표되는 기능적 도시 만들기에서, 지역의 전통을 중시한 인간중심의 도시 만들기로의 복귀를 목표로 한 결과였다. 일본의 도시 만들기도 그러한 점을 참고로 하여 전환해나가야 할 시기가 도래했다고 생각한다.

그것은 지금까지 많은 이론가와 전문가들이 언급해왔던 것이기도 하다. 그러한 정책의 전환은 지방뿐 아니라 대도시에서도 공통의 이념에 기초하여 전개되어 왔다. 그 주축은 다음과 같은 세 가지다.

• 도시 활력의 원점은 시민생활의 기본이 되는 생활로부터
• 지역의 역사문화, 즉 도시의 아이덴티티와 긍지의 존중

• 자동차 의존형 사회로부터의 탈각과 도시문화와 생활환경의 재생

1970년대부터 서양을 중심으로 본격화하는 에너지 정책의 전환, 그것에 박차를 가한 것이 1986년 체르노빌 원전 사고였다. 일부 나라에서는 환경중시 정책이 채택되는 커다란 계기가 되었다. 지금은 유럽연합국가에서 자연에너지 활용과 에너지 절약 도시운동으로 발전하였고, LRT와 같은 공공교통을 축으로 하여 도시를 재구축하고 도심형 거주도 실현하고 있다. 이러한 가운데 자동차 등 문명의 이로운 도구를 부정하는 것이 아니라 효과적으로 공존하게 하는 환경에 이로운 도시를 실현하고 재생하는 것으로 방향타를 돌린 것이다.

위에 서술한 내용은 거의 같은 시대에 일본에도 신속하게 소개되었지만 그것은 단편적으로 채택한 것에 지나지 않을 뿐 아니라, 좋은 결실을 거두지도 못한 것 같다. 반면에 매우 드물지만 리더의 리더십에 기반하여 지속적으로 진행하면서 전문가의 지식이 발휘된 결과, 좋은 성과를 낸 사례도 있다.

그러한 점에서 이번 일본의 지진 재해를 일본의 도시계획과 도시 만들기의 방향을 전환시키는 좋은 기회로 활용하고 싶다. 이 책은 인간중심의 도시정책을 기반으로 하고 '도시환경디자인'을 키워드로 하여 설명한다. 그뿐 아니라 종합적 설명의 일환으로서 도시 거주공간의 바람직한 상, 역사문화의 존중을 위한 의식변혁, 공공공간의 디자인, 나아가서는 '인간중심의 도시 디자인'에 관하여 설명하고 싶다. 아울러 이 책은 차세대를 담당할 젊은이들에게 그들의 역할을 알려주고 싶은 마음이 담겨 있다.

2013년 3월
나카노 츠네아키

역자 서문

세계 각지에서 지구온난화에 따른 자연재해의 위협이 잇따르고 있는 지금 한국의 도시는 안전한 것일까? 또 전 세계적으로 많은 나라에서 급격한 도시화가 진행되고 있는 상황에서 인간은 과연 도시에서 행복한 것일까? 향후 다음 세대에 물려줄 한국의 도시환경은 어떠한 모습이어야 할 것인가? 등 우리 모두는 많은 고민을 하고 있다. 2012년 겨울, 도시방재연구의 일환으로 현장 조사길에 한 서점에서 이 책을 보았을 때 '인간환경도시'라는 키워드에 서슴지 않고 책을 집어 들었다. 현재의 시점이 멈춰서고 마치 필름을 빠르게 되돌려 과거의 시점으로 돌아가서 한 세대 한 세대를 들여다보고 다시 원래의 현시점에 되돌아온 듯한 느낌으로 단숨에 책을 읽어 내려갔다. 긴 역사적 흐름을 이렇듯 단순명료하게 집약하여 설명한 것도 흥미로웠지만, 근현대 산업사회를 거치면서 에너지 의존적으로 살아온 일본이 걸어온 도시의 발자취와 현재의 당면과제, 또 이것을 해결하기 위해 그들이 어떠한 준비를 하고 있는지에 대한 과정이 담백한 설명으로 녹아 있었기 때문이다. 또한, 역사적으로 교훈을 얻을 수 있는 서구 선진 사례의 적절한 선정도 마음을 끌었다. 그것은 저자가 도시계획 전문가로서 실제로 많은 프로젝트에 참여하면서 경험한 다양한 에피소드와 도시환경을 바라보는 확고한 관점이 있었기 때문에 가능한 일이라 생각된다.

이 책은 인간중심의 도시정책을 기반으로 하고 '도시환경디자인'을 키워드로 설명한다. 도시 거주공간의 바람직한 상, 역사문화의 존중을 위한 의식변혁, 공공공간의 디자인, 나아가서는 '인간중심의 도시환경디자인'에 관하여 설명하고 있다. 목차에서 알 수 있듯이 근대도시계획의 성립, 그것의 성과와 그것이 시대를 거듭하면서 어떠한 환경적 폐해와 도시환경의 과제를 안겨주었는지, 한발 앞서 경험했던 선진국에서는 이러한 과제를 해결하기 위해 어떠한 노력으로 대응하고 있는지, 또 그 해결과정 속에서 겪어왔던 시행착오를 짚어보면서 수많은 과제에 대응하는 데 있어서 하드웨어적이고 소프트웨어적 방법의 양 측면과 실행의 구체적인 방법을 알려주고 있다.

역자인 우리는 도시계획과 도시환경디자인 분야에서 차세대를 담당할 젊은 전문가들을 양성하고 있다. 이 책은 오랜 시간을 통해 전개된 도시디자인에 대한 노력과 사회구조의 변화, 도시 인프라의 기능변화에 대한 대응을 폭넓게 다루고 있다. 그런가 하면 역사적 흐름 속에서 수많은 생각과 지역주민들의 참여과정, 다양한 사업의 실행과정들을 상세히 알 수 있도록 구성되어 있다. 도시디자인의 탄생과 재생에 대한 결과들을 단편적으로만 접하는 것이 아니라, 그 나라의 역사적인 배경에 비추어 과정을 들여다볼 수 있게 해주는 도시환경디자인 분야의 입문서이다. 이 책은 수많은 전공서를 읽지 않고도 도시디자인의 역사적인 흐름과 현시점에서의 도시환경디자인의 위치를 알게 해주는 관점을 길러준다.

산업중심의 경쟁사회로 무분별하게 받아들여지고 있는 '기술과 디자인' 속에서 살아가고 있는 우리는 인간중심의 도시환경디자인에 대한 필연적인 요구와 근본적인 대응책을 강구해나가지 않으면 안 된다. 선진 사례의 성공적인 사례를 단편적으로 선택하여 적용하기보다는 그들이 걸어온 역사적 흐름 속에서 어떠한 생각을 거쳐 대응책을 마련해왔는가에 대한 체계적인 방법론과, 성공적인 사업을 위하여 지역주민과 행정이 어떠한 노력으로 협의과정을 이끌어냈는지에 집중할 필요가 있다.

지금 우리나라 도시환경디자인에 필요한 것은 이와 같은 맥락적이고 장기적 안목을 가진 전문가의 양성과 지역주민 한 사람 한 사람의 의식변화, 각 도시의 현실적인 배경에 기반한 창조적인 움직임이다. 이 책은 그것을 지향하는 이들에게 동반자 역할을 할 것이다.

목 차

저자 서문 – 본서의 목적 | 3

역자 서문 | 5

서설 – 인간환경도시를 향한 길 | 9

제1장 근대도시계획에서 도시환경디자인으로

　제1절 근대도시가 목표로 해온 것 | 17

　제2절 1960~1970년대 유럽과 미국의 도시재생운동 | 23

　제3절 뉴어버니즘 운동과 타운매니지먼트 | 43

　제4절 일본 도시 만들기의 재검증 | 49

제2장 서양 도시에서 보이는 거주기능과 도시재생

　제1절 영국의 역사지구 재생 | 69

　제2절 독일의 도시재생 | 82

　제3절 다른 유럽 나라들의 도시재생 | 93

　제4절 수변공간의 거주기능 창출 | 99

제3장 환경의 시대–저탄소화 사회의 도시 만들기

　제1절 공공교통·자전거도로의 부활 | 109

　제2절 LRT·버스의 '역' | 126

　제3절 철도의 재건, 역사 디자인 | 140

제4장 도시의 활성화와 보행자 공간

    제1절 도심의 보행자 공간 | 155

    제2절 거주지역의 보행자 우선사상 | 182

    제3절 오픈카페 운동 – 거리활용의 실천 | 186

제5장 수변공간의 회복 – 도시의 안식처

    제1절 수변공간 재생에 대한 기대 | 199

    제2절 하천·운하의 친수공간 정비 | 211

    제3절 항만지구의 재생 | 223

제6장 도시의 그린–랜드스케이프

    제1절 도시재생을 위한 그린, 랜드스케이프 | 239

    제2절 도시의 공지에 그린과 광장을 | 251

    제3절 녹지가 도시를 변화시킨다 | 258

제7장 옛것을 소중히 생각하는 마을 만들기

    제1절 역사를 되살리는 마을 만들기 시대 | 273

    제2절 건물의 보존, 수복, 컨버전 | 290

    제3절 역사적 거리의 보존, 수복 | 311

    제4절 산업유산의 보존과 활용 | 323

제8장 도시의 매력 만들기 – 생활공간의 디자인 프로듀스

    제1절 도시환경의 연출 | 345

    제2절 걷고 싶은 거리형성을 향하여 | 365

    제3절 도시의 매력 만들기를 위한 시스템 | 377

맺음말 | 384

인용문헌·참고문헌 리스트 | 387

서 설
인간환경도시를 향한 길

일본의 도시 만들기는 약 150년 전 막부의 개항 이후인 메이지, 다이쇼, 쇼와 시대를 거치면서 서양의 도시 만들기를 규범으로 한 근대적 도시건설을 추진해오면서 발전했다. 1960년대 이후의 고도 경제성장기에 자동차 사회를 수용하기 위한 근대도시계획과 공공사업을 전국의 지자체에 전개시켜 왔다. 시민의 근대적 도시생활은 그것들에 의하여 가능해진 것이 사실이다.

서양에서 성립한 근대도시계획이론, 그것은 산업혁명기의 대도시 혼란과 자동차 사회의 도래를 예견하고 그것에 대응하기 위해서 탄생하고 발전한 것이다. 일본 전국 지자체를 대상으로 한 본격적인 도입은 1960년대 후기이다. 그 시기는 일본에서 고도 경제성장기에 해당한다. 전후 부흥기가 지나고 도시도 대도시와 지방을 불문하고 활기를 띠었다. 도시의 백화점, 상점가, 영화관 등이 활력이 넘쳤고 많은 사람들로 넘쳐나는 시대였다. 그것은 시가지의 확장과 중심시가지의 고도토지이용, 주택지의 교외화와 도로와 같은 기반시설 정비가 시작되는 시대였다.

대략 그 시기에 이미 근대화가 진전된 서양 선진도시들은 중심시가지의 황폐화를 경험하게 된다. 자동차 사회의 수용과 도시확장, 도시기능의 확산, 교외 개발로 인하여 구도시가 해체된다. 그것을 해결하기 위해 등장한 새로운 사업이 다시 해체를 조장하여 모순을 깨닫기 시작한다. 그 수정으로서 다양한 제안이 나오고 시행되기 시작한다. 1970년대 초반의 일이다. 나라에 따라 각각의 방법론이 시도되었지만 공통된 시점은 인간환경의 회복이었다. 황폐화된 중심시가지의 회복을 위한 시책이 전개된 이후 30년이 지난 지금, 그 도시들의 대부분이 재생에 성공했다. 그러한 성공에는 생활공간에 주목한 개선 수법이 있었다.

[그림 1] 일본 도시의 활기를 묘사한 삽화
이러한 광경은 일본의 어느 도시에서도 존재
했다.
(출전:『まちづくりの知恵と作法』 北山孝雄他著
三井不動産との共編、日本経済新聞、一部トリ
ミング使用)

그에 비해 일본의 사회자본은 계속해서 도로와 같은 인프라 정비에 중점을 두었다. 그것이 지금의 풍요로움을 가져왔다고 말할 수 있지만, 생활환경은 선진국들에 비교하여 상대적으로 빈약한 것이 눈에 띤다. 고도성장기에서 안정성장, 그리고 최근 10년간 진행된 도시재생의 시대, 일본 각지에서 다양한 시책이 전개되고 있지만, 대도시를 제외하면 많은 도시에서 도시의 활력을 향상시키는 데까지는 도달하지 못했다.

필자는 본문에서 몇 차례 소개될 기타큐슈의 모지항 재생 프로젝트에 25년 가까이 참여하면서 재생에 대한 관점을 얻게 되었다. 반면 그곳에서 고속도로로 약 1시간 정도 떨어진 나의 고향에 위치한 전통 중심상점가는 셔터가로가 되어 있다. 그 상점가를 끼고 대치해 있던 2개의 대형상점은 이미 폐점되었고 지금까지 한산한 빈 주차장의 광경이 몇 년간 지속되고 있다. 중심시가지 문제에 정통한 류코크 대학 야사크 히로시 교수는 자신의 최신 저작『도시축소의 시대』[1]에서 그러한 광경을 "이것처럼 잔혹한 도시는 본 적이 없다."라고 표현하고 있다.

그곳은 내가 고향을 떠났던 40년 전까지 도시에서 가장 활력이 넘치던 상점

---

1)『都市縮小の時代』矢作弘著、角川書店(2010)

[사진 1] 저자 고향의 셔터가로 40년 전까지 가장 활기 넘치는 상점가였다.

가였다. 많은 친구들이 거주하고 직주일체형의 생활공간이기도 했다. 당시의 시장이 도시 전후부흥계획으로서 일본에서 가장 이상적인 도시계획이라고 자랑하던 저자의 어릴 적 기억이 있다. 저자도 대학에서 건축 및 도시계획을 배우고 후에 그 계획에 관여하였지만 기묘하게도 그 당시의 시장은 대학의 유명한 건축전공 교수였던 것으로 알고 있다. 전후 혼란기에 있어서 이상적인 모더니즘 도시를 목표로 하여 그곳에 미래도시의 꿈을 그리려 했던 것같다. 그것은 모델 도시로 소개되었다. 도시는 공업도시로 발전하는 가운데 새로운 도시계획제도를 도입하고 시가지의 확대와 중심상업지의 활력 증진을 모색하는 것처럼 느껴졌다. 그러나 이후 저자가 고향을 방문할 적마다 쇠퇴해가는 말기적 증상과 같은 현상이 계속되었다. 상점은 이빨이 빠져나가는 것처럼 하나씩 문을 닫기 시작했다.

그러한 사이에 저자는 일본 각지의 도시 만들기 실천에 참가하면서 그러한 현상이 일본 전국에서 일어나고 있다는 사실에 아연실색하게 된다. 원래 목표로 해야 했던 도시의 성장관리, 건전한 토지이용의 유도와 발전, 그것을 지탱하는 인프라로서의 도로망, 그러한 것들이야말로 근대도시계획의 중요한 핵심이라고 말할 수 있지만, 그 처방전이 잘못되었기 때문에 언제부터인가 지방 중소도시의 중심시가지는 해체돼버렸다. 근세 이후 긴 역사 속에서 배양되어 온 콤팩트한 스케일의 직주복합도시가 근대적 도시로의 발전이라는 이름하에 도시의 기능이 해체되고 확산된 것이다. 그것은 도시의 경제발전이라는 대의명분에서 중심시가지로부터 거주기능을 소멸시킨 정책과 자동차 사회의 수용을 위한 여러 공공사업에 기인한다. 그곳에는 시민을 위한, 즉 인간환경을 위한 시점이 결여되어 있다고 생각한다.

한편 저자는 1970년대 이후 서양 선진도시에서 행해진 보행자 공간의 환경 개선과 도시재생의 현장을 보게 된다. 그 시기 서양 도시에서는 쇠퇴한 풍경이 남아 있었고 일본의 지방도시가 더 건강했던 기억이 있다. 그러나 그 후, 활력의 풍경이 역전된다. 앞에 서술한 바와 같이 서양 선진도시는 중심시가지 폐해의 원인을 제거하고 그것을 수정하는 방향을 시행한다. 그것은 수십 년이 지난 지금 커다란 결실을 맺는다. 도시 중심부로 많은 사람들이 되돌아오고 생활가로가 부활한다. 자동차는 보행자를 배려하면서 통행한다. 그곳에서 남녀노소, 자녀 양육 세대가 편리한 생활을 만끽한다. 그렇지만 일본은 어떠한지 묻고 싶다. 저자는 그러한 다름이 역시 인간환경에 대한 시점과 도시환경디자인의 세계에 대한 커다란 차이에 있다고 생각한다. 실제로도 앞으로 몇 년간 유럽의 도시, 북남미, 아시아 등의 건강한 도시를 방문하여 지난 수십 년간의 도시 만들기의 성과를 확인할 계획이다.

도시의 활력을 재생시키기 위해서 다음과 같은 것이 필요하다. 즉 분해된 도시의 기능과 활력의 재구축, ① 그로 인해 많은 사람들이 모여들고 거주하는 것이다. ② 또 인간의 따뜻함과 배려를 서로 느끼게 하는 것이다. 그러한 도시로 되돌리지 않으면 안 된다. 이는 기능도시에서 감성도시로의 회복이다. 그것을 위해서 안전하고 건강한, 그리고 즐거운 휴식이 있는 환경 만들기가

[사진 2] 저자가 장기간 참여한 기타큐슈 모지항지구
수변공간의 활력

필요하다. 그것이 인간환경도시로의 길이라고 확신한다. 그곳에 도시환경디자인의 키워드가 존재한다. 그것을 위해서는 지금까지 가졌던 도시계획에 관한 가치관이 요구된다.

이 책은 이러한 시점에서 스스로의 궤적을 더듬어가면서 각 장을 설명하고 있다. 제1장은 '근대도시계획에서 도시환경디자인으로'로서 근대도시계획이 목표로 한 이상에서부터 현대 도시 만들기까지의 계보에 관한 것이다. 제2장은 1970년대 이후의 서양 도시에서 나타나는 거주기능과 도시재생에 관한 것이다. 제3장은 환경의 시대 – 저탄소화 사회의 도시 만들기로서 자동차 사회로부터 벗어나기 위한 공공교통·자전거 시대를 위한 준비에 관한 것이다. 제4장은 도시의 활력향상과 보행자 공간 정비에 관한 것이다. 제5장은 수변공간의 회복 – 도시에서 힐링의 공간에 관한 것이다. 제6장은 도시의 그린 – 랜드스케이프에 관한 것이다. 제7장은 옛것을 중요시하는 마을 만들기로서 역사적 건조물의 보존에서 컨버전, 경관, 산업유산의 보존 활용 등에 관한 것이다. 제8장은 도시의 매력 만들기 – 생활공간의 디자인 프로듀스에 관한 것이다. 그뿐 아니라 저자가 방문한 국내외 아름다운 도시, 건강한 도시를 소개하고자 한다. 그곳에는 '도시 만들기로부터 도시 사용하기'로의 시점, 즉 성숙한 도시사회에 있어서 공간디자인만이 아니라 그것을 운용해가는 시민 주체의 도시를 즐기는 방법, 도시의 매력 만들기가 포함되어 있다.

제1장

근대도시계획에서 도시환경디자인으로

영국 전원도시
레치워스 공원의 한적한 풍경

제1장

근대도시계획에서 도시환경디자인으로

제1절 근대도시가 목표로 해온 것

1. 근대도시계획이론의 등장

근대도시계획이 목표로 해온 것은 무엇인가라는 것을 재확인해 보고자 한다. 근대도시계획의 기원은 앞에서 설명한 것과 같이 산업혁명기의 영국이라고 보고 있다. 산출된 풍부한 철이나 석탄과 같은 자원, 식민지에서 입수한 각종 산물들, 이러한 것들이 공업을 일으키고 기술혁신과 부의 축적을 가능하게 하여 지역경제를 더욱 확대시켰다. 이러한 혁명은 유럽 전역에서 세계로 확대되어 갔다. 일본으로는 19세기 중반의 막부 말기부터 메이지 시대에 걸쳐 유입되었다. 그것의 에너지원인 석탄의 소비는 비약적으로 증대되어 굴뚝에서 대량으로 배출되는 매연은 영국 도시에 심각한 대기오염을 발생시켰다. 19세기 말 호흡기질환에 의한 도시주민의 사망률 증가는 커다란 사회문제가 되었다. 그리하여 인구집중에 의한 거주환경문제와 교통문제 등과 같은 다양한 문제를 갖게 되었다. 그러한 것들을 해결해야 하는 상황에서 도시계획이론이 등장하게 된다.

도시계획이론의 기본이 토지이용계획론이고 생산의 장소인 공장지역과 거주의 장소인 주택지역의 분리, 그것이 토지이용계획론의 원점이었다. 이것을 발전시킨 것이 이후에 등장하는 학자와 건축가들의 도시론이었다[1]. 그것은 공장의 분리에 더하여, 상업 및 업무용지를 주택과 분리하는 것과 같은 다양한 제안을 제시한다. 그것은 고대와 중세, 근세에 계속되어 온 혼연일체의 도시를 근대도시로 탈피시킨 커다란 변혁이 된다. 대표적인 것이 하워드의 '전원도시', 르코르뷔지에의 '빛나는 도시'이다.

2. 이상도시 = 전원도시 + 빛나는 도시

하워드의 '전원도시'

산업혁명 이후 영국의 혼돈된 상황에서 사회학자 겸 근대도시계획의 아버지라고 일컬어지는 하워드Ebenezer Howard는 전원도시론을 주창한다. 1898년에 『내일 – 진정한 개혁에 도달하는 평화의 길Tomorrow : A Peaceful Path to Real Reform』을 출판했다. 4년 후인 1902년에 개정판 『내일의 전원도시Garden City of Tomorrow』가 발간되고 다음 해인 1903년에 많은 추종자의 지원을 받아 런던 북쪽 교외에 위치한 최초의 전원도시인 레치워스의 오픈식이 행해졌다. 이러한 실현의 보도는 영국에 한정되지 않고, 산업혁명 이후 도시문제에 직면한 다른 국가에 전해지면서 추종자들이 계속 출현하게 된다. 새로운 삶의 방식, 즉 교외의 풍부한 자연과 공존하는 주거환경이 이상적인 모습으로 받아들여졌다. 그것은 이후의 도시 존재방식에 커다란 영향을 주게 된다. 철도와 자동차의 발명도 그것의 외연을 확장시켰다.

---

1) 당시의 주요한 도시론

하워드(1850~1928)의 '전원도시', 로버트 오웬(1771~1858)과 샤를르 프리에(1772~1837)의 '이상도시', 토니 가르니에(1869~1948)의 '공업도시', 르코르뷔지에(1887~1965)의 '300만 명의 현대도시', '빛나는 도시'

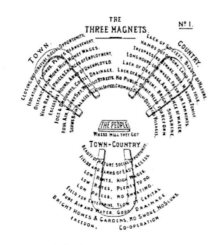

[그림 1] 하워드가 제창한 전원도시의 3개의 자석

'도시'와 '농촌', 그리고 2개의 자석에 더하여 도시와 농촌의 장점을 겸비한 '도시-농촌'이라는 3개의 자석을 가지고 도시의 견인력을 표현했다.

르코르뷔지에의 '빛나는 도시'

프랑스의 건축가 르코르뷔지에는 1930년에 제창한 '빛나는 도시프랑스어: *La Ville Radieuse*, 영어: *Radiant City*'의 계획안을 제안하는데, 그것은 앞으로 도래할 자동차 사회를 예언하고 보행자로와 차도가 분리된 넓은 도로와 녹지의 오픈스페이스, 고층의 건물군 등 당시로서는 매우 혁신적인 도시상을 표현하고 있었다. 그것은 이전 유럽 중세도시의 견고한 석조건축과 좁고 어두운 좁은 길, 그리고 당시 만연한 전염병의 극복과 공해로부터의 탈각인 것이었다. 그것을 가능하게 한 것은 산업혁명의 산물인 건축구조기술과 재료였다. 르코르뷔지에는 당시 건축계의 변혁을 이끈 거장으로서 필로티, 옥상정원, 자유로운 평면, 수평 연속창, 자유로운 입면이라는 근대건축의 5원칙은 현대의 건축과 도시의 어휘로서 활용되고 있다. 그는 세계적으로도 많은 건축작품을 남긴 것으로 알려져 있다.

르코르뷔지에는 세계대전 이전의 1928년에 조직된 근대건축국제회의CIAM 활동의 중심적 역할을 담당하고 1933년의 '아테네 헌장'에서 도시의 '거주', '일', '휴식', '교통'이라는 4가지 기능에 더하여 조닝, 그린벨트, 보차분리, 오픈스페이스의 확보를 주창한다. 그것의 완성판이 '빛나는 도시'이다. 그것

[사진 1] 영국의 전원도시 레치워스의 가든시티 박물관의 포스터
[출전: 현지에서 받은 포스터(2009)]

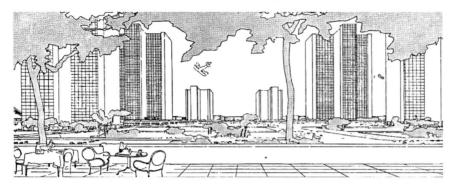

[그림 2] 르코르뷔지에의 '빛나는 도시'를 상징하는 삽화
(출전: 『ル·コルビュジエの構想−都市デザインと機械の表徴』 (The cities=new illustrated series) ノーマ·エヴアンソン著, 酒井孝傳訳, 井上書院)

의 사상을 가장 정확하게 표현한 문장이 있다. "대공원을 거쳐서 빛나는 도시에 들어가는 것으로 하자. 우리들이 탑승한 자동차는 장엄한 초고층 빌딩의 사이에 만들어진 고가의 자동차 전용도로를 빠른 스피드로 빠져나간다. 24층의 초고층 빌딩이 계속해서 나타나고 사라져 간다. 도시 중심에는 행정기능을 담당하는 건물이 좌우에 이어지고 그 주변에는 미술관과 대학의 건물이 산재해 있다. 도시 전체가 공원 그 자체인 것이다." 이것은 1922년에 르코르뷔지에가 발표한 '300만 명의 현대도시'의 한 문장이다.

'빛나는 도시', 이것을 구현한 것이 1951년부터 시작되는 인도 펀자브 주의 수도인 샹디가르의 신도시 건설이다. 그것은 가까운 미래의 자동차 사회를 예언하고 넓은 도로와 기하학적 패턴을 적용하고 그것에 의해 분리된 가로에 당시 첨단의 철과 콘크리트를 사용한 건물군이 규칙적으로 배치된다. 건물 하부의 주변공간에는 공원과 같은 광대한 오픈스페이스가 연속된다. 그리고 고속도로가 뻗어나가고 도시 전체가 기능적으로 연결된다. 태양의 빛이 도시의 구석구석까지 내리쬐어 고층 빌딩들을 빛나게 하고 있다. 그곳에는 중세부터 계속된 석조의 두꺼운 벽과 어둡고 좁은 도로로부터 해방된 근대적인 자태, 그리고 그것을 뒷받치고 있는 산업혁명 이후의 기술혁신이 있었던 것이다.

그 이론의 후계자들이 세계 각지에서 신도시 건설에 관여한다. 샹디가르의 완성에 이어서 건축가 루시오 코스타가 설계한 브라질의 새로운 수도 브라질리아 계획 또한 빛나는 도시의 구현이다. 도시기능의 조닝과 도로의 위계에 따른 도로폭 구성, 보차도의 분리 등 이러한 것들이 이후 세계의 도시계획에 커다란 영향을 주었다. 현대의 세계적인 대도시에 건설된 고층 건축의 경관, 예를 들면 프랑스 파리의 라 데팡스, 오스트리아 빈의 국제연합도시 UNO시티 등에서 보이는 신도시 풍경, 이러한 도시들은 현대의 국제양식이지만 그러한 모습의 원점은 '빛나는 도시'에 있다고 해도 부정할 사람은 없을 것이다.

3. 자동차 사회의 진전에 따른 도시의 변화

20세기 서구의 모든 나라는 자동차 사회의 도래를 맞이한다. 이러한 상황에서 도시를 벗어나는 주민이 현저하게 증가하고 도시의 모습은 급변한다. 반면 도시는 농촌을 떠나온 노동자들이 모여들고 환경악화 등의 커다란 사회문제가 발생한다. 그곳에는 제1차, 제2차 세계대전, 환경악화 지대의 재개발과 도로정비를 포함한 도시개조가 진행된다. 이것은 산업혁명을 성취한 나라와 도시에서 공통되는 현상이었다.

1950년부터 1960년에 걸쳐 공업화의 진전과 함께 도시에 인구가 집중되고 도시 안의 거주환경이 악화되어 그것의 개선과 교외 뉴타운 건설이 진행된다. 런던에서 50km 떨어진 레치워스, 웰윈 또한 팽창하는 런던 도시권에 포함되어 간다. 뉴타운 계획의 확대와 수송수단의 발전이다. 결과적으로 도시 부유층의 전출이 눈에 띄게 되는데 일반 시민도 그 경향을 추구하여 빈집이 증가하였고 거리를 왕래하는 보행자의 수도 감소한다. 중심시가지는 경제적 지반침하가 동반되어 도시의 모습이 크게 변화한다.

그것에 대처하기 위하여 영국정부는 「1947년 도시·전원계획법Town and Country Planning Act, 1947」을 제정하고 종합개발지구제도에 의한 스크랩 앤드 빌드scrap and build 방식의 재개발을 추진해간다. 행정 측이 도로 등의 기반정비를 행하고 그곳에 새로운 기능을 부가하는, 즉 지구의 갱신을 목적으로 하여 강제 수용권을 활용하여 추진해간다. 이렇게 함으로써 1950년대 이후 황폐화된 지구의 재개발과 도로정비가 급격하게 진전된다. 이러한 경향은 나라에 따라서 시간적 차이를 가지고 나타나지만, 서구의 모든 나라 및 아메리카 등에서도 유사하게 볼 수 있다. 이 시대에 각지에서 자동차 사회에 대응한 슈퍼 블록 방식의 재개발이 전개된다. 즉 근대도시계획에서 내걸었던 주거와 공장 혼합 지역의 해소라는 용도 분리의 '토지이용계획', 지역을 연결하는 도로와 철도 등의 인프라 정비의 '도시시설', 토지의 고도이용을 위한 '재개발'은 그 시대에

[사진 2] 국제연합도시 UNO시티(오스트리아 빈)

필연적이었다. 그것이 세계적으로 근대도시계획의 주류였다.

그러나 그러한 의도에 반하여 1950년대 이후 몇몇 도시에서 중심부 황폐라는 문제가 나타난다. 도시개조를 위하여 행정 측은 강제수용권을 이용하여 도로 등의 기반정비를 행하고 그곳에 새로운 기능을 부가한다. 즉 지구 쇄신을 추진해간다. 이러한 대담하고 강제적인 외과적 방법은 대형 상업시설의 도입을 통해서 경제적 효과를 얻지만, 기존 상점가의 쇠퇴를 멈추게 하지는 못하고 역사적 경관의 파괴라는 비판의 대상이 된다.

또한 슈퍼 블록 방식의 재개발을 비판하는 도시론이 탄생한다. 대표적으로 뒤에 서술하는 제인 제이콥스의 '미국 대도시의 죽음과 삶'에서 주장하는 도시론이 출현하고, 영국에서는 역사적인 도시재생운동이 일어난다. 특히 전국토가 역사적 도시라고 일컬어지는 유럽의 나라들에서 중심시가지의 쇠퇴와 황폐는 커다란 사회문제가 된다. 그것을 극복하기 위한 정책 전환이 1960년대부터 1970년대에 걸쳐 진행된다.

[사진 3] 고속도로망과 교외주택지개발(샌프란시스코 교외)

[사진 4] 슈퍼 블록 방식이 적용된 재개발지구의 전형 볼티모어 찰스센터 지구

제2절 1960~1970년대 유럽과 미국의 도시재생운동

유럽과 미국의 20세기 초부터 중반까지의 경제 발전기에 있어서 자동차 중심의 도시개발 사업은 시민의 행복과 도시의 발전을 가져다주는 것으로 인식되었고 그러한 방식의 건설이 진행되었다. 그러나 시대의 추이에 따라서 가치관이 크게 변하고 수정된다. 그러한 변화는 1960년대부터 1970년대에 걸쳐 현저하게 나타났다.

그러한 시대를 상징하는 것이 미국인인 두 명의 제이콥스다. 작가 겸 저널리스트이고 후에 사회학자로 평가받는 제인 제이콥스Jane Butzner Jacobs, 1916~2006 [2]는 자신의 책『미국 대도시의 죽음과 삶The Death and Life of Great American Cities, 1961』에서 당시의 도시 재개발 방식에 경종을 울렸다. 다른 한 명은 샌프란시스코 시의 도시계획국장 알란 제이콥스Allan B. Jacobs로 그는 행정이 경관 계획과 역사적 건물의 보전에 관여해야 한다고 하고 그 지침으로서『샌프란시스코 도시 디

---

2) 제인 제이콥스 저작 일람
• 『미국 대도시의 죽음과 삶』, 유강은 역, 그린비(2010).
• *The Economy of Cities*, Vintage Books(1970).
• *Cities and the Wealth of Nature*, Vintage Books(1985).

자인 플랜 1971San Francisco Urban Design Plan 1971』을 발표했다.

한편 근대도시계획의 발상지 영국에서는 당시 쇠퇴하고 있는 지방 역사도시의 현상을 상세하게 조사하여 정책 전환을 불러일으키는 계기를 마련하였다. 그것은 1968년 역사도시보존 조사리포트"Studies in Conservation"(HMSO 1968 : Her Majesty's Stationery Office : 영국의회·정부자료인쇄청)이다. 그것을 수용하여 전개된 '도시재생운동'은 중심시가지 공동화 문제를 가진 미국과 유럽의 유사한 도시들에게 도시정책의 전환을 촉구하는 계기가 된다. 그것은 1970년대에 들어서면 역사도시에 한정되지 않고 많은 도시를 대상으로 한 본격적인 중심시가지 재생으로 돌입하게 된다.

1. 제인 제이콥스의 『미국 대도시의 죽음과 삶』

이 책이 출판된 1961년의 미국은 제2차 세계대전 이후 경제 호황기를 배경으로 하여 자동차 사회의 절정기에 있었다. 제이콥스는 미국 대도시가 자동차 중심이 되어 인간 부재의 상황이 된 것에 의문을 가지게 된다. 그녀는 역사가 짧은 미국이지만 사람들의 삶의 집적으로 이루어진 중심시가지에는 인간적 매력을 지닌 요소가 많이 남아 있는 것을 발견하고 '도시가 지닌 다양성'의 중요성을 호소한다. 그녀는 4개의 원칙을 제안한다. 당시 미국의 도시계획 및 건축 전문가와 학생들에게 커다란 영향을 끼친 4개의 원칙을 소개하면 다음과 같다.

① 복합용도지역의 필요성

지구district 내부의 가능한 많은 장소가 단일의 기본적인 기능만이 아니고 여러 가지 기능으로 작동되어야 한다. 가능하면 2개 이상의 기능을 담당하는 것이 바람직하다. 이것은 근대도시계획의 단조로운 조닝에 대한 비판이다. 도시계획은 주택지구, 상업지구, 업무지구 등의 각각의 기능을 담당하도록 구분된다. 상업지는 야간과 주말에는 사람의 왕래가 없어진다. 야간에 사람이 적은 넓은 공원은 무서운 장소가 된다.

② 소규모 블록의 필요성

커다란 블록block은 짧아져야 한다. 이것은 여러 가지 가로가 존재하여 여러 가로를 경험할 기회가 빈번해져야 한다는 것이다. 이것은 수많은 작은 블록

[그림 3] 제인 제이콥스의 『미국 대도시의 죽음과 삶』의 원서 표지 (출전: The Death and Life of Great American Cities, 소장 원서를 스캔한 것)

을 제공함으로서 사람과 물리적 공간과의 회유성의 창출이 가능하고 인간적인 스케일을 가진 도시의 좋음을 호소하는 것이다.

③ 오래된 건물의 필요성

지구district는 건축 연도가 상이한 건물들이 혼합되어 있어야 한다. 물론 오래된 건물이 질서 있는 조화를 지니고 있는 것도 포함된다. 오래된 건물을 혼합함으로써 도시의 따뜻함, 경제적 가치, 역사성이 지켜진다고 주장하고 있다. "새로운 아이디어는 오래된 건물에서 생겨나지만, 새로운 건물로부터 새로운 아이디어는 생겨나지 않는다."라는 제이콥스의 문장은 유명하다.

④ 집중의 필요성

어떠한 목적에서 사람들이 거주하더라도 해당 지역의 인구는 충분한 밀도로 집중되어야 한다. 이것은 그곳에 살고 있는 사람들도 포함된다. 고밀도로 다양한 사람들이 콤팩트하게 생활함으로써 활기가 창출된다. 인구밀도가 높다는 것은 거주해본 결과, 그곳이 매력적인 도시인 것을 나타낸다고 주장했다.

제이콥스의 책은 당시 미국뿐 아니라 세계 각국의 도시 및 건축 전문가들에게 커다란 영향을 주었고 많은 번역서가 출판되었다.

2. 샌프란시스코 도시 디자인 플랜 1971

미국 서해안의 샌프란시스코에서 역사적 건물의 보전과 경관, 도시경관, 주민참가 등을 키워드로 하여 본격적인 행정적 움직임이 시작된다. 1967년 샌프란시스코 도시계획국 국장으로 취임한 알란 제이콥스(~1975)가 등장한다. 그것의 행정지침이 된 1971년의 『도시 디자인 플랜』이 출판된다. 그때까지 평면적인 토지이용과 선적인 인프라 계획, 거점의 재개발계획이었던 것을 입체적이고 공간적인 스케일에서 재검토하고 보다 구체적인 디자인 지침을 완성했던 것이다.

그 내용은 미래의 도시의 방향성을 고려하는 데 있어서 계획 레벨에 더하여 시각을 중요시하는 인간의 감성에 호소하는 도시 디자인을 강조한다. ① 도시의 패턴, ② 역사적 경관과 건물 보전, ③ 주요한 신규개발, ④ 근린환경이라는 4개의 장으로 정리되고 도시환경의 질적 향상을 목표로 한 것이었다.

예를 들면, 경관적 측면에서 구릉지의 위에서 바다로의 조망을 저해하는 건물의 규제, 도시의 스카이라인을 강조하기 위한 건물유도수법, 역사적인 목조 타운하우스 파사드의 보전, 도시 내 가로의 야간조명 가이드라인, 가로수 마스터 플랜 등이다. 상세한 도시계획수법이 망라되고 또한 그 플랜은 도시 스케일의 계획도에서 부분 평면도, 현 상태와 계획 이미지의 스케치 비교 등이 포함되어 일반인도 이해하기 쉬운 표현방법이 적용되었다.

그의 8년간의 활동은 『샌프란시스코 도시계획국장의 투쟁Making City Planning Work, 1980』으로 일본에서 번역 출판되었다. 미국의 1970년대는 베트남전쟁의 패전을 계기로 물질문명 일변도에서 정신문화, 역사, 커뮤니티를 지향하는 전환기가 되었다. 그러한 의식의 변혁은 유럽을 비롯한 선진국들의 도시계획 행정에 커다란 영향을 주었다고 높이 평가받고 있다.

[그림 4] 샌프란시스코 도시 디자인 플랜 1971의 1항

[그림 5] '샌프란시스코 시 도시 디자인 플랜 1971' 책 중의 이미지 스케치 표현, 왼쪽이 바람직한 예

1970년대에 일본에서 처음으로 도시 디자인 행정을 전개한 요코하마 시의 타무라 아키라를 중심으로 당시의 젊은 도시계획가와 디자이너가 집결한다. 타무라의 모습을 알란 제이콥스에 대비하면 실제로 공통점이 많다. 새로운 도시계획수법이라기보다는 차라리 도시설계수법이라고 말하는 편이 좋을 것이다. 보행자 공간, 워터 프런트, 역사도시 만들기, 경관보전, 야간조명 등 이후 40년간의 축적을 쌓아 요코하마 시는 매력적인 도시로 변모했다.

일본의 경제도 고도성장에서 안정성장으로 이동한다. 그러한 시대적 배경에서 지금까지의 대량소비, 물질주의적인 대부분의 도시계획, 그러한 과정에서 야기된 여러 알력 등을 도시공간의 새로운 디자인 시스템을 가지고 보다 문제가 적은 방향으로 이끌어가고 개선하려는 사고방법이 출현했다.

[사진 5] 보전된 역사적 경관(샌프란시스코 시내)

3. 영국의 역사적 도시재생운동

여기서 근대도시계획의 발상지인 영국으로 이야기를 바꾸어본다. 1960년대가 되어 재개발프로젝트는 각지에서 전개되었지만, 스크랩 앤드 빌드 수법은 많은 시민의 반발을 불러일으키게 된다. 특히 자연환경, 경관, 역사의 파괴에 위기감을 가진 시민 계층을 중심으로 시빅 트러스트와 같은 활동이 활발해지고 의원 입법으로 「1967년 시빅 어메니티법Civic Amenities Act 1967」이 성립한다. 그것에 관련하여

[사진 6] 워터 프런트 지구에서 본 샌프란시스코의 구릉지

1968년 「도시·전원계획법Town and Country Planning Act 1968」이 제정된다. 그 2개의 법률로 도시 내에 존재하는 역사적 건조물과 그것들의 집적지구를 보전지구로 지정하고 보전계획을 진행하는 시스템이 정비되었다.

더욱이 「1969년 주거법Housing Act 1969」 제정으로 개별 건물의 개수 방식이 정비되었다. 특히 건물보전은 외관의 개수뿐만 아니라 주거의 성능, 즉 어메니티의 근본에 관계되는 부위의 개수도 추진된다. 역사적 지구 보전의 계기가 된 것은 1968년의 역사도시보전 조사리포트 "Studies in Conservation" HMSO 1968 : Her Majesty's Stationery Office : 영국의회·정부자료인쇄청였다(이것의 번역이 1970년대의 일본 잡지 『도시주택』(1974.12.)에 개재됨). 그 대상이 된 4개의 역사도시(바스, 체스터, 요크, 치체스터)의 조사·연구에 공통된 결론은 다음과 같다.[3] ① 주변에 자동차 도로와 주차장을 정비하여 보존지구에 자동차 진입을 막는다. ② 지역 보존을 위해서 사람이 정주하는 것이 절대적으로 필요하다. ③ 환경을 손상하지 않는 조건으로, 개별 건조물은 새로운 기능으로 적극적인 적응을 도모해야 한다. ④ 중요한 것은 환경이고 경관이기 때문에 건물 파사드의 보전을 철저히 한다면, 건물의 내부와 배후는 필요에 따라서

3) 출전 : 『英国の建築保存と都市再生』 大橋竜太著, 鹿島出版会

[그림 6] 1968년의 역사도시보전 조사리포트의 4개 사례조사 도시(출전: Studies in Conservation, HMSO, 1968)

개조하는 것도 가능하다. ⑤ 관과 민의 중간적 성격의 조직을 설치하고 경관 보전의 기획과 실무를 담당하게 하고 관리에 집중하도록 하는 것이 바람직하다.

그것의 기본으로 중심시가지는 과거부터 계속된 상업활동을 지속하게 하고 그것의 소비와 취업을 지탱하기 위한 거주환경의 정비를 강조하고 있다. 그리고 중심시가지에서 거주자가 없어진 상점의 상층부를 거주용으로 되돌리기 위한 정책을 추진했던 것이다. 이것은 중심시가지로의 인구 회귀와 활성화, 다양성 지향의 정책으로서 용도분리로부터 질서 있는 용도복합으로의 재전환이었다. 그것 이전에, 버려져 가는 중심시가지 건물의 최대 결점은 무엇인가, 또한 그곳에 사람을 다시 불러들이기 위해서 무엇을 해야 하는가를 철저하게 검증하고, 그 도달점으로서 거주공간의 어메니티 향상, 즉 점포상부의 주거성능, 그것의 중심이 되는 부엌과 욕실에서 설비의 향상을 적극적으로 지원해간다. 또한 상하 이동을 위한 계단의 구배를 누구든지 사용하기 편하도록 개수하고 창의 개수와 천창의 신설 등, 쾌적한 거주를 위한 건물의 물적 개수에 각종 보조금과 헤리티지협회(역사유산협회)의 지원금을 사용가능하도록 법 개정을 시행했다. 역사적 경관 보전수복을 위한 구조보강 및 외벽보수와 짝을 이루어 실시되고, 중심시가지의 보행자 환경의 회복, 즉 자동차 억제를 위한 교통계획 및 환경디자인의 전개 등, 종합적인 시점에서 이루어졌다. 그것은 1970년대부터 시작되었다.

이것을 계기로 영국 전역에서 '도심거주'를 가능하게 하는 시책의 전개로서 시민들의 교외 전출의 경향을 되돌리게 하였고 이로써 마을 만들기의 방향이 크게 전환하게 되었다. 그때까지의 스크럽 앤드 빌드형의 재개발 수법과 도로정비 주도의 마을 만들기가 대폭 수정되었다. 그것은 지방의 소도시뿐 아니라 대도시에서도 같은 현상이었다. 도시에 존재하는 역사적 건물도 그것의 존재 가치가 재고되어 보전수복의 대상이 되었고 개별의 건물개수에 공적 보조금이 투입되었다. 그로 인해 서민의 도심주택 건물군도 수복되었다. 그것은 1층이 점포이고 상층부가 주택인 직주근접의 입체적 용도인 전통적 생활방식의 부활이었다. 그것은 거주자 중심의 개수이고 개수가 다수 적용됨에 따라서 거주인구가 점차 회복되어 갔다.

거주인구 증가에 따라서 상점가도 활기를 되찾기 시작하고 1층 점포의 파사드도 주위의 역사적 경관과 조화를 이루며 시대 요구에 적응하는 형식으로 개수되어 갔다. 이러한 도시정책의 일대 전환이 커다란 효과를 가져왔고 현재의 영국 지방도시의 활기를 체감한다면 그러한 효과가 바로 이해될 것이다.

4. 수변도시의 부활

도시 안의 수변공간 일대는 자동차 중심사회로부터 벗어나고자 하는 움직임에 따라 주목받기 시작한다. 옛날부터 도시는 물의 혜택을 받아 발전하였고

[사진 7] 바스의 중심시가지 4개의 케이스스터디 도시 중의 하나

[사진 8] 체스터의 중심시가지 4개의 케이스스터디 도시 중의 하나. 많은 시민들로 활기 찬 거리 모습

[사진 9] 샌프란시스코항에 보존되어 있는 범선 Star of India호

1871년 첫 항해. 기금은 해군박물관으로서 보존 전시되어 있음

도시의 중심인 항구를 통하여 많은 물자와 사람들, 그리고 정보교환이 이루어졌고 부의 축적이 이루어졌다. 강, 바다, 호수 등에 접한 항구들, 지역 및 풍토에 따라서 다르지만 그곳에는 마을이 형성되어 왔다. 주운은 인류가 처음으로 발견한 탈 것으로서 가장 간단하게, 또한 대량으로 운송을 가능하게 해주었다. 기술의 진보에 따라서 대형화되고 15세기 이후 대항해 시대에는 범선으로 지구상의 곳곳에 문물을 운반하게 해주었다. 그리고 18세기 산업혁명 후의 증기선은 세계 유통혁명을 가져왔고 이후 내연동력선으로 진화하고 도시발전의 원동력이 되었다.

한편 산업혁명의 진전은 도시의 모습을 크게 변모시켰다. 항구에서는 육지로 운반되는 석탄과 원재료를 저장, 가공하기 위해서 저습지의 매립이 이루어지고 공장과 창고가 입지하게 된다. 공장에서 배출되는 매연과 폐수, 물류로 인하여 집중되는 교통은 도시민의 생활을 위협하게 된다. 증기기관은 기차를 동력으로 하는 철도의 발전으로 이어지고 내연동력차와 전차로 발전한다. 이후 발명된 자동차는 운송의 안정성과 신속성의 장점을 가지고 육지 운송수단으로서 지위를 배로부터 빼앗는다.

한편 해양을 주력으로 하는 선박수송은 대형선과 컨테이너선의 시대로 접어들고 보다 깊은 수심을 가진 항구가 개발되고 철도와 고속도로와의 연결이 요구된다. 그것이 항구기능의 외연화이고 그 결과 과거의 항구지대는 공동화되고 사람의 수가 줄어들게 된다. 그것이 항구에 의존해온 도시의 중심시가지 쇠퇴의 주요인이 된다. 그리고 주민의 교외 전출과 인구의 외연화도 가속화된다.

기능 상실의 항구와 창고지대는 도시의 공백지대로 방치되었다. 또한 저지대의 공장들도 수송수단의 변화, 공해규제, 도시계획 등에 의해서 도시로부터 멀어져 간다. 그러한 공백지대의 존재는 도시 안의 범죄 발생 등의 심각한 문제를 안게 된다. 재생에 대한 논의가 시작되는 것은 1960년대 후반이고 그것의 선구가 된 것이 미국 동해안의 항만도시 보스턴이었다.

워터프런트 지구의 부활

미합중국 독립의 계기가 된 보스턴항은 1950년대부터 1960년대 전반에 걸쳐 항구기능의 쇠퇴를 포함하여 도시경제의 심각한 침체 현상에 직면한다. 자동차 사회를 맞이하고 교외 개발과 도시지역의 확장과 함께 중심시가지도 도시외부로의 인구 유출에 직면한다.

보스턴항의 과거의 항만창고지구 워터프런트 재생계획은 1956년에 보스턴 재개발국BRA 4)을 중심으로 착수되었다. 이후 1962년의 기본계획과 1964년의 '100에이커 계획'에 의해 이후 40년에 걸쳐 BRA가 총괄 코디네이트 기능을 갖고 장기계획을 수립했다. 제1기 계획에서 3동의 조적조 창고를 상업시설로 전환한 계획은 우여곡절을 거쳐 수립되었고 미국 각지의 중심시가지 개발로 유명한 라우스회사가 푸네럴 홀, 마케트 플레이스의 사업주체가 되었고 1976년에 새로운 레스토랑, 쇼핑몰으로 오픈하였다. 마켓 플레이스는 이후 보스턴의 새로운 명소로 활기를 띠었고 당시에 디즈니랜드 다음으로 방문객이 많이 찾는 유명한 장소가 되었다.

그러한 성공을 배경으로 보스턴 시는 1984년에 수변 보행공간 네트워크가 포함된 공원 정비인 '하버 워크 계획'을 발표한다. 하버 워크 구상은 과거 해군기지였던 찰스 타운 네이비 야드로부터 사우스 보스턴에 걸친 전장 17km

---

4) 보스턴 재개발국(BRA, Boston Regeneration Authority) 1957년 설립, 시의회(Boston City Council)에 의한 설립조건에 기초함

에 달하는 보행도로였다. 기본적 사고는 시민의 이용을 위하여 바다를 개방하고, 역사적 건조물을 보존하고, 건물높이를 제안하고, 워터프런트와의 경관과의 조화를 목표로 한 것이다.

그러한 구상에 기초하여 워터 프런트 지구의 100~150년 가까이 된 몇 개의 석조건축물과 조적조 창고가 주택과 오피스로 컨버전되었다. 개조된 주거군은 시내 중심부로의 접근성이 좋은 도심주거지인 점과 역사적 가치의 재인식, 수변의 장래성에 대한 기대 등이 평가되어 많은 인기를 얻게 된다. 그 결과 사람의 왕래가 없던 창고지대는 새로운 도심거주지가 되고 인기 있는 지역으로 변화되어 갔다. 인구의 정착과 함께 레스토랑과 상점이 증가하고 야간에도 점포와 주택군에서 새어나오는 빛들이 사람들에게 안전과 안정감을 주는 효과를 발휘했다. 또한 수변네트워크에는 BRA작성의 마스터 플랜에 기초하여 보행네트워크가 계속 부가되었고 롱 워프와 로우즈 워프라는 새로운 오피스와 호텔, 주택 등이 복합 개발되었고 수족관 등이 개관됨으로서 수변의 매력이 향상되었다. 그러한 일련의 과정을 통하여 도시는 활력을 되찾고 재생되어 갔다.

하천·운하공간 – 수변의 복권

하천·운하공간에 관해서도 언급하고 싶다. 하천과 운하는 오랫동안 주운물류를 지탱하는 등 도시발전을 이끌어 왔다. 그러나 하천과 운하는 산업혁명

[사진 10] 보스턴 푸네럴 홀
마켓 플레이스의 중정풍경

[사진 11] 워터 프런트 공원(보스턴)
뒤로 보이는 건물은 과거의 창고가 주택으로
개조된 커마샬 워프

기의 18, 19세기에 공장입지에 의한 환경오염의 무대가 되고 또한 주변 택지화의 진행에 의한 수질오염과 홍수 위험이 증가함에 따라서 시민생활로부터 격리되어 갔다. 세계 도시의 소하천과 운하도 경제발전기의 1950~1960년대에 복개되고 상부는 고가도로가 건설되는 등 수난의 시대를 맞이한다. 그러한 방식이 재고되기 시작한 것이 1970년대부터다.

그 시대의 대표적 사례로서 미국 텍사스 주 샌안토니오[5]의 리버 워크의 재생사업을 예로 들고 싶다. 그것은 1968년에 착수되어 1980년대까지 계획되었다. 샌안토니오는 미국 개척 시대의 19세기, 텍사스 주 남부의 사막지대 가운데를 흐르는 폭 약 10~15m의 샌안토니오 강의 '그레이트 밴드'라고 부르는 사행부에 형성되었다. 사행의 형태로 인하여 시가지는 홍수의 피해를 입기 쉬웠다. 21년간의 수해는 시가지에 피해를 입혀 왔고 많은 사상자를 발생시키고 마을의 건물에 피해를 주었다. 치수대책으로서 하천 폭의 확대와 본류의 바이패스 계획이 마련되어 약 1마일의 사행구간은 잘려나가고 수문에 의한 홍수방어기능이 설치되었다.

그 시기에 논의된 것이 종전 하천 길의 복개 지하화와 상부 도로 건설안이

---

5) 샌안토니오 멕시코 국경이 근접한 인구 약 120만 명의 도시. 데이빗 크로켓의 알라모 요새가 근접된 컨벤션 도시. 장기 체류형의 관광도시이다.

었다. 그것에 반대하는 시민과 학자들을 중심으로 '샌안토니오보전협회'(1924년)라는 하천보존운동단체가 설립되었고 그 사이에 바이패스와 수문이 완성되었다(1927년). 그곳에 등장한 것이 지역의 건축가 겸 도시계획가인 로버트 H 하그만의 '리버워크구상'(1929년)이다. 하천공간을 그대로 이용하고 양안을 보행도로로 하여 수변에는 스페인의 전통경관을 개념으로 한 레스토랑과 상점, 집합주택 등을 건설하는 구상안이다. 시의 도시계획위원회는 그 안을 채택하기로 결정하였지만 당시의 경제불황과 재정난에 의하여 동결되어 장기간 방치되었다. 그렇지만 하천정비와 수량 및 수위조절기능을 전제로 한 연속 보행로, 아치형 다리, 리버 극장 등은 1941년 완성되었다. 그러나 하천변 건물에 대한 투자가 이루어지지 않았고 하천변은 부랑자의 체류장이 되어갔다. 그 요인 중의 하나는 제2차 세계대전 이후의 고속도로의 교외 확충과 주택개발에 의한 중심시가지 인구의 격감과 그것에 따른 공동화다.

1956년 재생계획이 시작되었고 지역의 사업가인 데이비드 스트라우스가 하천을 축으로 하는 상점재생계획을 제안했다. 그 제안에는 계획입안을 위한 '리버워크위원회'의 설립과 그 권한에 관한 조례제정도 포함되어 있었다. 1962년에 조례는 의회에서 승인되었다. 그것을 계기로 위원회는 그레이트 밴트 하천구역의 모든 건축허가조사에 관해 주택건축국에 조언할 수 있게 되었고 도시개발 등에 관한 시의회와 시 당국을 지도하는 권한을 갖게 되었다. 위원회는 관광진흥협회와 미국 건축가협회AIA 지역지부가 공동으로 재생계획을 작성하도록 의뢰하였다. 건축가 C. Y. 와그너를 필두로 하는 팀은 하그만의 구상을 기본으로 하여 발전시켜 '파셀 델 리오 계획'을 입안하고 지역관계자에 의한 '파셀 델 리오 협회'를 설립하고 관민일체의 재생사업이 되도록 진행하였다.

하천변 지주와 시민 리더, 점포 개설 희망자와의 협의가 협회를 중심으로 계속되었고 기존의 건물도 리노베이션되었다. 컨벤션센터의 완성은 1975년 리버워크의 물을 끌어들인 극장, 상점시설, 레스토랑, 호텔 등이 복합된 리버센터가 1988년 완성되는 등의 착실한 성과를 보이기 시작하였다. 그리고 '리버워크위원회'의 손으로 경관 디자인의 유도가 추진되고 하천에 면한 건물은

[그림 7] 샌안토니오의 리버워크
구불구불한 사행의 역 U자형
의 부분
(출전 : 『都市住宅8411 · 特集 · 都
市環境と水辺』鹿島出版会)

3층으로 제한되고 레스토랑과 점포의 파사드와 간판 등의 경관 디자인 컨트롤도 행해졌다. 지금은 수변공간에 멋스러운 오픈카페와 레스토랑이 즐비하고 주위 도로와의 고저 차(4.5m)를 이용한 하천변의 점포군들, 굴곡부의 석조계단의 관객석과 스테이지 등이 설치되어 다양한 이벤트가 일상적으로 행해지고 있다. 하천변의 잘 자란 수목은 충분한 녹음을 제공해준다. 그곳에 작은 배와 리버택시, 유람선이 활력을 연출한다. 하천변의 야간 일루미네이션 또한 아름답다. 지금은 미국 남부를 대표하는 관광지와 컨벤션 도시가 되었다. 비극의 강을 극복하고 역으로 도시의 활성화를 가져 온 좋은 예이다.

이 리버워크 일대는 BID지구[6]로 지정되어 고정 자산세에 일정 비율을 매긴 부과금이 징수된다. 그것은 연간 약 100만 달러 이상이 되고 모두 지역조합으로 회수되어 그것으로 리버워크 주변지역의 청소와 방범, 식재의 유지관리, 경관유지, 이벤트 개최, 관광안내 등의 일상 활동이 행해지고 있다. 이러한 것처럼 지역의 마을 운영관리가 철저하기 때문에 많은 사람들이 방문하게 되는 이유일 것이다. 이것은 미국에서 탄생한 테마 파크인 디즈니랜드

---

6) BID(Business Improvement District) 도시계획용어. 미국에서 일정 지정구역 내의 부동산 소유자와 영업자에게 안전 및 지역 서비스를 위한 부담금을 과세하는 방식이 주정부에 의해 규정되어 있다.

[사진 12] 리버워크(샌안토니오)
수문조절을 통해서 수면과 보행로의 고저 차를
수십 센티미터로로 관리 가능하다.

의 지속적 집객성과 공통점을 갖고 있지만 리버워크 일대는 사람이 생활하고 있는 마을 그 자체인 것에 차이가 있다.

5. 역사적 자산의 보존 – 지역의 아이덴티티

뉴욕의 랜드마크 보존조례

1960년 뉴욕시민에게 사랑받았던 철도역사인 펜실베니아 역(통칭 펜스테이션 : 1910년 완공)이 노후화로 인하여 재개발되어 메디슨 스퀘어 가든 등을 포함하는 복합건물로 변모하게 되었다. 역사 해체에 대한 소식을 들은 뉴욕시민들은 신문에 비평문을 기고하고 시당국에 강한 항의를 하였다. 그러나 그러한 운동에도 불구하고 역사는 해체되었다. 그러나 다른 하나의 역인 그랜드 센트럴 역(1913년 완공)도 철도회사와 개발업자에 의해서 재개발계획이 진행되었다. 그것이 알려지고 매스컴과 시민운동에 의한 반대운동이 강하게 일어났다.

그 시점에 뉴욕 시가 중심이 되어 그랜드 센트럴 역을 역사적 건조물로 지정하고 남은 용적률을 판매함으로써 보존자금을 마련하는 법률(「뉴욕 랜드마크 보존조례New York City Landmarks Law」을 1965년에 제정하였다. 그때까지 해당 토지의 상공을 타인이 사용(상공 이전 임차사용)하도록 하게 하거나 일조와 채광을 확보하기 위하여 인접대지 미사용의 공중권Air Right 매각TDR 7)과 같이 한정적인 것이었던 것을 역사적 건조물을 대상으로 하는 것까지 확대하였다. 그랜드 센트럴 역의 공중권은 인접 호텔의 건설계획을 가지고 있던 트랩 사에 매각되었고 그 자금을 가지고 역사의 대수선 공사가 이루어졌다.

---

7) TDR(Transfer of Development Rights) 도시계획용어. 이전 가능한 개발권으로 번역됨. 역사적 건조물의 보존과 자연환경의 보전을 위하여 대상지의 개발허용용적률 중에서 미사용 용적을 인접대지의 다른 토지에 이전하여 사용하는 것. 역사적 건조물의 보전과 개발에 따른 경제적 이익을 조정하는 수법으로 이용되고 있다.

그 운동의 중심에 있던 사람이 자클린 케네디 여사(존 F 케네디 대통령의 부인)와 케네디가와 친분이 있던 정치가들이었다는 이야기는 유명하다. 당시의 매스컴은 일체가 되어 지원했고 그 운동에 진보적 시민계층이 참여하였다.

LOST NEW YORK

[그림 8] 잃어버린 뉴욕이라는 책의 삽화
(출전: Lost New York)

이 조례제정은 그때까지 오래된 건물을 쉽게 부수는 방식인 스크랩 앤드 빌드의 재개발 수법이 자유의 나라인 미국에서도 수정되는 계기가 되었다. 그것은 건물뿐 아니라 지역 커뮤니티와 같은 사회적 가치관에서도 전환을 가져왔다. 세계 선진국들의 도시계획에서 수법은 다르지만 역사적 가치의 재평가는 공통의 화제가 되었다. 이 운동은 당연한 것으로 일본에도 전해져 역사적 경관 및 건물의 보존, 문화재 보호 등의 여러 분야에 커다란 영향을 주게 된다. 이러한 것처럼 미국 뉴욕의 랜드마크 조례와 유럽의 역사적 경관 보전을 비롯하여 1950~1960년대에는 관심 밖이었던 '역사'에 대한 회귀가 마을 만들기의 가운데로 뿌리내려 갔다.

미국의 내셔널 트러스트

뉴욕의 랜드마크 조례에 앞서서 1949년에 역사보전운동의 거점이 되는 미국 내셔널 트러스트가 창설된다. 역사적 유산의 보존을 향한 운동이 1966년의 미합중국 정부의 「역사적 건조물 보존법National Historic Preservation Act」으로 결실을 맺고 역사적 랜드마크NHL, National Historic Landmark의 보존수복이 본격적으로 시작된다. 그리고 내셔널 트러스트를 중심으로 각지에 남겨진 개척 시대의 역사적 건조물의 보전이 시작된다. 그리고 전국적 조직인 메인 스트리트 센터가 1980년에 설립되는데 그 센터는 역사적 건조물의 보전을 쇠퇴한 도시 중심부의 재생을 위한 키워드로 내세우고 활동한다. 그러한 활동들을 통하여 역사와 지역 커뮤니티의 재생이 중심시가지의 활성화와 연계된다. 그것은 전 미국으로 확대되어 각지에서 역사적 건물과 경관의 보전, 더욱이 역사적 산업유산의 보전도 포함하여 광범위한 확산을 보인다.

영국의 내셔널 트러스트 운동

내셔널 트러스트의 원조로 알려진 영국에서는 1895년에 내셔널 트러스트 조직이 설립되었다. 현재 영국 내 회원 수가 300만 명으로 추정된다. 내셔널 트러스트의 보호하에 역사적 건조물만 본다면 약 300개에 달하고 있다. 회원기부금이라는 풍부한 자본금을 가지고 각지의 환경보호운동과 건물보전에 힘쓰고 있다. 그 사상과 활동을 이어받은 사람들이 세계에 널리 퍼졌고 1960년대 이후 각국에서 트러스트 운동을 전개하고 있다. 그리고 1984년 설립된 정부산하의 독립기관 영국 헤리티지[8]는 보호대상을 고고학 유산에서부터 건조물, 그리고 마을경관까지 확대하고 있다.

그것은 앞에서 서술한 1968년의 역사도시보존 리포트와 연계되고 근대도시계획이 가져 온 중심부의 황폐 현상을 멈추게 하는 움직임에 공헌한다. 전통적인 직주근접 생활의 부활이야말로 도시재생을 위한 지름길이라는 것을 알리는 커다란 역할을 한다. 그리고 자동차 사회 이전의 생활환경을 되찾기 위한 새로운 교통계획과 더 나아가 건물의 보존수복에서부터 마을경관의 재생으로 이어진다. 1970년대 이후의 시민계층의 관광문화 증대와 역사문화에

---

8) 영국 헤리티지(English Heritage : 1984년 설립) 영국의 역사적 유산의 보존, 수복, 지정, 보급, 관리를 담당하는 일종의 독립행정법인

대한 선호라는 커다란 움직임 안에서 역사적 마을경관 보전이 어느 의미에서 재평가되어 시민권을 확립하고 있었다. 이러한 흐름은 전 세계로 확대해 간다. 내셔널 트러스트 운동의 발상국인 영국 국민이 역사적 유산보전운동의 리더적인 존재인 것에 자부심을 가지고 있는 이유를 그러한 세계적 영향력에서 찾을 수 있다.

프랑스의 「말로법」

1962년 프랑스에서 「말로법」이 제정됐다. 당시 앙드레 말로 문화부 장관이 제청한 역사적 가구의 보존 및 부동산 수복의 촉진을 지원하기 위한 법으로서 도시의 역사적, 문화적, 미적 가치 자체는 역사적인 건축물 단독으로 한정되지 않고 시가지를 구성하는 건축물의 집합체와 그것에 의해 만들어지는 공간에 있는 것이라고 정의하였다. 그것을 계기로 프랑스 전역에서 구시가지의 보전과 수복을 목표로 한 계획이 진행되었다.

「말로법」에 의해 재생된 유명한 지역이 파리의 마레 지구이다. 보존계획이 법 제정을 계기로 착수되었고 시급하게 보존·개조되어야 할 건물의 평가 축으로서 2가지를 정하였다. 그 2가지는 뛰어난 미적 가치와 엄정하게 고려되어야 할 보존 상태이다. 그 기준을 기초로 하여 1,700동 이상의 건물이 순차적으로 개수되었다. 또한 지구 전체도 다음의 6가지 기본방침에 따라 정비되었다. ① 공지와 녹지를 복원하여 건폐율을 낮춘다. ② 복원된 정원의 지하에 주차장을 설치한다. ③ 합리적 설비를 마련하여 종전의 수공업자를 재편한다. ④ 보행자 도로를 만든다. ⑤ 저택 건축물을 재이용한다. ⑥ 학교, 문화센터의 환경을 재편한다.

그 이후 단독 건축물과 마을의 양자를 동시에 개조하는 방식으로 정착한다. 현재 '귀족 계층의 건조물이 남아 있는 마레'로서 관광 가이드북에 소개되기도 한다. 마레는 생활상이 느껴지는 지구가 되었다.

이 법을 계기로 자동차 배기가스로 오염된 파리 시내의 많은 역사적 석조건조물이 깨끗하게 청소되었고 도시 전체가 밝아진 것이 전 세계에 보도되었다. 처음 파리 거리를 방문했을 때 도시경관의 아름다움에 감명되었고 그 보

[사진 15] 솔즈베리근교의 스톤헨지(영국) 세계유산

도 내용이 새삼 떠올랐던 기억이 있다. 이러한 역사적 건조물의 보존 및 도시경관 보존의 운동은 유럽뿐 아니라 전 세계에서 공감되었고 각국에 전파되었다.

1964년의 베네치아 헌장

앞에서 서술한 각국의 움직임을 지탱하기 위하여 전문가들의 활동이 활발해진 시기가 1960년대이다. 지금부터 약 반세기 전에 국제연합기관 유네스코가 주체가 되어 각국의 건축가와 도시계획가, 세계문화유산 보존 분야의 전문가들이 1964년의 제2회 국제회의를 개최하였고 '기념건조물 및 유적의 보전과 수복을 위한 국제헌장(베네치아 헌장)'이 채택되었다. 이 이념에 기초하여 다음 해인 1965년에 국제기념물유적회의(이코모스)[9]가 설립되었다. 1972년 유네스코 총회에서 세계유산조약이 채택되었고 이코모스는 세계유산등록의 심사를 담당하는 역할을 맡게 되었다. 그 설립의 계기가 된 국제헌장 16조 제1조 '역사적 기념건조물'에는 단일의 건축작품뿐 아니라 특정의 문명, 중요한 발전, 역사적으로 중요한 사건의 증거를 가지는 도시와 건축적 환경도 포함된

---

9) 이코모스(국제기념물유적회의 ICOMOS, International Council on Monuments and Sites) 1964년의 기념물과 유산의 보존에 관한 국제헌장(베네치아 헌장)에 영향을 받아 1965년에 설립된 국제적인 비정부조직(NGO). 참고 HP : http://www.japan-icomos.org/

다. '역사적 기념건조물'이라는 사고는 위대한 예술 작품만이 아니라 과거의 일반적 건축물로서 시간의 경과와 함께 문화적 중요성을 획득하는 것에도 적용된다고 기술되어 있다. 이러한 내용은 앞에서 소개한 「말로법」의 정신을 담고 있다.

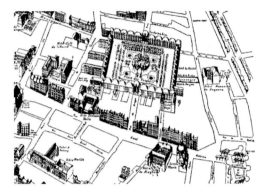

[그림 9] 마레 지구 보주 광장 주변 안내도(파리)
(출전: 『都市住宅7412·特集·保存の経済学』鹿島出版会)

1998년과 2003년의 신아테네 헌장

이후 서양의 도시계획가 평의회에 의해서 1998년의 '신아테네 헌장', [10] 그리고 2003년의 '신아테네 헌장·전면개정판'이 발표되었다. 헌장은 역사적 건조물을 인류 공통의 유산으로 규정하고 있다. 2003년 개정판에 주목할 만한 문장이 있다. 영문은 다음과 같다. 'Urban design will be a key element of the renaissance of cities.' 이것을 저자가 번역한다면 다음과 같을 것이다. '도시환경디자인은 도시재생의 중요한 열쇠가 될 것이 틀림없다.'

『도시의 재디자인』의 저자 나리우미 쿠니히로시의 표현으로 '구아테네 헌장이 20세기의 세계 도시 만들기를 위한 제언이었다고 한다면, 신아테네 헌장은 21세기 유럽 도시 만들기의 지침이라고 할 수 있다. 구아테네 헌장은 건축가에 의해서 검토되고 제언되어 왔지만 신아테네 헌장은 도시계획가에 의한 것이다. 이것은 지난 65여 년 동안 도시계획가라는 직능이 유럽에서 확립되어 왔다는 것을 말하고 있다. 구아테네 헌장은 지금까지 많은 비판을 받았고 그것을 보완하기 위한 제언이 여러 번 행해졌다. 지금 새로운 도시 만들기의 지침이 검토되고 제언되는 것, 이것은 유럽 도시가 21세기의 도시 만들기라는 과제에 깊게 몰두하고 있음을 나타내고 있는 것이다. 그 점에서 현재의 유럽 도시가 안고 있는 문제와 그것에 대한 심각한 위기감을 엿볼 수

10) 신아테네 헌장 1998년, EU 11개국의 도시계획가가 모여 21세기 도시의 목표와 도시계획의 시민 참가, 공공 스페이스를 재이용 용지로 포함시키는 것, 도시 아이덴티티의 보호 등 10개 항목을 선언하였다.

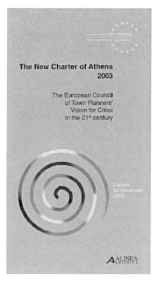

[그림 10 신아테네 헌장 2003 소책자의 표지

있고 21세기 도시 만들기에 대한 굳은 결의를 느낄 수 있다'라는 것이다.

이것은 다시 해설할 필요도 없는 것이지만, 19세기 말부터 20세기에 걸쳐서 우리들의 선배가 추구해왔던 기능주의적 이상도시의 실현, 이것이 세계각지에서 도시의 쇠퇴라는 부적합을 발생시켜 온 것을 말하고 있다. 재생의 키워드로서 '역사'와 '지역 아이덴티티'의 회복이 중요함을 나타내고 있다. 도시의 회복이 서양을 중심으로 한 선진 각국에 있어서 일찍이 시작되었다고 판단할 수 있다.

제3절 뉴어버니즘 운동과 타운매니지먼트

1. 미국의 뉴어버니즘

세계의 도시계획 및 도시 디자인 전문가들 간에 최근 화제가 되고 있는 것이 미국의 뉴어버니즘 운동이다. 이것은 1980년대 미국에서 당시까지의 시가지의 교외확산, 도시주변부의 거대 쇼핑센터 건설, 대도시 교외에 건설된 주민치안 중시의 자기완결형 신흥도시 등의 결과로 나타난 문제를 극복하려는 운동이다. 즉, 교외 스프롤화를 반성하고 콤팩트하면서 다양성이 있고 걸을 수 있는 적정한 스케일의 거리 만들기, 지속가능한 사회의 실현, 인간미 넘치는 '오랫동안 살고 싶어지는 마을 만들기'를 개념으로 하는 운동이다.

이 운동에 관해서 많은 소개와 HP등이 있다. 가장 정확하게 소개하고 있는 구라다 나오미치 씨의 해설[11]을 인용하면 다음과 같다. "미국이 가진 사회문제는 커뮤니티 붕괴에 의해 발생한 것이고 그 커뮤니티 붕괴의 원인은 자동차에 과도하게 의존하는 에너지 대량 소비형의 도시 만들기에 기인한 것이라고 규정한다. 그들은 그것의 해결책으로서 자동차에 대한 과도한 의존을 경감하고 생태계를 배려하고 무엇보다도 사람이 자신들이 거주하는 커뮤니티에 대한 강한 귀속의식을 자랑스럽게 갖도록 하는 도시창조를 제안하고 있다. 더욱이 1996년의 제4회 회의에서 도시의 재생, 스프롤화한 교외의 진정한 커뮤니티로의 재편, 자연환경의 보전, 보행자와 공공교통을 배려한 커뮤니티, 접근하기 쉬운 공공공간과 커뮤니티 시설, 다양한 근린지구, 폭넓은 시민참가 등을 주장한 뉴어버니즘 헌장Charter of the New Urbanism[12]을 채택했다. (중략) 뉴어버니즘은 오늘날 미국의 도시 교외화(스프롤)가 일으킨 많은 도시문제를 분명히 함과 동시에, 미국의 전통적 커뮤니티의 가치를 재발견하는 운동이다. 뉴어버니즘의 특징으로 ① 보행자를 우선하고 자동차에 대한 의존을 줄이는 도시구조, ② 환경을 배려한 공공교통 시스템의 도입, ③ 보행권 안에서 적정하고 다양하게 용도를 혼합하는 것, ④ 지구 안에서 적절하게 직주를 혼합시키는 것, ⑤ 다양한 요구에 부응할 수 있는 다양한 주택 유형의 공급, ⑥ 마을의 활동공간으로서의 가로, ⑦ 자연환경의 보호와 생태계

11) 『차세대 미국의 도시 만들기 뉴어버니즘수법』 피터 칼솝프 저, 구라다 나오미치 역, 학예출판사(2004). 이외 『뉴어버니즘 : 교외시가지개발의 새로운 조류』 스즈키 슌지 저(『조경』 2002.5), 『도시계획의 신조류 (한국어판)』 마쓰나가 야스미쓰 저, 진영환 역, 한울아카데미(2006).

12) 참고 URL

NEW URBANISM ORG http://www.newurbanism.org/ THE CONGRESS FOR THE NEW URBANISM(CNU) http://www.cnu.org/

의 보전, ⑧ 계획과정에서 주민의 참가 등이 열거될 수 있다."

이러한 뉴어버니즘의 사상은 미국뿐만 아니라 세계의 선구적 도시계획가와 디자이너에게 커다란 영향을 끼쳤고 이러한 사고방식은 중심시가지의 쇠퇴에 어려움을 겪고 있는 도시의 재생과 신도시개발 등에 채택되어 지금도 지속되고 있다. 그렇지만 기대되는 반면, 그러한 뉴어버니즘 운동의 성과에 관해 회의적 의견도 적지 않다. 그러나 자동차 사회로 발전되기 쉬었던 미국에서 일반시민 계층이 뉴어버니즘 운동을 받아들이고 그것을 행동으로 옮기지 않는 이상, 그것의 성과는 거의 얻을 수 없다.

아마도 일본도 유사한 상황일 것이다. 전후 새로운 도시계획의 도입으로부터 약 40년이라는 기간 동안, 과거 일본의 전통적인 휴먼스케일을 가진 마을을 자동차 중심으로 개조해왔기 때문이다. 현재 진행되고 있는 도시재생 프로젝트도 그러한 연장선상에서 이해될 수 있다. 진정한 재생, 즉 흩어진 사람들을 다시 불러들일 수 있는 매력 만들기, 감성적 디자인이 가능한 것인가 등이 과제인 것 같다.

2. 메인스트리트 프로그램, 타운센터 매니지먼트

다른 하나의 키워드로서 미국의 '메인스트리트 프로그램', 유럽의 '타운센터 매니지먼트'라는 것이 있다. 특히 일본에서는 1998년 중심시가지 활성화법의 지원 메뉴에 TMO Town Management Organization(타운매니지먼트 기관)가 정의되었고 잘 알려지게 되었다. 그것의 원조라고 말할 수 있는 것이 미국과 유럽의 매니지먼트 조직이다.

미국의 '메인스트리트 프로그램'[13]

미국의 중심시가지 재생의 중심적 역할을 담당하고 있는 '메인스트리트 프로그램', 그것에 관한 출판물과 도시계획 세미나 등이 주목받고 있다. 그것은 중심시가지의 쇠퇴가 커다란 사회문제가 되고 있는 미국에서 착실하게 성과를 거두고 있다고 보고되고 있다. 현재 미국 전역의 약 2,000개 지구에서 시행되고 있고 그것의 중심은 인적 활동이다. 일본의 '지역 매니지먼트', '타운 매니지먼트'의 모델이라고 할 수 있다.

그것은 '메인스트리트'라는 용어가 나타내는 것처럼 중심시가지 주요도로의 보행 공간, 가로경관의 질적 향상, 역사적 건물의 보존수복, 공가가 된 점포와 주거의 입주지원 등과 같은 것들을 통하여 시민이 애착을 갖도록 지역을 부활시키는 활동이고 지역의 운영, 관리가 포함된 하드와 소프트, 양면적 지원이다. 그것을 위한 센터를 마을에 입지시키고 상주 스태프에 의한 운영과 정비를 철저히 한다. 예를 들면, 보도의 경관개선에 관해서 질 높은 도로포장과 가로등 설치, 가로수와 화분식재, 스트리트퍼니처와 사인의 설치 등,

---

13) 미국의 메인스트리트 프로그램에 관한 내셔널 트러스트 HP

Main Street National Trust : http://www.preservationnation.org/main-street/

NATIONAL
TRUST
FOR
HISTORIC
PRESERVATION'

About Main Street

Over the past 30 years, the Main Street movement has transformed the way communities think about the revitalization and management of their downtowns and neighborhood commercial districts. Cities and towns across the nation have come to see that a prosperous, sustainable community is only as healthy as its core.

가로공간의 환경정비를 진행하여 가로공간을 쾌적하게 유지관리하고 있다. 이러한 매니지먼트 활동에 의한 실현이 저자가 강조하는 도시환경디자인의 세계라고 말할 수 있다. 그것의 성과는 미국 전역에서 매년 순위 매겨져서 공표되고 있다. HP에 공개되고 있는 사례를 보면, 매인스트리트 활동은 해당 지역의 과거의 좋았던 시대, 즉 역사를 상징하는 장소와 건조물을 재생하고 시민의 지역에 대한 애착을 불러일으키고 지역의 활력을 부활시키는 방식의 좋은 순환을 기대하고 있는 것 같다.

유럽의 '타운센터 매니지먼트'

유럽에서는 이미 마을 재생이 시작되었다고 앞에서 설명하였다. 그러나 그것은 일부의 도시에 한정되었고 대부분의 도시가 문제를 지니고 있는 상태였다. 그것의 극복을 위하여 중심시가지, 즉 타운센터 지구를 관리하는 조직 Town Center Management이 1980년대 후반부터 각 도시에 만들어지기 시작했다. 최초 사례는 1986년에 런던 교외의 인구 20만 명 정도인 일포트 시에 설치되었다. 영국뿐만 아니라 독일과 프랑스, 스페인, 이탈리아, 베네룩스 3국, 북유럽 여러 나라 등에서도 동일한 움직임이 전개되었다. 각각의 국가에서 모든 도시의 타운센터 매니지먼트를 총괄하는 내셔널센터가 설립되었다. 1996년에 9개국의 내셔널센터가 연합하는 유럽 타운센터협회EFTC가 설립되었고 2005년에 유럽 타운센터 매니지먼트협회TOCEMA(본부는 벨기에)로 발전하였고 각국 도시 간의 정보교환과 연계가 이루어지게 되었다. 어떠한 국가와 도시에 있어서도 도시의 활성화를 가져오기 위한 하드와 소프트 양자의 수법이 전개되고 있다. 시민과 매니지먼트 조직과의 직접 대화에 의한 신뢰관계 구축에 중점을 두고 있는 것 같다. 영국에서 ATCM^Association of Town Center Management, 1991년 설립은 NGO 조직으로 되어 있다. 참고가 되도록 TOCEM을 비롯한 각국의 타운센터 매니지먼트 조직의 URL을 주 14[14])에 적는다.

3. 타운매니지먼트 시대의 도래

이처럼 도시의 세계에서 '매니지먼트'라는 키워드가 빈번하게 사용되었다. 일본에서 '지역 매니지먼트'가 정착하고 수도권의 대형 프로젝트에 있어서 매니지먼트 조직 등 그리고 각지의 상점가 재생을 위한 매니지먼트 조직 등 각지에서 다양한 활동을 보이고 있다. 일본의 이러한 조직들도 앞에서 설명한 미국과 유럽의 매니지먼트 운동에 상응하는 움직임이라고 볼 수 있다.

어느 의미에서 본다면 도시 중심부의 물리적 측면의 정비는 분명히 어느 정도 이상의 수준에 도달했다. 지금까지의 하드 중심의 마을 만들기에서 매니지먼트, 즉 소프트 측면의 중요성을 자각하기 시작했다고 말할 수 있을 것이다. 그러나 한편으로 물리적 환경, 즉 하드한 측면을 제외하고 소프트한 운동과 이벤트만을 가지고는 마을의 재생 및 활성화는 달성될 수 없다. 이것은

---

14) 각국의 지역매니지먼트조직 관련의 URL

• 미국 내셔널 메인스트리트 센터(NMSC) http://www.preservationnation.org/main-street/
• 유럽 타운센터 매니지먼트 협회(TOCEMA) http://www.tocema-europe.com/
• 영국 타운센터 매니지먼트 협회(ATCM) http://www.ATCM.org/
• 독일 시티 슈타트마케팅 협회(BCSD) http://bcsd.de/
• 벨기에 타운 매니지먼트 협회(AMCV) http://amcv.be/
• 오스트리아 슈타트마케팅 협회 http://stadmarketing-austria.at/
• 덴마크 코펜하겐 시티 센터(KCC) http://www.kcc.dk/
• 스웨덴(Svenska Stadskrnor) http://www.svenskastadskarnor.se/
• 네덜란드(NVBO) http://nvbo.com/
• 노르웨이(NORSK) http://www.norsk-sentrumsforum.no/
• 스페인(AGECU) http://www.agecu.net/agecu_enlaces.html

지금까지 노력해온 사람들이 한숨을 쉬면서 운동에서 멀어져 간 것에서 분명하게 볼 수 있다.

이러한 의미에서 미국의 '메인스트리트 프로그램'과 유럽의 '타운센터 매니지먼트'는 하드와 소프트 양 측면의 활동을 중심으로 진행되었다.

다음 절에서 일본의 마을 만들기에 관한 현재까지의 과정을 총괄하고자 한다.

제4절 일본 도시 만들기의 재검증

1. 메이지부터 다이쇼·쇼와 전기까지의 도시 만들기

약 150년 전, 에도 말기 미국 흑선의 출현 이후 오랫동안 지속된 쇄국정책을 개국으로 전환한 일본은 산업혁명을 통해 발전한 서구 열강의 문화를 흡수하여 단기간에 근대화를 이루었다. 도시정비의 측면에서 서양식의 도시 만들기를 도입한다. 예를 들면, 막부 말기부터 메이지 유신기의 요코하마와 고베의 개항지, 메이지 문명 개화기의 대화재에 의한 재난 복구의 일환으로 행해진 도쿄 긴자의 조적조 거리 조성, 런던의 거리를 모방한 마루노우치의 서양식 거리 형성, 행정구역의 개정에 의한 서양식 가로의 건설, 가스미가세키의 정부중앙청사지구의 계획 등이다.

1888년의 「도쿄행정구역개정조례」는 메이지 이후의 일본 최초의 도시계획제도라고 일컬어지고, 수도의 근대적인 경관 형성, 시민생활의 보건위생과 건축방화, 도로정비 등이 포함된 경제발전을 목적으로 한 것이었다. 그 체계는 다이쇼기인 1918년의 개정조례에 의해 오사카, 교토, 나고야, 요코하마, 고베로 확대되었다. 다음 해인 1919년에 「시가지건축물법」과 「도시계획법」이라는 두 가지 법이 제정되고 새로운 도시 만들기의 제도[15]로서 정착되어 간

---

15) 「도시계획법」과 「시가지건축물법」의 제정에 의해서, 시가지의 개발을 위한 토지구획정리의 기법이 도입되었다. 또한 용도지역의 제정(주거, 상업, 공업의 3지역), 미관지구, 풍치지구 등을 규정하게 되었다.

[사진 17] 긴자 조적조 거리의 경관 복원모형(에도 도쿄 박물관)

것이다. 도로공사의 색채가 강했던 '행정구역개정'의 명칭이 이것을 계기로 '도시계획'으로 개정되었다. 이것은 유럽과 미국의 근대도시계획에 관한 각종 계획수법의 도입을 의도한 것이고 다음의 4가지 사항에 관한 개선이 요구되고 있었던 것이다. ① 행정구역개정을 도쿄에 한정한 것에 대한 오사카 등의 문제제기, ② 도시의 교외화(종래는 시 구역으로만 한정), ③ 도로용지뿐 아니라 건축조례를 비롯한 각종수법의 필요성, ④ 재정상의 문제 등이다. 그 당시는 제1차 세계대전 후의 일본의 호경기가 반영되고 공업화의 진전과 함께 대도시로의 인구집중이 급격하게 진행되어 도시문제가 발생하는 상황에 있었다.

그러한 상황에서 1923년에 관동대지진이 수도권에 발생하였고 부흥계획에 의한 제국도시부흥사업은 피해지에 대한 토지구획정리사업의 도입과 근대적인 경관 형성을 위한 커다란 계기가 되었다. 재단법인 '동윤회'는 지진피해 직후에 각지에서 모아진 기부금 중에서 1천만 엔을 할당하여 설립되었고 철근콘크리트조의 도시형집합주택을 기본으로 한 부흥주택을 건설하였다. 그러한 부흥주택은 쇼와 초기까지 도쿄의 오모테산도와 다이칸야마, 기요스나거리 등의 근대적 경관 형성에 기여하였다.[16] 지진 피해는 도심의 개조뿐만 아니

---

16) 1920년~1930년대 유럽에서 모던 건축이 대두된 시대다. 그 흐름에 따른 집합주택의 명작이 많이 만들어졌다. 예를 들면, 베를린의 브릿츠 지둘룽(브루노 타우트, 1931년), 프랑크푸르트의 브룹페르도 지둘룽(에른스트 마이, 1929년), 슈트트가르트의 바이젠호프 지둘룽(미스 반 데 로에, 1927년) 등이다. 동윤회 집합주택도 그러한 영향을 받았다.

라 도쿄의 외연화, 새로운 주택시가지 형성을 촉진하였고 그중에서 영국의 전원도시사상의 영향을 받아 도쿄의 덴엔죠후田園調布, 죠반다이常盤台, 고쿠리츠国立, 나리시로成城 등의 주택지가 완성되었다. 그것은 통근 가능한 교외주택지의 개발과 민영 교외철도의 건설이었다. 그러한 전원도시의 개발은 간사이권에서 스미요시住吉, 고가케御影, 아시무로芦屋, 슈크가와夙川의 록코우六甲 산맥 고급주택지로 확산되었고 그것은 다시 중부권과 여러 지방으로 확산되어 갔다. 한편, 다이쇼로부터 쇼와 초기에 걸친 시대의 도시는 대도시, 소도시에 관계없이 도시 중심부에 백화점과 영화관이 입지하고 상점가는 많은 사람으로 활기를 띠었다. 다이쇼 낭만, 쇼와 모던으로 상징되는 것처럼 일본 전체가 번영의 시대였다. 그러한 융성한 시대의 상징으로서 그 시대에 만들어진 건축과 토목 작품들은 반세기 이상이 지난 지금도 높은 평가를 받고 있다. 예를 들면 동경의 스미다가와에 건설된 지진 재해 부흥다리들, 오사카의 미도스지의 거리경관, 전국 각지의 복고풍 건축들이다. 그것들은 당시의 최첨단 재료와 기술, 의장이 결집된 결과이다.

그 시대의 주목할 만한 움직임으로는 1925년 도쿄도 정조조사회에서 발족시킨 '도시미 연구회'가 있다. '도쿄의 미관 통제와 정돈된 도시건설의 연구를 목적으로 함'이라는 건립 취지와 같이 도시의 경관에 관한 운동조직으로서 시작되었다. 다음 해 1926년에 '도시미 협회'로 명칭 변경되고 기관지 『도시미』가 간행되고 1938년에 「시가지건축물법」의 개정에 따라 각 도시에 지사의 고문기관인 미관심의위원회가 설립되는 것에 영향을 주었다. 이 운동은 실제로 미국에서 1893년에 개최된 시카고 만국박람회를 계기로 전 세계에 알려진 도시미운동의 일본판[17]이라고 간주되기도 한다. 미국 독립 직후의 도시건설에서 이 운동의 흔적을 읽을 수 있다. 예를 들면 워싱턴 DC, 필라델피아, 포틀랜드 등의 가로망에 방사상, 격자상, 집접 등의 형상이 짙게 반영

---

17) 도시미운동(City Beautiful Movement의 번역어)

[사진 18] 과거의 동윤회 아오야먀 집합주택
현재는 안도 타다오 설계의 오모테산도 힐스가 건
설되어 있다.

되는 등과 같은 것이다. 한편 일본의 도시미 활동은 당시 정부와 민간의 지
식인, 저널리스트를 중심으로 다양한 논의가 활발하게 진행되었지만[18] 태평
양전쟁의 전시체제라는 사회적 상황과 함께 쇠퇴하였고 1942년에 기관지가
폐쇄되고 자연스럽게 소멸되었다.

2. 경제 고도성장 시대의 목표 도시상

제2차 세계대전의 전화는 일본 전국 각지의 도시에 막대한 피해를 주었지만,
종전의 해인 1945년에 전쟁부흥원의 발족을 계기로 재해도시를 위한 본격적
인 부흥도시계획이 착수되었다. 부흥계획의 목표로서 '도시취락의 능률, 보
건 및 방재를 주요함으로 정하고, 국민생활의 향상과 지역적 미관의 향상을
도모하고, 지역의 기후, 풍토, 관습에 순응하는 특색 있는 도시취락을 건설
하는 것을 목표로 함'에 있는 것처럼 '도시기능', '보건', '방재'에 더하여 '도

---

18) 일본 도시미 시대의 논문들

• 25년
「都市美学」稲津圭之(『都市問題』)「都市美構におけるルネサンス技法の展開」石川栄燿
• 35년
「都市生活と景觀·都市美 (現代之都市美)」奥井復太郎
• 37년
「都市美の種々相」佐藤功一(『都市問題』)
• 40년
「都市美と建築·道路」今井哲「都市美のためにする建築表彰」菊地慎三など

시의 '미관'과 '개성'이 추구되고 있다. 그러나 현실적으로는 피폐된 전후 경제에서 토지구획정리사업을 축으로 가로와 역전광장, 공원 등의 토목사업에 중점을 두지 않을 수 없었다. 도로와 같은 기반 만들기도 경제적 이유에서 당초 계획을 후퇴시키지 않을 수밖에 없었던 경위가 각 도시의 부흥계획사에 남겨져 있다. 그중에서 센다이의 죠젠지 대로와 아오바 대로의 축선가로와 공원의 정비, 나고야 100m 도로의 실현, 히로시마 평화대로의 조성과 평화기념공원 등에 대표되는 것처럼 각지에서 도시미를 의도한 계획이 전개되었다. 그 배경에 계획작업의 담당자 대부분이 전쟁 전에 도시미 운동 활동에 참여했던 젊은 도시계획, 건축기술자가 있었던 것이다.

이후, 1950년 전후의 한국전쟁 특수에 의한 경제 부흥과 전국 도시 부흥사업의 전개기를 거쳐 1960년대의 고도성장기를 맞이한다. 또한 철도의 발달과 도로정비가 이루어지고 교외주택지 개발과 역 주변 재개발 등의 다양한 건설 붐이 일어난다. 도시의 풍경도 커다랗게 변모하고 있었던 것이다.

일본에서 자동차 사회의 진전은 서양에 비교하여 약간 늦은 1960년대 이후의 일이었다. 그것은 경제성장에 박차를 가하고 그러한 자동차 사회를 받아들이기 위한 도시의 개조 및 발전을 위한 다양한 구상이 마련된다.

여기에서 그 시대를 상징하는 도시 만들기의 커다란 전환점이 된 대표적 프로젝트 제안, 시대의 일획이 된 커다란 이벤트, 도시개발의 역사를 개관해본다.

도쿄계획1960

'도쿄계획1960'은 도쿄대학의 단케겐조연구실이 중심이 되어 도쿄의 새로운 도시상을 제시했다. 그것은 미래의 인구집중, 국제적 거점도시로의 변모를 의도한 신도시=이상도시를 도쿄만 위에 구축하는 제안 모델이다. 지금부터 대략 반세기 전인 1960년의 일이다. 이 시대는 자동차 보급에 따라서 경제 활동이 가속화되어 갔다. 도시공간도 건축의 변화 속도를 가속화시키고 고층 건축으로 이루어진 도시경관이 형성되고 지상에 자동차를 위한 도로가 더해지면서 고속도로가 공중에 건설되는 시대로 접어든다. 건축가가 적극적으로 도시를 이야기하는 시대의 막이 열렸다.

이 시대는 일본의 도시가 새로운 건축구조 기술의 진전과 자동차 사회의 도래로 커다랗게 변모했다. 당시에는 건축구조 종류별 건축높이 제한이 없어지고 초고층 건물의 건설이 가능해졌다. 그 이외에 다양한 건축 및 도시의 규제를 철회하는 움직임이 그 시대에 시작됐다. 당시의 키워드는 '넓은 가로' '인공지반', '고층 건축', '고속도로'이다. 이러한 제안은 단순한 그림처럼 보이지만 그것에서 제창된 다양한 디자인 어휘가 이후의 도시, 토목, 건축분야에서 전개되어 나타난다. 도쿄만의 매립지 구상도 해상에 떠있는 도시를 제외하면, 현재 거의 실현되어 있다. 또한 수도권의 교통결점 터미널인 역 앞에는 넓은 가로, 인공지반의 광장이 설치되고 고속 램프, 고층 빌딩군이 건설되어 있다. 그 의미에서 '빛나는 도시'의 일본판이야말로 겐죠의 구상이다. 그러한 사상은 점점 일본사회 안으로 침투해가고 있었다.

교외 뉴타운의 이상도시상

이 시기에 수도권, 관서권, 중부권 등의 대도시 교외에 뉴타운이 조성되기 시작한다. 그 모델이 영국의 뉴타운 계획이고 미국의 자동차 사회를 반영한 교외 뉴타운 계획이다. 이러한 일본의 뉴타운들은 당시의 근린주구이론에 기초하여 커뮤니티 규모에 대응된 시설배치계획 등이 도입되었다.

오사카에서 관서권의 센리·이즈미키타, 중부의 고죠지, 수도권에서 도쿄의 다마와 요코하마의 미나토기타 및 치바의 치바뉴타운 등 대규모 뉴타운의 건설

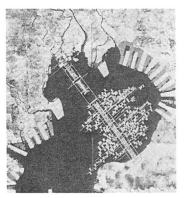

[사진 19] 도쿄계획1960 모형사진 (출전:『都市住宅 8408·特集·日本の都市デザインの現在』 鹿島出版会)

[사진 20] 파르테논 다마 도쿄 다마뉴타운의 중심시설

이 진행된다. 그러나 일본의 뉴타운은 영국과 같은 직주가 마련된 자립형의 '뉴타운'과는 다르다. 말하자면 주택에 특화된 '베드타운'의 특성이 강하다. 즉 주택 단일용도의 대규모 개발이다. 당시 대도시권으로의 인구집중 압력에 따라 대량의 주택공급을 요구받고 있던 것이 일본 뉴타운의 배경이 된다. 그것은 교외 철도정비의 진전, 대량수송의 실현에 호응하여 발전하였다.

일본판 '전원도시'의 이미지는 기업철도의 교외 철도연장에 연계된 민간개발의 뉴타운에 의해 이끌려지는 경향이 있다. 그 당시의 모던한 거주방식은 전통적으로 이어져 온 주상혼합형의 기성시가지에서 체험할 수 없고 일조, 통풍, 푸름이 넘치는 거주 등이 보장된 교외형 생활상이었다. 지방 또한 그것을 추구하였다. 대도시권에서 그러한 생활을 지탱한 것이 철도이었지만 지방에서는 도로와 자동차였다.

오사카만국박람회

센리 뉴타운의 일각, 오사카 후키타의 센리 구릉지에서 개최된 1970년의 '오사카만박EXPO70'은 일본에서 처음 개최된 국제박람회로서 3월에서 9월까지 약 6개월간 개최되어 6,400만 명이 방문하였다. 그것은 1964년의 도쿄올림픽에 비견되는 전후 최대의 이벤트였다.

면적 약 350ha의 박람회장 계획 책임자는 도시계획가인 다카다히데카와 건축가 단케겐죠(두 사람 모두 당시 도쿄대학 도시공학과 교수)였다. 박람회장 계획은 두 연구실에서 행해졌고 후에 건축 및 도시계획 분야에서 성공한 인재들이 담당했다. 박람회의 중앙 축제광장과 인프라가 되는 보행 데크 등의 계획이 완성되었고 그것에 기초하여 전시시설의 파빌리온이 배치되었다. 광대한 대지에 태양이 내 비치는 넓은 오픈스페이스, 그 가운데 건설된 파빌리온들의 광경, 그것은 어느 의미에서는 '이상도시'의 장대한 실험이라고 말해도 좋은 것이다.

방재불연·공동화 건축의 진전

도시방재와 고도이용을 중심으로 한 불연화 촉진책은 전후인 1952년의 「내화건축촉진법」과 1961년의 「시가지개조법」 및 「방재건축블럭촉진법」 제정을 거쳐 1969년 「도시재개발법」에 통합되었다.

전후의 혼란기에 빈번하게 발생하는 대화재의 대책으로 제정된 1952년의 「내화건축촉진법」은 건축물의 불연화 촉진을 목표로 하여 제정되었다. 그 법에 따라서 선상의 방화건축대가 전국 83개 도시에서 총 길이 38.8km에 걸쳐 조성되었다. 각지에 남겨진 쇼와모던이라고 일컬어지는 RC조 3~4층의 건축물들에 의해 형성된 경관은 그러한 사업에 의해서 만들어진 것이다. 이러한 연속적 건축군들은 직주 겸용 도시형 주택의 형식을 갖고 의장은 유럽의 모던건축, 특히 독일의 지둘룽 건축(주 16 참고)과 유사한 점이 있다. 이러한 작품군의 대부분은 후에 도쿄대학 생산연구소 교수가 되는 이케베기요시를 비롯한 건설공학연구회의 당시 젊은 건축가들의 설계에 의한 것이다. 그 대표적인 사례로서 누마츠 아케이트가(정식명칭·누마츠혼 대로 방화건축대·1954년 완성)가 있다. 그것은 미관지구 지정과 1층의 공공회랑을 겸비하여 당시로서는 매우 선구적인 설계였다. 그러한 활동은 오다테, 요코스카, 우츠노미야를 비롯한 각지의 방화 건축군 명작으로 이어진다.

1961년의 「시가지개조법」은 정식 명칭이 「공공시설의 정비에 관한 시가지의 개조에 관한 법률」이다. 도로와 역전광장의 정비에 관하여 토지의 고도이용을 목표로 한다. 도쿄·신바시 역 주변의 동서 역전광장과 전후의 야미시를 수용한 재개발빌딩(1971년)과 오사카역전(1975년), 고베시 산노미야지구(1966년) 등의 실적이 알려져 있다. 같은 해의 「방재건축블럭촉진법」은 가구단위에서 건축물의 불연화·공동화를 목표로 하여 적극적으로 추진되었다. 그것의 실

[사진 21] 1970년의 오사카만국박람회
(출전: 『新建築 71.8·特集·アーバンデザインの系譜』 新建築社)

[사진 22] 방화건축군에 의해 만들어진 아케이드가(누마츠시)
1층에 보행자 회랑을 설치하고 RC조 3,4층의 경관이 형성하였다.

적은 전국 105개 도시, 618가구에 달한다.

1969년의 「도시재개발법」은 「신도시계획법」의 제정을 계기로 종전의 2개 체계를 통합·개량하는 형식으로 보다 적극적으로 방재불연화, 토지의 고도이용, 기반정비의 일체적 정비 촉진 등을 목표로 했다. 그것은 종전의 토지의 교환분합에 의한 도로·공원 등의 공공시설 정비를 취지로 한 토지구획정리 사업과 함께 고도성장 시대 일본의 도시개조를 촉진하였던 것이다.

3. 도시계획의 도입기와 시가지의 변모

전국도시의 도시계획제도 도입

새로운 도시계획법의 제정은 1968년이다. 그 당시 일본의 경제는 고도성장기의 한가운데 있었다. 1950년대 후반부터 1960년대에 걸쳐 도시로의 급격한 인구집중이 진행되고 시가지의 무질서한 외연화가 문제되었다. 그것의 대처로서 서양 선진국에서 도입되어 온 도시계획에 의한 성장한계의 명시, 즉 선긋기 제도이다. 그리고 공장과 주택의 분리를 취지로 한 토지이용 조닝이다. 그것은 시가지의 계획적 형성과 농업생산지의 보호라는 취지도 포함하고 시급하게 보급되도록 하기 위하여 전국 지자체에서 거의 의무적으로 추진되었다. 그 내용은 시가화구역·시가화조정구역의 구분, 용도지역지정, 개발허가제도, 그리고 도시시설인 도로 등이다. 그것은 이후 일본의 도시계획의 기반이 되었다.

그것의 제정은 대도시 지역으로의 인구 유입이라는 절박한 상황으로 인하여 전국의 도시를 대상으로 기한을 정하여 신속히 추진되었다. 그러나 그 시대는 고도 경제성장기의 절정에 있었고 시가화구역지정은 많은 도시에서 우량 농지를 포함한 과대한 구역확장이 있었던 것도 부정할 수 없다.

도시주변부 기반정비의 진전

'대략 10년 이내에 우선적이고 계획적으로 시가화를 추진해야 할 구역'[19]이 된 구역은 필연적으로 토지구획정리와 새로운 주택시가지개발 등의 기반정비가 추진된다. 국가도 그것의 지원 조직을 정비하고 각지에서 도로를 정비하고 상하수도와 가스도 완비함으로서 이상적 주거지가 된다. 양호한 일조와 풍부한 녹지의 교외주택지인 그곳에서 자가용으로 도시를 왕래하는, 그것이 야말로 당시의 시민들이 동경하는 생활상이었다. 때는 마침 일본 열도 개조의 부동산 폭등도 겹쳐서 교외 개발과 도로정비가 전개된다. 도시계획이 목표로 하는 스프롤 방지는 대도시권에서는 유효하게 작동되었지만 지방에서는 과도한 구역지정을 행한 만큼의 의미를 갖지 못했다. 차라리 촉진하고 있었다고 말할 수도 있다. 실제 '셔터 가로' 현상을 보이는 지역의 대부분은 고도 경제성장기에 농지·산림이었던 도시주변부 및 교외까지 크게 시가지를 확대시킨 도시였고 결과적으로 도시중심부의 공동화에 박차를 가했다고 해도 과언이 아니다.

중심시가지의 상업방화 지정과 높은 용적률 지정

한편 용도지역지정에 관해서 본다면, 중심시가지의 대부분이 '상업지구'로 되었고 더욱이 높은 용적률의 적용이 가능해졌다. 그렇게 함으로써 가능한 한 토지의 자유도를 확보했다. 그것은 높은 용적의 쪽이 도시의 발전에 기여하고 지가가 높게 평가된다는 단순한 이유였다. 현안이었던 방재불연화 목표도 존재하여 상업지역은 높은 용적률의 지정에 맞추어 방화지역에 지정되고 불연건축으로의 재건축이 촉진되었다.

국가에서 사전에 준비된 용적률 지정기준에서 대지의 전면도로의 폭원이 넓은 경우에 높은 용적률 지정이 가능해졌다. 대도시 지역 상업지에서는 용적률 600~800%, 경우에 따라서 900%의 고층 빌딩의 건설이 촉진되었다. 지

---

19) 도시계획법 발췌
'구역구분' 제7조 1. 도시계획구역에 관하여 무질서한 시가화를 방지하고 계획적인 시가화를 도모할 필요가 있을 경우, 도시계획에 시가화구역과 시가화조정구역의 구분(이하 구역구분)을 정하는 것이 가능하다. 단, 다음에 열거한 도시계획구역에 관해서는 구역구분을 정하는 것으로 한다. 2. 시가화구역은 이미 시가지를 형성하고 있는 구역 및 대략 10년 이내에 우선적이고 계획적으로 시가화를 추진해할 구역으로 한다. 3. 시가화조정구역은 시가화를 억제해야 할 구역으로 한다.

[사진 23] 1970년대 어느 도시 중심상점가의 활기 넘치는 광경

방의 전쟁재해 부흥도시와 홋카이도의 개척도시 등은 도로가 넓어서 높은 용적률 지정이 비교적 쉬웠다. 한편 도로 미정비 지구에서는 용적이 제한되었기 때문에 각지에서 용적률 확보를 위하여 도로정비가 진행되었다.

도시의 기능분화와 중심시가지의 변모

새로운 도시계획이 추진한 도시기능의 분담, 그것은 토지이용계획의 색칠하기 그림으로 상징되는 것처럼 일하는 장소와 생활하는 장소의 분리를 의미했다. 그것은 구아테네 헌장의 '살고, 일하고, 쉬고, 이동하는' 것과 같은 기능분화이고 그것을 연결하는 것이 도로와 철도 등의 인프라 시설인 것이다.

원래 중심시가지, 즉 도시의 중심부는 근대도시계획이전에는 용도가 혼재하는 '마을'의 모습을 가지고 있었다. 도시의 기능분화에 의해서 일하는 장소와 거주하는 장소가 분리되었고, 수많은 시민이 매일 통근 및 통학을 위하여 자동차와 공공교통을 이용을 하지 않을 수 없게 되었다. 그 결과, 중심부는 야간에는 사람의 흔적이 적은 지역으로 변모하였다.

도시 중심부로부터의 거주인구 탈출현상을 재빠르게 파악하고 대응한 것이 대형 교외 쇼핑센터이다. 그것은 도로정비에 의해서 편리성이 좋은 지역에 계속 입지한다. 그러한 입지의 제어 체계가 일본에서는 존재하지 않았고 자동차 사회의 진전과 함께 시대의 필연으로서 받아들여졌다.

일본에서 고도 경제성장기가 되어 자동차의 보급, 도로정비의 진전, 인구의 교외화에 일층 박차가 걸린다. 거기에 행정구역 합병과 청사, 경찰서, 소방서 등의 공익시설의 기능 확대가 요구된다. 자동차 이용에 대응한 광대한 주차장이 확보되어야만 하는 교외진출이 진행되어 간다. 그 대상은 국가·현의 행정기관에서부터 시정촌의 청사, 소방서, 경찰서, 문화회관, 도서관, 박물관, 병원 등이었다. 그것이 중심시가지의 공동화에 박차를 가한 것은 분명한 사실이다.

4. 1970년대 이후 중심시가지의 쇠퇴와 재생의 모색

중심시가지의 쇠퇴현상에 위기감을 가진 지역상인들, 지자체, 국가, 도시계획관계자들 간에 중심상점가의 활성화를 위한 다양한 제도가 도입되기 시작하였다. 그것은 1960년대 후반부터 1970년대에 걸쳐 진행되었다. 실제로 도시계획 선진국에서도 중심시가지의 쇠퇴현상이 발생하였고 그것의 해결을 위하여 도시계획의 수정과 재생사업이 모색되고 있었다. 그러한 정보는 일본에도 전달되어 국가도 상점가 활성화를 위한 다양한 지원책을 전개하였다. 예를 들면, 아케이트 및 칼라포장, 장식가로등, 주차장 정비사업, 그리고 집객력 있는 앵커상업시설의 유치와 대규모 주차장의 확보 등의 시가지재개발사업이었다. 또한 과도한 자동차 사회에 대한 반성인 '보행자 천국', '쇼핑공원'의 도입도 있었다.

중심시가지의 도시재개발

도시재개발사업은 1970~1980년대의 도쿄를 비롯한 대도시권에서 많은 성과를 거두었다. 철도주변개발의 진전, 교외부의 인구정착에 따른 역전 교통터미널 형성과 상업핵심의 형성을 목표로 한 개발계획이 각지에서 진행되었다. 높은 용적형의 개발로 생겨나는 대량의 보유면적과 그것의 매각이익 자금을 활용하는 사업수법이 적용되어 수도권과 관서권, 중부권 등에서 재개발이 적극적으로 진행되어 갔다. 그것의 상업핵심은 종래의 백화점을 초월하여 대형의 데파트 및 하이퍼마켓으로 부르는 복합쇼핑센터와 같은 것이었다.

[사진 24] 교외 쇼핑센터 건물 외주부에 광대한 주차장이 설치된다.

[사진 25] 1980년대 완성한 어느 지방도시의 재개발빌딩

2000년대가 되어 핵심시설이었던 백화점과 호텔이 폐점하였다.

한편 그것에 대응하는 형식으로 지방 중핵도시에서도 비슷하게 역전과 중심 상업지를 활용하여 상업핵심과 일체가 된 재개발이 진행되었다. 경제의 고도 성장기는 도시인구의 증가를 초래하고 시민들의 소비행동을 증대시킨다. 그것은 전국에서 대형 앵커상업시설을 중심으로 하는 재개발 붐을 유발한다. 대형 상업시설의 진출은 지역의 소비를 자극하고 상권 확장에도 연결되었다. 지역은 그것을 환영했다.

'보행자 천국', '쇼핑 공원'

서양 도시계획의 전환이 전해진 것이 1960년대 말이고 일본에서도 다양한 시책이 검토되었다. 그것의 전형적인 예가 1970년대부터 전국의 주요 가로 에서 시작된 통칭 '보행자 천국'이다. 그것은 도쿄 긴자중앙길, 하라주쿠의 오모테산도, 신주쿠대로 등 전국 각지에서 실행되었다.

1969년에 홋카이도의 아사히가와시는 JR아사히가와 역으로부터 북으로 연결 되는 역전대로(평화대로)의 1km 구간의 국도를 자동차가 배제된 공간으로 만들고, 가설의 벤치와 놀이기구를 배치하는 보행자 전용공간의 사회적 실험 을 행했다. 그것은 호평을 얻었고 여러 번의 실험과 관리권 전환을 거쳐 1972년에 일본 최초의 쇼핑몰, 즉 쇼핑 공원으로 완성되었다.

그것은 후에 상점가를 보행자 몰로 만드는 사업의 기폭제가 된다. 1975년에 오사카 도톤보리 가든로드, 대화재 부흥사업에 의한 사케다의 나카쵸 몰과 구레 조적길이 완성된다. 1978년에는 일본 최초의 본격적인 몰인 요코하마

[사진 26] 1970년대 신주쿠대로 의 보행자 천국 풍경

[사진 27] 1972년에 완성된 아사 히가와 쇼핑 공원의 풍경
당시의 사진(쇼핑 공원 구간 1쪼 길~4쪼길은 국도12호, 구간 4쪼 길~8쪼길은 국도40호)

세키우치 이세자키몰이 실현된다. 그 수법은 상점가 근대화사업을 활용한 새로운 활성화 수법으로서 기대되어 1770년대부터 1980년대에 걸쳐 각지에서 다양한 실천이 나타난다. 이러한 실천들은 서양의 보행자 공간사상의 침투와 거의 부합한다. 새로운 도시 디자인 수법, 경관설계 수법으로서 한 시대에 유행되었던 것이 기억에 새롭다.

그러나 그 이후의 경과를 보면, 일본의 경우는 상점가 진흥이 좁은 분야로 한정되는 경향이 있었고 화장술과 같은 사업에서 멈춘 경향을 부정할 수 없다. 서양에서 나타나는 도시 전체의 교통계획과 도시주거가 포함된 전체와 연계된 도시 만들기, 이러한 시점이 부족했다고 저자는 생각한다. 일본의 경우는 생활가로의 부활이라는 시점이 매우 부족했다. 지방에서는 대로의 자동차 억제책이 거주자들의 불편함을 조장시켰고 그것 또한 거주기능의 소멸로 이어졌다고 보는 시각도 있다. 한편 보행자 천국은 주말에 한정되어 실시되었기 때문에 아스팔트 포장 그대로이고 테이블과 의자도 전부 가설이었다. 그것은 시간의 경과에 따라 천편일률적이 되었고 점점 사람의 관심에서 멀어졌고 실시장소도 감소되어 갔다.

중심부의 인구공동화

상점가에서 거주기능이 상실됨에 따라 대도시에서는 그것이 빌딩화로 이어졌다. 그러한 빌딩들에는 매력적인 상점과 음식점, 상층부의 오피스 등이 입지하였다. 수도권의 재개발에서 빌딩의 하부에 멋있는 아트리움과 광장, 녹음공간이 디자인되었다. 대도시 중심부는 기능 집중에 의하여 번영의 길을 걸었지만 지방과 대도시 주변부에서는 중심시가지로 사람들을 불러 모으기 위한 주차장 정비가 적극적으로 행해졌고 빈 건물이 해체되어 옥외 주차장이 되었고 그것이 다시 제대로 된 입체 주차장으로 건설되었다. 한편 과거 마을의 일각에 있었던 음식점 거리는 야간 및 풍속 영업점으로 변모해갔다. 그 결과 중심시가지의 좁은 도로에는 자동차가 집중하여 소음 및 배기가스, 교통사고에 따른 불안이 심화되고 야간은 자동차 중심의 세계가 되었다. 또한 야간에도 유흥거리의 소동이 빈번해졌다. 어린이 양육환경이라는 점에서

[사진 28] 사케다시의 나카쵸 몰
대화재 부흥계획으로 실현된 보행자 가로

는 마이너스 요소가 커다랗게 확대되어 갔다. 한편 건전한 교외주택지의 개발이 진행되었고 그것이 일층 공동화를 조장하였다. 이러한 것들이 저자가 보고 들어온 일본 지방도시 중심가의 붕괴 과정이다.

5. 1990년대 이후의 도시재생 정비

「중심시가지 재활성화법」

대도시는 눈에 띄는 발전을 이루지만 지방도시의 중심부는 1980년대 후반부터 급속한 쇠퇴기에 접어든다. 실제로는 도시권 인구로서 본다면, 총량은 거의 변하지 않은 채 중심시가지의 공동화라고 보아야 할 것이다. 도시 외주부로부터 교외로의 인구이동이라는 도시권역의 확장이 불러일으킨 결과이다. 그것의 상징이 이 책의 서설에서 소개한 '셔터가로'이다. 그리고 역전과 중심시가지 재개발사업의 핵심이었던 대형 데파트 등의 폐업이 각지에서 발생한다.

그것에 대처하기 위하여 각지에서 1990년대 이후 다양한 시책이 전개된다. 그것의 중핵은 1998년의 마을 만들기 3법[20] 중의 하나인 「중심시가지에 있

---

20) 마을 만들기 3법
① 토지의 이용규제를 촉진하기 위한 개정 도시계획법
② 생활환경의 영향 등, 사회적 규제의 측면에서 대형점 개점의 새로운 조사 방식을 정한 대규모소매점포 입지법(대형점입지법)

어서 시가지의 정비개선 및 상업 등의 활성화를 위한 일체적 추진에 관한 법률」(일명 중활법)이다. 그러나 그것도 2006년에 그 효과가 의문시되어 재개정되어 현재에 이르고 있다.

역 중심의 도시재생

앞에서 예로 들었던 서양 도시의 탈자동차 사회를 향한 움직임과 유사하게 일본은 에너지 문제까지 포함하여 비로소 공공교통으로의 전환을 위한 움직임이 나타난다. 그것의 중심이 되는 것이 콤팩트시티의 실현이다. 철도역 주변을 축으로 도시를 재구성해야 한다는 논의를 포함하고 있다. 그 움직임의 반영으로 각지에서 철도역의 개조 및 역 주변 재개발이 왕성하게 일어나고 있다. 지역을 분단해온 철도선로를 입체화하고 역과 역 주변의 일체적 정비가 진행되고 있다. 그러한 교통결절기능이 주변 관광지를 위한 동선의 거점이 되고 경우에 따라서는 문화시설과 상업시설 등의 대형시설이 역 주변에 입지한다.

그러나 지방의 경우에 역 주변에 투자가 집중되면 역으로부터 떨어진 중심

[사진 29] 지방 도시공간을 벌레 먹은 형상으로 만드는 옥외 주차장
공동화의 상징이라고 말할 수 있는 것

---

③ 중심시가지의 공동화를 방지하여 활성화활동을 지원하는 중심시가지의 활성화에 관한 법률(중심시가지 활성화법)의 3개를 지칭

시가지는 어떻게 되는가라는 문제도 파생된다. 도시의 잠재력, 즉 파이가 작고 역 주변과 중심시가지가 일치하지 않는 것이 한층 문제를 복잡하게 한다. 이러한 점도 대도시권과 크게 다른 점일 것이다.

대도시, 특히 도쿄의 철도거점 역 주변과 대규모 재개발지에서는 지하철역의 유치와 초고층 건축군의 건설이라는 방식의 선구적 도시 만들기가 행해졌다. 유사하게 관서권의 오사카와 교토, 중부권의 나고야, 홋카이도의 삿포로, 큐슈의 하카다 등에서 역 개조와 상업 집적의 연계 프로젝트가 행해졌다.

이러한 것들은 도시재생에 의한 매력 만들기를 포함하여 경제 활성화를 위한 견인차가 되기도 했다. 한편 지방과 대도시의 격차 확대라는 문제 지적도 있다. 지방도시에서도 철도연속입체교차화사업과 연동된 재개발을 통하여 고층의 상업·오피스·공공시설과 주택이 복합된 빌딩들이 건설되었지만 도시의 풍경을 일변시키는 사태가 되었다. 또한 테넌트 해지문제가 생기는 사례도 있다. 역 주변과 도시중심이 동일하지 않는 도시의 경우, 그것이 점점 더 중심시가지의 쇠퇴에 박차를 가한다는 문제 지적도 적지 않다.

같은 문제를 1960~1970년대에 경험한 서양의 지방도시가 도시재생에 성공했다는 이야기를 앞 절에서 하였다. 그 시대부터 저자는 그러한 성공을 깊이 관찰해온 한 사람이다. 다음 장에서는 그러한 프로세스의 일부를 소개하고 일본에서 참고해야 할 점을 명확히 하고 싶다.

[그림 11] 콤팩트시티 모델 역 주변의 거점적 시가지 및 보행생활권 이미지
(출전 : 国土交通省HP)

[사진 30] 도쿄도심의 초고층 건물군(도쿄타워 전망대에서 촬영)

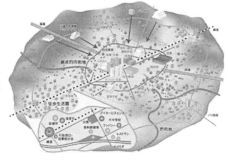

제 2 장
서양 도시에서 보이는 거주기능과 도시재생

번화가에 활기를 되찾은
영국(체스터 시)

제2장
서양 도시에서 보이는 거주기능과 도시재생

제1절 영국의 역사지구 재생

1. 1960년대 이후 거주환경의 회복

중세부터의 역사를 자랑하는 유럽의 도시들, 그 대부분은 20세기의 자동차 시대 가운데에 남겨지고 인구의 감소와 도시의 쇠퇴를 경험한다. 그때까지의 직주일체형인 도시질서가 붕괴된 것이다. 직주의 분리, 교외 개발의 진전, 그리고 그것의 극복을 위한 재개발과 도로계획, 그러한 것들은 결과적으로 도시기능의 해체를 촉진시켰다. 그러한 오류를 감지하고 각 도시가 그것의 수정방책을 독자적으로 모색한다. 커다란 정책 전환의 시작은 1960년대부터 1970년대에 걸친 시기였다.

그 정책 전환의 최초 실천은 도시계획의 발상지인 영국이다. 제1장에서 소개한 바와 같이 1968년 영국 정부가 전문가에 의뢰하여 행한 4개의 역사도시 조사가 선구적이다. 참여한 전문가로부터 나온 답변이 커다란 전환점이 되었다. 5항목의 답변 중에서 다음의 3항목들은 그때까지의 용도분리와 자동차 도입 유도의 도로정비, 그것들의 실현을 위한 재개발적 접근이라는 도시정책을 크게 변경시켰다. 즉 3항목은 다음과 같다. '① 주변에 자동차 도로와 주차장을 정비하고 보존지구에 자동차 출입을 허용하지 않는다. ② 지역 보존을 위해서 사람이 거주하는 것이 절대적으로 필요하다. ③ 환경을 훼손하지 않는 한 개개의 건조물은 새로운 기능을 부여함으로써 적극적인 적응이 되도록 한다.

그것의 실현을 위해 제정된 것이 「1969년 주거법」이다. 그것의 배경에는 당시 영국 지방도시 중심시가지의 쇠퇴라는 상황이 있었다. 그것은 역사적 도시에 한정되지 않고 많은 도시의 공통과제였다. 최우선과제는 인구를 다시 불러들이는 것이었고 그것의 유도를 위하여 주택개수와 상점가 재생이 하나의 세트로서 진행되었다. 조사결과, 상점주가 살지 않는 마을이 쇠퇴하였다는 것이 분명해졌다. 그렇다면 점포를 포함한 건물의 내외장과, 특히 거주부분의 개조를 지원하고 주변 가로의 보행자 공간화를 행함으로서 거주환경의 회복을 달성하고자 한 것이었다. 주거법의 물 사용공간의 쾌적성 향상지원이라는 이념은 시민이 행복한 생활을 영위하기 위해 불가결하다는 것이다. 그것은 개개 건물개수에 지원되는 계기가 되었다. 기본은 저층부가 점포와 아틀리에이고 상층부가 주거가 되는 점포 겸용 스타일을 회복하는 것이었다.

2. 체스터 시의 역사적 시가지 재생

체스터Chester 시의 사례를 설명한다. 체스터는 수도 런던에서 북으로 320km

[사진 1] 거주자가 사라진 공가인 상태로 방치된 체스터 시의 도시형 주택군. 1960년경
(출전 : CHESTER : A STUDY IN CONSERVATION, HMSO, 1968)

[그림 1] 체스터 시의 위치도

떨어진 잉글랜드 북서부 체샤Cheshire, 주 인구 약 33만 명 주의 주도이다. 2010년 현재 인구 약 12만 명인 소도시이다. 도시의 역사는 오래되어 기원전 로마제국 시대의 성벽과 유적이 있고 중세 목구조 건축에 의한 경관을 형성하고 있다. 그것은 노르만양식(12세기경)부터 고딕양식(12세기 후반부터 15세기경), 그리고 16~18세기의 빅토리아 시대의 목구조 양식으로 이루어진 도시경관을 형성한다. 그중에서 2층의 열주랑 형상을 가지는 공공복도인 '로우즈Rows'가 있다 로우즈는 구시가지의 중심이기도 한 크로스Cross부터 동서남북으로 이어져 4개 가로의 양측에 연속적으로 건축되어 있고 그 통로를 따라 상점가가 나열되어 있다. 또한 지상층에도 상점이 연속하여 2개 층에 걸쳐 입체적으로 상점가가 형성되어 있다. 그 총연장은 1,200m에 달한다. 지상의 길에서 자연스럽게 상층부에 다다를 수 있도록 여러 곳에 계단이 설치되어 있다. 이 역사적인 2층의 공공주랑은 세계적으로 드문, 저자가 아는 한 체스터 시에만 존재한다.

1789년의 운하건설에 의한 공업화의 파도, 그리고 1840년의 철도개통에 따라서 시가지 북동쪽에 역이 설치된다. 그것을 계기로 신시가지가 형성되고 교외 개발이 진전된다. 교통은 그러한 확대를 지탱하였고 교통의 수단은 19세기의 마차에서 20세기의 자동차로 전환된다. 특히 1930년대 이후 급격하게 자동차가 증가하고 중세부터 형성된 역사적 시가지로 자동차가 진입하고 종래의 환경이 변모한다.

[사진 2] 수복된 중심부의 목조 하프팀버양식의 역사적 건물군
2층에 쇼핑아케이드가 설치되어 있다.

성 안의 시가지 도로는 자동차 사회를 수용하기에는 너무 좁고 구불구불하였다. 시가지에 자동차가 넘쳐나고 어느 곳에서도 교통 혼잡이 발생하였다. 시민은 교통사고의 위협은 받았다. 1950년대 이후 보다 심각하게 되고 뉴타운의 건설이 행해짐에 따라 많은 주민들이 구태의연하게 된 도시형 주택을 싫어하게 되고 근대적 주택으로 이주한다. 1950년대 말이 되면 거주자가 없어진 도시형 주택, 즉 공가가 눈에 띄게 많아진다. 그것이 중심부의 경제적 기반침하를 가중시키고 인구 유출에 박차를 가하는 악순환에 빠져든다. 그것은 당시 영국의 지방도시에서 공통된 상황이었다.

역사도시의 보존수복, 중심시가지의 재생

역사도시의 보전수복과 중심시가지의 재생이 1968년의 조사를 계기로 시작된다. 시는 1969년 성벽에 둘러싸인 80ha의 공간을 보존지구Conservation Area로 지정하고 다음 해인 1970년에 보존기금을 설립하고 경관개수의 지원에 착수한다. 유럽건축 유산계승의 해인 1975년에 시범프로젝트의 하나로서 지정되어 보존수복이 본격화되어 간다. 도시계획 기초조사로서 인구동태, 토지이용, 교통에 더하여 식재상황이 포함된 랜드스케이프 조사, 도시경관조사가 행해

[그림 2] 로우즈의 건물 개요
(출전 : Conservation in Chester, 1986)

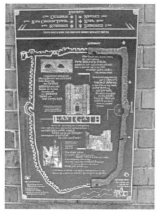

[사진 3] 구시가지를 둘러싼 성벽(체스터)

동측의 짙은 색의 부분이 로마 시대의 성벽으로서 길이가 1km에 달한다.

[사진 4] 개수된 브릿지스트리트의 마을경관과 보행자 공간

진다. 또한 그것과 병행하여 중심시가지 건물의 노후도 조사, 주택성능평가가 자세하게 행해지고 중세부터 이어진 역사적 건물을 교외의 새로운 주택과 비교 조사하여 그것이 가진 열악한 점을 분명하게 검토한다.

그 결과, 상하 이동을 위한 계단부와 물 사용공간의 전면 개수가 중요한 것으로 판명되었다. 외벽에 대해서는 창의 개수와 더불어 적극적으로 역사성이 존중되도록 하였다. 이러한 내외부에 걸친 주호개수에 공적지원이 이루어진 것이다. 그러한 개개의 조사와 개수계획에 지역의 건축가들이 참가하였다. 체스터의 경우 십자의 주요 가로변에 존재하는 2층부는 공공회랑인 전통적 로우즈가 일관되게 형성되어 있기 때문에 1, 2층의 앞면은 점포로 하고 3층 이상은 주택으로 하는 입체용도제가 설정되었다. 또한 점포의 파사드부터 간판에 이르기까지 세밀한 가이드라인이 마련되었고, 그것이 조화로운 전통적 경관을 형성하는 데 도움이 되었다.

체스터 중심시가지의 목구조 건축의 본격적인 개수는 1970년대 이후에 시작되어 1980년대까지의 기간을 필요로 했다. 역사적 건물의 파사드 개수가 행해졌고 특히 주력한 것이 상층부 주호부분의 화장실, 욕실, 부엌과 같은 부분의 설비개수이고, 어메니티라는 용어에 명시된 것처럼 주민이 쾌적하게 생활하기 위한 기능보장에 해당된다. 또한 건물의 구조보강과 내구성의 향상, 그것의 실현을 위한 다양한 지원제도가 마련되었다.

또한 상점가의 부활과 인구회귀를 위한 정책이 영국의 여러 도시에서 전개되었다. 중심시가지 건물의 개수를 지원할 경우 상층부는 거주용으로 하는 조건을 정했다. 그것을 계기로 교외 전출의 경향에서 '도시거주'를 가능하게 하는 시책으로 바뀌었고 그러한 시책과 지역 커뮤니티의 부활이 그 시대부터 정착되어 가게 된다.

영국의 법 제도, 도시·전원계획법이 1971년, 1972년, 1974년, 1977년에 추가 개정되었다. 그 기본은 보존지구 내의 건물보전지원의 체계, 신규도로계획에서 역사적 경관고려, 지역 커뮤니티의 보전 등이고 상세하게 규정되어 있다. 그중에서 주목해야 할 것은 보존지구 내의 건물보존수복 등에 대한 넉넉한 조성금, 보조금Grant이다. 국가, 지방자치체(주, 시정촌)의 보조에 더하여 영국 헤리티지보조, 여러 자선단체의 기부 등 지원제도가 있다. 그러한 것들을 활용하여 체스터를 비롯한 영국의 지방 각 도시에서 도시주택이 서서히 개수되었고 그러한 노력의 결과들이 도시의 회복으로 이어졌다.

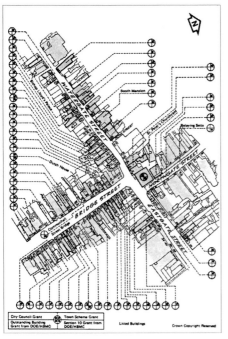

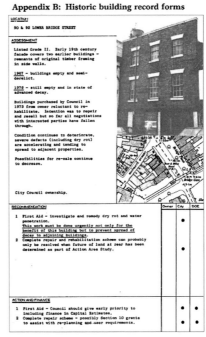

[그림 3] 체스터 중심시가지의 개수대상 건물과 사업계획
(출전: Conservation in Chester, 1986)

[그림 4] 체스터 시의 역사적 건물 개수 체크리스트 일부
(출전: Conservation in Action: CHESTER'S BRIDGEGATE, 1982)

• 체스터 시 중심부에 존재하는 로우즈의 과거와 현재 모습

[사진 5] 1967년경
(출전 : CHESTER : A STUDY IN CONSERVATION, HMSO, 1968)

[사진 6] 현재
보행자 도로 주변의 가로공간에 사람들이 되돌아왔다.

[사진 7] 1960년대 교통상황
(출전 : CHESTER THROUGH TIME, 2010)

[사진 8] 현재(위의 사진과 같은 앵글)
1980년대에 보행자 공간화 되었다.

[그림 5] 도시의 개수는 개개 주택의 성능향상으로부터 시작됨
왼쪽이 개수 전이고 오른쪽이 개수 이후다. 물 사용공간 주변이 정리되었다.
(출전 : CHESTER : A STUDY IN CONSERVATION, HMSO, 1968)

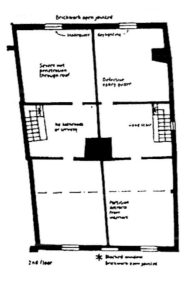

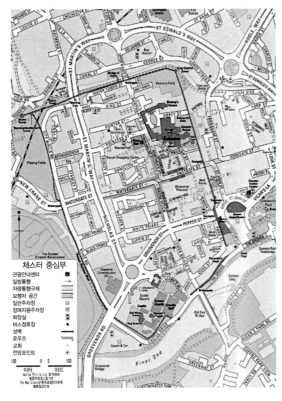

[그림 6] 체스터의 구시가지
(출전 : 현재관광 팸플릿 일본어판)

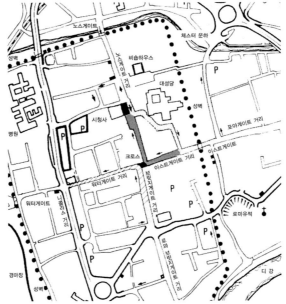

[그림 7] 1983년에 시작된 크로스
주변의 교통규제

검정은 완전통행금지, 회색은 일
방통행 시간규제

[사진 14] 체스터 중심시가지 가로

체스터 중심시가지 보행자 구역

건물개수, 경관의 보존수복, 거주인구의 회복책 등은 중심시가지 가로에서 자동차를 적극적으로 배제하는 보행자 중심의 환경조성에 기초를 두고 있다. 1968의 조사보고서의 내용 중 '보존지구 안으로 자동차의 진입을 허용하지 않음'을 실현하기 위하여 보행자 환경정비가 역사도시중심부에서 1980년대부터 본격적으로 시작되었다. 그것은 인간적 스케일의 도시를 회복하기 위한 교통계획, 주차장정비, 보행자 우선구역의 설정 등을 담고 있다.

그것의 상징이 체스터 중심부에 존재하는 십자도로의 대각차단이고 자동차 진입의 금지와 우회전만의 허용이고 해당부분의 자동차 교통의 금지다. 이스트게이트도로와 노스게이트도로는 일요일을 제외한 주간 시간대의 시간규제, 브릿지도로와 워터게이트도로는 서비스용 자동차 이외의 거의 모든 시간대의 교통규제가 이루어졌다. 또한 중심부 직전에 회전 로타리가 설치되었고 일부 구역에 진입규제 게이트가 설치되었다. 원칙적으로 허가차량만 통행이 가능하게 되어 중심부 가로는 보행자 우선 공간으로 변모되었다.

● **자동차 진입 억제 방식**

[사진 9] 미니로터리

[사진 10] 자동차멈춤장치

[사진 11] 도로 폭 조정

[사진 12] 진입게이트

[사진 13] 진입시간규제

또한 보행자 우선 환경의 조성을 위하여 돌과 조적 재료를 사용한 전통적 노면포장의 부활과 가로수와 벤치, 가로등의 다양한 스트리트퍼니처가 설치되었다. 그리고 가로변 상점의 구조는 디자인 가이드라인에 기초하여 개수되었다. 현재 점포, 간판과 광고도구의 설치 또한 그것에 기초하여 심사된다. 즉 역사적 경관보전수복과 보행자 공간 정비가 일체적으로 행해짐으로서 형식화되는 역사적 경관이 아니고 활기 있는 생활가로로서 재생되었다. 이 도시는 본래 자동차 사회 이전에 만들어진 도시인 것이다. 가로도 원래의 보행자 중심 시스템으로 환원된 것에 지나지 않는다. 그렇지만 자동차를 부정한 것도 아니다. 그것의 공존을 성공시킨다는 당연한 것을 달성한 것이다.

저자가 이 도시를 방문한 1984년은 중심시가지의 교통규제가 막 시작된 시기였다. 당시 도시계획담당자의 설명과 제공된 자료의 계획이 2009년 방문했을 때에는 거의 실현되었고 도시는 그것 이상의 성과를 보이고 있는 것 같았다. 이러한 계획에 관여한 도시계획가들의 재생에 대한 이상이 실현되었다고 볼 수 있다. 백문이 불여일견이듯 여러분에게 이 도시에 방문해볼 것을 추천한다.

3. 역사도시 바스의 도시재생

바스Bath 또한 1968년의 역사도시보전 조사리포트의 대상이 된 도시였다. 잉

[그림 8] Conservation in Action : CHESTER'S BRIDGEGATE(1982)의 리포트 표지

[사진 15] 에이본천의 발토니 다리
역사도시 바스를 대표하는 관광명소

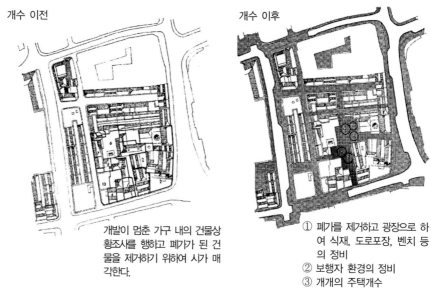

개수 이전 · 개수 이후

[그림 9] 코리도 지구의 재생사업계획도 그물망으로 표현한 가로부분이 보행자 공간으로 개조된다. 이후 1984년과 2009년 현지 방문하여 거의 계획한 바대로 완성된 것을 확인하였다. (출전: BATH: A STUDY IN CONSERVATION, HMSO, 1969)

개발이 멈춘 가구 내의 건물상황조사를 행하고 폐가가 된 건물을 제거하기 위하여 시가 매각한다.

① 폐가를 제거하고 광장으로 하여 식재, 도로포장, 벤치 등의 정비
② 보행자 환경의 정비
③ 개개의 주택개수

글랜드 서부 서머셋 주North East Somerset에 위치한다. 유네스코 세계문화유산 도시이고 고대 로마제국의 목욕장 유적에서 유래하여 도시의 이름이 붙여졌다. 이 도시도 1960년대에 중심부의 지역에 공가가 많아지고 방치되어졌다. 행정 중심의 수복형 정비사업이 1970년대부터 시작되었다.

대표적 사례로서 코리도 지구의 재생사업을 소개한다. 이곳은 바스의 역사지구의 중심지, 유명한 유리아케이드가 '더 코리더The Corridor'[1)]의 주변의 조밀밀집 시가지로서 공가가 산적해 있었다. 시는 공가를 매수하여 보존수복과 제거를 병행하여 지구 내의 거주환경의 개선을 행하였다. 또한 앞에서 설명한 체스터와 동일하게 중심시가지의 자동차 교통규제책과 보행자 환경정비가 도입되었다. 그러한 재생의 한가운데인 1974년 아케이트가는 폭탄테러에 의하여 크게 파괴되었지만 다시 부흥되었다.

---

1) 더 코리더(The Corridor) : 1825년 완공, 완공 당시 영국에서 가장 아름다운 아케이드로 평가되었다.

[그림 10] 레포트에 제안되어 있는 중심시가지의 보행자 환경 개선의 이전과 이후의 예
(출전 : BATH : A STUDY IN CONSERVATION, HMSO, 1969)

지금은 이 도시가 영국을 대표하는 아름다운 관광도시로서 내외에 알려져 있지만 이 도시가 폐허 상태였던 것을 기억하는 사람은 많지 않다. 이 도시의 재생도 40년 전의 도시계획의 대전환에서 시작된 것이다. 이 도시의 최대 매력은 19세기 말 고고학자에 의해서 발굴된 로마 시대 목욕장 유적으로 상징되는 역사에 있다. 그러나 이 도시의 풍경의 매력은 중세 조지아 왕조 시대의 번영기에 축조된 석조의 도시경관으로서 바스스톤이라고 부르는 우유색 돌을 사용한 건물들로 이루어진 통일된 도시경관에 있다. 각 건물들은 다양한 색을 사용한 플라워 포인트와 바스게이트가 장식되어 있다. 바스는 18세기 귀족사회의 상류계층의 고급휴양지, 즉 리조트의 발상지로서 상류계층을 수용하기 위한 장대한 원형도로와 넓은 가로를 정비하는 도시개조가 행해졌다. 그러한 흔적이 도시

곳곳에 남겨져 있다. 한편 역사를 간직한 중심시가지에는 인간적인 스케일의 곡선 골목길이 미로처럼 퍼져 있다. 실로 다양성 풍부한 도시이다. 이 역사도시의 도시 만들기의 축적이 지금의 도시 활력으로 이어졌다고 말할 수 있다.

[사진 16] 1968년 당시의 풍경 (출전 : BATH : A STUDY IN CONSERVATION, HMSO, 1969)

[사진 17] 유리아케이트가 '더 코리도' 입구(바스)

[사진 18] 현지의 더 코리도

[사진 19] 재생된 바스 중심부의 쇼핑가

[사진 20] 중심시가지의 로마 목욕장 부근의 보행자 공간

[사진 21] 중심시가지 포켓스페이스에서 휴식하는 시민들

제2절 독일의 도시재생

1. 서독의 거주기능 회복 움직임

구 서독의 도시계획도 1950년대의 CIAM의 활동 및 아테네 헌장의 영향을 받아서 도시기능의 분리를 도시계획에 일찍이 도입한다. 대부분의 도시에서 중심시가지가 전쟁으로 파괴되었지만 복구계획에 의하여 원래의 모습으로 회복되었다. 동시에 도시계획의 기둥이라고 할 수 있는 교통계획은 자동차 사회의 발전을 받아들여 대대적으로 진행되었다. 예를 들면 중심시가지에서 교외를 연결하는 방사상의 도로계획, 그것을 동심원상으로 연결하기 위한 환상도로의 정비에 힘을 기울였다. 특히 중심부에 유입하는 자동차를 받아들이기 위하여 가장 내측의 도심 환상도로는 옛날의 성벽과 환상의 해자를 해체하여 조성되는 등의 방법이 채택되었다. 또 다른 하나의 기둥인 도시기능의 분리라는 측면으로서 공장지역과 주택지의 분리, 주택지 안으로의 비주거시설의 입지규제, 그리고 상업지에서의 주택억제책이 진행되었다.

1960년대 독일에서는 도시의 근대적 변환을 통해서 경제를 발전시킨다는 합리적 사고방식이 정착되었고 대도시로의 인구 유입과 산업 집중이 진행됨에 따라 도시지역 확장에 대한 필요성이 나타났다. 그러한 배경에 따라서 전쟁 전의 도시계획제도의 흐름을 계승하면서 1960년대에 「연방건축법Bundesbaugesetz =BBauG 1960」이 제정된다. 그 결과 토지이용계획에 해당하는 F 플랜Flachennutzungsplan 과 '지구상세계획'의 B 플랜Bebauungsplan이라는 두 개의 기본개념에 기초하여

[사진 22] 로얄크레센트(바스) 유명한 18세기의 건축

30호로 이루어진 상류계층의 테라스 하우스

[사진 23] 독일 중부지방 도시의 메인스트리트

하논바슈 뮨덴Hannoversch Munden, 인구 약 2만 5천 명

[사진 24] 독일의 지방도시 중심시가지(프리츠라 Fritzlar 헷센 주 북부 마을, 인구 약 3만 5천 명

각 자치체가 도시계획을 실시하는 전통적인 체계가 정착되어 간다.

또한 1962년에 도입된 「건축이용령Baunutzungsverordnung」에서는 토지이용계획에서 제시하는 용도구역과 지구상세계획에서 제시하는 용도지구의 2개의 방식을 조합하는 것에 의해서 건물용도와 형태를 규정하는 체계가 도입된다. 용도구역은 주거구역, 혼합구역, 산업구역, 특별구역[2]으로 규정되는데, 일본의 용도지역 명칭과 비교하여 도시의 역사성에 유래하는 혼합형을 의식한 명칭이다. 또한 용적률 지정도 나중에 약간 완화되지만 비교적 억제적으로서 주거계열 100%(1968년~240%), 혼합계열 200%(1968년~240%, 1990년~300%)로 정해져 있다.

자동차 사회의 진전과 토지이용분리책의 효과로서 보아야 하는지, 독일의 각 도시에서도 인구의 교외유출, 중심부의 공가 증가에 의해서 중심시가지의 경제적 침체가 1960년대에 현저하게 나타나게 된다. 독일의 자동차산업이 세

---

2) 독일의 도시계획 용어
• 용도구역(Bauflache)
• 용도지구(Baugebiet＝지구상세계획에서 제시)
• 주거구역(채원지구, 순주거지구, 일반주거지구)
• 혼합구역(촌락지구, 혼합지구, 중심지구)
• 산업구역(산업지구, 공업지구)
• 특별구역(주말주택지구, B 플랜지역별로 정하는 특별지구)

계적으로 크게 발전을 보이는 시기이기도 하고 시민계층의 자동차 보유율은 크게 높아지고 도시로 유입하는 자동차 교통 증가에 따른 교통체증과 교통사고의 다발, 대기오염 또한 사회적 문제가 된다. 그것이 한층 중심시가지 인구감소에 박차를 가하는 악순환이 일어난다.

앞에서 서술한 제인 제이콥스의 책이 미국에서 출판된 2년 후인 1963년에 독일어판이 출판된다. 그 책에 영향을 받은 사회학자와 심리학자, 도시계획가, 학자 등을 중심으로 용도순화에 대한 의문의 목소리가 점차 높아진다. 그 당시 중심시가지의 쇠퇴를 목격한 많은 의식 있는 사람들이 근대도시계획이론에 의문을 가지기 시작하는 시기이도 하다.

1968년의 건축이용령 개정에서 중심시가지의 경우 B 플랜에서 지구단위로 규정하는 것을 조건으로 상점의 상층부와 가구 내측에서 주거용도로 전환하는 것을 허용한다. 그리고 1977년의 재개정, 1990년의 재재개정에 따라서 점차 완화의 방향이 확대되었다. 즉 중심시가지의 붕괴를 저지하기 위해 주거용도의 정착이 불가결하다는 인식이 수차례에 걸쳐 법 개정에 반영된 것이다. 그 결과 B 플랜이 중심시가지의 거의 전역에 지정되는 것에 이르고 거주기능이 중심부에 정착해가게 된다. 이러한 것처럼 독일은 도시기능분리의 토지이용계획의 180도 전환을 성취한다. 즉, 도시 내의 거주환경을 개선하기 위한, 건물개선을 위한 수복형 재개발, 보행자 우선의 도시내부 도로망의 실현이었다. 그것은 지방도시에 한정되지 않고 대도시에 있어서도 유사한 효과를 발휘한다. 대도시에 있어서도 주요 가로의 후면도로에서는 B 플랜에 기초한 수복형 재개발계획이 거주기능의 회복을 도모하기 위하여 활용된다.

자동차 사회의 극복을 위한 도심부교통계획의 근본적 수정이 1970년대부터 본격적으로 시작되고, 상점가 도로의 보행자 공간화, 즉 쇼핑몰화 사업과 병행한 공공교통우선정책 및 프린지(외주부) 파킹 정비가 적극적으로 진행된다. 또한 1980년대에 들어서 네덜란드 '본엘프'의 독일판인 '본슈트라세'에 따라서 외주부의 간선도로에 둘러싸인 구역 내의 도로는 도로교통법 개정에 의해서 보행자 우선이 되고 불필요한 자동차 교통은 배제된다. 즉 자동차 편중의 도시교통계획이 보행자와 공공교통 중심으로 심화되어 간다. 그것도 도

[사진 25] 독일 북부 중심시가지의 인기장소(브레멘 인구 약 55만 명) 슈노아도로
상점과 주택가가 공존한다.

[사진 26] 가구의 내측
녹색의 공간이 확보되어 있다(브레멘).

시 거주정책을 지탱하는 커다란 수단이 되어간다. 다음은 독일 국내의 도시 재생사례를 소개한다.

2. 환경수도 프라이부르크의 도시재생

프라이부르크 시Freiburg : 인구 약 20만 명는 독일 남서부의 프랑스와 스위스의 국경에 근접한 중세 이후부터 상업도시·대학도시로서 번영한 도시이다. 최근 국제연합기관 '지방자치체를 위한 국제 환경기관CLEI' 유럽사무국이 설치되었고 국제적 '환경수도(에코폴리스)'로도 잘 알려져 있다.

구시가지는 1944년의 연합군의 공습으로 약 80%가 파괴되었지만 1950년대에 신속하게 가로망과 가구구성, 건축의 대부분을 파괴 전의 상태로 충실하게 복원하였다. 시내에서 유일하게 파괴를 면한 뮨스타(대성당)와 광장을 중심으로 도시가 부흥되었다.

1960년대 후반 자동차 사회의 진전과 함께 인구의 교외유출에 따른 공동화 현상이 중심시가지에도 발생한다. 한때는 인구 약 2만 명에 달했던 중심부에서 거주자가 교외주택지의 개발에 따라서 전출하고 인구감소의 경향을 보인다. 그 결과 도시는 점차 활기를 잃어간다.

1967년 크라오스 훈벨트 박사의 도시계획국장 취임 이후(~1983년까지), 본

[그림 11] 프라이부르크 위치

[사진 27] LRT만이 통행하는 보행자 공간 프라이부르크 중심부

격적인 도시계획의 전환과 도시 디자인 시책이 전개된다. 그 목표는 '친환경', '휴먼 스케일을 가진 역사적 경관의 보전', '물과 녹을 가진 즐거운 도시 공간'이고 그러한 것들을 종합적인 도시 만들기 계획으로서 실현시켜 나갔다. 그 대표적 시책이 ① 중심시가지로의 자동차 진입 억제와 보행자 우선시책, ② 도시경관의 역사적 컨텍스트를 계승한 건축, ③ 도심거주의 회복, ④ 역사적인 수로의 부활, ⑤ 도시녹화의 추진, ⑥ 옥석을 활용한 전통적 도로포장 등이다.

그것의 대처로서 중심시가지 보행자 우선의 교통시책과 도심거주회복을 위한 건물의 보존수복에 착수한다.

저자가 현지를 방문했을 때에 조사한 콘빅트Konvikt Straße도로의 노후화된 도심형주택의 재생을 소개한다.[3] 이 도로는 구시가지 동측의 슈로스베르크Schlossberg 성곽공원의 하부지대, 슈로스베르크 환상도로의 서측에 위치한다. 연도의 건물은 제2차 세계대전의 공습을 면하였고 이 지구는 완만한 S자 커브를 그리며 중세의 분위기를 풍기고 있었다. 전후 주택난 시기에는 많은 주민이

---

3) 당시 현지 공식 방문의 통역을 해준 우츠키모리오 씨의 『어반디자인 레포트』(요코하마 도시 디자인 포럼 실행위원회(1992) 참고

생활하고 있었지만 도시의 교외화와 건물의 노후화에 의하여 빈건물이 많이 발생하였다. 시는 주차빌딩의 건설을 위하여 재개발계획을 진행하였고 10채의 주택을 매수하였다. 그러나 1970년대 이후의 경기 불황과 스크랩 앤드 빌트에 의한 재개발 수법에 대한 의문이 제기되었다. 시는 방침을 전환하여 ① 역사적 경관의 존중, ② 거주의 회복에 의한 가로의 재생을 제시했다. 시는 이미 취득한 10동 중에서 5동은 충분히 수복 가능한 것으로 진단하고 보존수복을 결정했다. 나머지 5동은 해체하고 새롭게 삽입 건설되는 건물은 콘빅트도로의 역사적 경관과의 연속성을 고려하여 과거의 파사드를 남기는, 부분 보존방식의 재건을 행했다. 그리고 거주하는 조건으로서 주호의 구입자를 모집했다.

건물높이, 창 크기, 벽의 색채 등의 디자인에 관하여 상세한 가이드라인이 만들어졌고 시와 구입자 간에 의견교환이 이루어지고 그것에 따라서 건물의 개수가 행해졌다. 수복된 건물군의 외관은 역사적 경관을 존중하고 가운데는 유리 아트리움 공간을 포함하는 등의 새로운 건물로 되었다. 저층부는 레스토랑과 오피스, 상층부는 주택이 되었다. 현재 콘빅트도로의 일층 지상부는 오픈카페가 즐비하고 프라이부르크 중에서도 특히 젊은이들에게 인기 있는 도로가 되었다.

이것을 계기로 시도 건물의 개수에 대하여 보조금제도를 확립하였고 주변의 건물도 민간이 주체가 되어 수복이 행해지게 되었다. 더욱이 이러한 옛 건물의 수복사업은 이후의 환경정책 중에서도 중요한 위치를 점하게 되었다. 지

[사진 28] 거주자가 되돌아 온 콘빅트도로
(프라이부르크)

[사진 29] 1900년경의 콘빅트도로
(출전: FREIBURG ehmal – gesternhuute, 2004)

금은 고단열과 자연광을 도입하는 것과 같은 에너지 절약형 에코주택의 개수는 국가, 주정부, 시의 조성금제도가 적용된다.

구시가지의 대부분의 옛 건물들이 외관을 보전하고 내부는 물 사용공간을 포함한 대담한 개조가 행해졌다. 대부분이 이 제도를 활용한 건물들이다. 중심시가지 건물의 거주 성능 향상이 역사적 경관의 재생과 거주인구의 회복에 커다란 역할을 하고 있는 것이다.

한편 유럽 도시에서 새로운 도시형 주택은 중심시가지에서 엄격한 경관규제가 적용된다. 따라서 외관은 기본적으로 역사적 경관과의 조화가 요구되지만 내부는 대담한 개수가 허용된다. 예를 들면 중정 부분을 크게 개조하고 유리의 아트리움 공간으로 하고 그것에 면한 1층에 출입구와 홀의 공용 스페이

[사진 30] 수복된 콘빅트도로
복원된 1층의 카페

[사진 31] 수복된 경관
이 건물은 신축이지만 주위의 역사적 건물 파사드를 답습한 것이다.

[사진 32] 개수건물 내부의 유리 아트리움(프라이부르크 시내)
이러한 것처럼 대담한 개수가 행해지고 있다.

스, 카페와 상점 등을 설치한다. 전통적인 건물의 외관을 보전하고 내부는 새로운 생활방식에 대응해온 것, 그것이 젊은 세대에게도 고령자 세대에게도 받아들여지게 되는 것이다.

여기까지 건물개수의 사례를 소개하였다. 프라이부르크는 유럽의 '환경수도'로도 알려져 있고 자동차에서 공공교통, 자전거, 도보로의 전환을 일찍이 행한 것으로서도 알려져 있다. 친환경적 LRT의 도입, 중심부의 자동차 진입 억제와 파크 앤드 라이드, 바이크 앤드 라이드 등, 최첨단의 교통계획이 도입되고 있다. 이 의미에서 이 도시는 '환경'을 키워드로 재생을 행하고 있는 것이다. 중심부로의 거주인구 재유입, 교통계획으로부터 환경디자인, 건물신축과 개수 등의 다양한 기술을 적용하고 달성하였다. 현재 중심시가지는 자녀를 가진 많은 양육 세대가 살고 있다. 뮨스타 광장은 주말에 시장이 열리고 주민과 근교 농가 주민과의 교환의 장이 열리고 있다. 과거의 공동화가 거짓인 것처럼 활기를 보이고 있다.

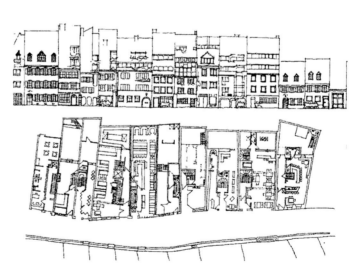

[그림 12] 콘빅트도로 경관개수계획도
[출전: 『アーバンデザインレポート』(ヨコハマデザインフォーラム実行委員会(1992)]

3. 슈투트가르트 칼바 도로의 재개발

슈투트가르트Stuttgart, 인구 약 59만 명는 유럽의 거의 중앙에 위치하고 독일의 남서부 바덴 뷰르덴베르크 주의 주도이다. '녹의 코리도 네트워크와 바람 길'이라는 에코로지 도시계획의 선구적 도시로 잘 알려져 있다. 세계적인 자동차기업 2개사의 본사가 입지한 공업도시이기도 하다. 시내의 자동차 보유대수는 약 35만 대, 1.6인에 1대의 비율로 유럽에서 높은 보유율을 나타낸다. 그러나 자동차와 공존하는 도시 만들기를 일찌감치 도입하여 1956년에 슈르 도로, 1973년에 역전도로케닝, Köningstrasse, 폭원 14m에 보행자 공간화를 실현시켰다. 현재 환상도로의 내측으로 보행자 구역Fußgöngerzone이 확대되고 있다. 또한 1980년대에 완성된 환상도로에서는 현재 일부구간 지하화 공사가 진행 중이다. 이것은 시가지의 분단을 최소화하기 위한 것이고 녹화 및 자동차 도로의 개방을 위한 환경정책의 일환인 것이다.

그중에서 중심시가지의 경관보전과 상업업무기능+도심거주를 양립시키려는 프로젝트, 칼바·파사쥬·프로젝트를 보자. 이것은 민간 보험회사가 사업주체가 되어 케닝 도로와 서측 환상도로·테오도르보이스 도로의 사이에 위치한 역사적 경관을 가진 칼바 도로의 일각에 S반의 새로운 역이 개설됨에 따라 계획되었다. 가구 내의 재개발을 스크랩 앤드 빌트가 아니고 박공지붕의 건물양식이 즐비한 칼바 도로의 경관을 남기는 형식을 취함으로서 수복형이라

[사진 33] 콘빅트도로 풍경

[사진 34] 뮨스타광장의 아침시장 풍경(프라이부르크)

[사진 35] 케닝 도로
슈투트가르트 중앙역에서 직선
으로 이어진다.

[사진 36] 칼바 도로에서 본 칼
바·파사쥬의 새로운 파사드
흑갈색의 금속외장과 유리창으
로 구성되어 있다.

[사진 37] 칼바·파사쥬
유리 넘어 상층부의 주거층의
존재를 알 수 있다.

[사진 38] 칼바·파사쥬의 1층 상
점가

[사진 39] 칼바·파사쥬의 S반 역
앞의 소광장 배후에 주거층이
보인다.

고 말할 수 있는 재개발 수법을 채택했다. 더불어 파사쥬 형식의 샛길을 전
면도로로부터 역으로 연결되는 지름길로 삽입하여 1층은 점포, 2층은 오피
스, 3~5층은 주거로 사용하고 있다. 2개층 보이드의 상부는 유리지붕으로
하여 주거로서 사용되는 층의 거주성능을 확보하고 있다. 주차장은 지하에
마련되어 있다.

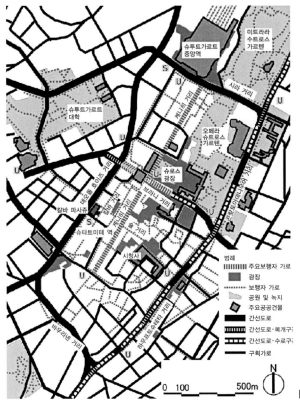

범례

||||||| 주요보행자 가로
▨ 광장
┅┅ 보행자 가로
▨ 공원 및 녹지
◈ 주요공공건물
━ 간선도로
▥▥▥ 간선도로·복개구간
▥▥ 간선도로·수로구간
━ 구획가로

0   100   500m   N

[그림 13] 슈투트가르트 중심시가지

그러나 칼바 도로 측의 출입을 위한 건물 1개동의 파괴 계획은 경관 측면에서 물의를 일으킨다. 전면도로에서 전통적 경관의 조화라는 측면에서, 즉 주위 도심형주택의 지붕기울기를 답습하였지만 새로운 금속성의 모던한 입구가 드리우는 의장에 대하여 찬반이 엇갈렸다. 그러나 심사회에서 최종적으로 통과되어 1970년대 말에 완성되었다. 전면의 칼바 도로에는 오픈카페가 정착되었고 파사쥬 공간은 활기가 넘치게 되었다.

이러한 상업적 성공의 배경에 이곳이 지하의 S 반역과 일체적으로 정비된 것, 주변시가지와 역을 연결하는 통로공간으로서 기능한 것이 있다. 더욱이 상층부의 주거층은 유리지붕에 의해서 상업적 활기와 단절되면서 편리성을 갖추고 있는 점에서 도심거주의 모델로서 높은 평가를 받고 있다. 이후 이 도시에서 유사한 도시형 주거 프로젝트가 정착되었다.

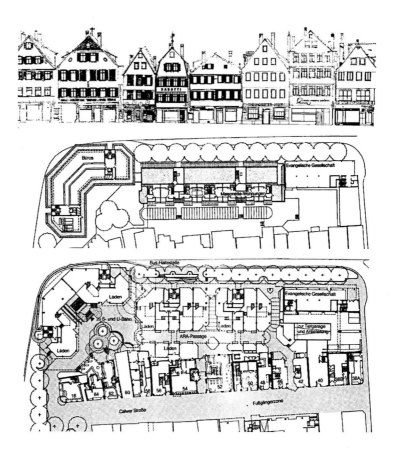

[그림 14] 칼바·파사쥬·프로젝트
(출전: 동일 팸플릿 Ein neues
altes Stuck Stuttgart
Rotebuhlplats/Calber Straße)

제3절 다른 유럽 나라들의 도시재생

영국, 독일의 예를 소개하였다. 서유럽 나라들인 남유럽과 북유럽 등의 도시
에서도 근대화의 과정에서 도시로의 인구집중과 도시의 확대, 그것을 지탱하
기 위한 도로와 같은 인프라 시설투자가 진행되었고 중심시가지가 쇠퇴해갔
다. 그것은 제2차 세계대전 전의 1930년대부터 전후의 1950년대 이후의 일
이라고 말해도 좋을 것이다. 그러한 것들을 극복하기 위한 도시 만들기의 전
환이 행해진 것은 1960년대 이후의 일이었다.

[사진 40] 볼로냐의 첸트로 스트리코
생활감이 충만하다

1. 이탈리아의 경관보존·도심거주의 회복

이탈리아의 도시들은 역사적 경관을 잘 간직하고 있다. 현재 어떠한 도시를 방문하여도 건강한 중심시가지의 모습을 보이고 있다. 그렇지만 첸트로·스트리코라고 불리는 중심부의 쇠퇴는 많은 도시에서 1900년대 전기에 진행되었다. 특히 1920년대에 탄생한 파쇼정권은 근대적 도시로의 개조라는 이름으로 각지에서 오랫동안 살아온 거주자들을 내쫓고 그곳에 기념비적인 넓은 도로와 광장을 건설해갔다.

그 정권은 1945년에 끝났지만, 제2차 세계대전 당시 몇몇의 도시가 연합군의 폭격으로 피해를 받았다. 재건계획이 진행되고 부흥기인 1950년대에 고도 경제성장기를 맞이하여 이탈리아 국내에서 공업화가 진행되었다. 농촌에서 도시로의 인구이동이 진행되었고 도시 간의 발전과 쇠퇴의 격차가 커졌고 문제가 나타났다. 구시가지의 역사지구는 방치되었다.

첸트로·스트리코의 본격적인 재생은 1960년대 '기존의 도시 전체가 변해버리면 안 된다. 몇 개의 부분은 과거의 기억으로서 보존해야 한다'[4]라는 사고가 주류를 점하여 역사지구의 보존재생수법이 시민권을 얻었다. 1967년에 일명 「징검다리법Legge - ponte」이 제정되어 각 자치체가 역사지구를 지정하도

---

4) 『이탈리아도시재생의 논리』 진나이히데노부 저, 인용

[사진 41] 시에나의 캄포광장(이탈리아)

[사진 42] 에귀이스하임에서의 목조가옥수복현장(프랑스)

록 하고 역사지구 내부는 모두 지구상세계획에 의하여 가구밀도와 건축물 높이 등이 규제되었다. 그것에 기초하여 도시 주거의 수복, 공공공간인 도로면과 하수도 등의 개수가 진행되었다.

그것의 계기가 된 것이 많은 지역 건축가들에 의한 경관 개수 제안이었다. 그곳에 유명한 건축가들도 참여하여 건물의 리노베이션, 즉 주택설비의 개수와 내장, 외장의 창호와 외벽, 지붕 등을 포함하는 본격적인 개수가 진행되었다. 그것은 이전의 노후화된 주거 이미지를 새롭게 하였다. 공가 주택을 공공에 매각하고 그것을 수리하여 거주기능의 회복을 꾀하는 견실한 수법이었다. 그러한 활동은 로마와 나폴리, 볼로냐, 시에나, 비첸차, 우르비노 등, 수많은 도시에서 신행되었다. 그 결과 시간이 걸렸지만 역사지구 첸트로·스트리코의 거주기능 회복이 진전되어 갔다. 이탈리아에서 건축가는 도시재생에 관여하는 중요한 직능으로서 시민권을 갖는다.

이후 1985년에 통칭 「카랏소법」[5]이 제정되었다. 그것은 1970년대부터 1980년대에 걸쳐서 계획부재의 환경파괴를 멈추게 하는 역할을 담당하고, 농촌의

---

5) 카랏소법
정식명칭 : 환경가치가 높은 지역의 보호에 관한 긴급규정법

회복과 도시경관에 질서를 부여했다. 많은 역사지구가 유네스코 세계문화유산 지구에 지정되었고 경관보전에 관한 많은 제약을 받고 있지만 시민모두는 그곳에서의 생활을 즐거워하고 있다. 이탈리아의 역사지구, 즉 중심시가지는 생활가로라고 불러도 좋을 것이다.

2. 프랑스의 「말로법」과 역사지구 보존

프랑스의 역사적 도시 중심시가지도 1950년대 이후 급격히 쇠퇴한다. 그 현상을 멈추게 하는 계기가 된 것이 1962년의 「말로법」이다. 작가이면서 문화부장관이었던 앙드레 말로[6]가 제창한 역사적 가구 보존과 부동산 수복의 촉진을 위한 제도이다. 이 제도를 계기로 앞에서 서술한 이탈리아처럼 건물개수에 의한 중심시가지 재생이 진행되었다. 그리고 1967년의 토지기본법LOF, Loi d'orientation fonciere, 1967 제정, 도시계획법전의 개정Code de L'urbanisme, 1973, PSMV풍치보전재생계획Plan de Sauvegarde et de Mise en Valeur, 1976, ZPPAU건축·도시·문화유산보존지구, Zones de Protection du Patrimoine Architectural et Urbain, 1983의 제정으로 이어진다. 그것은 역사지구, 즉 도시는 곧 거주기능의 존속이라는 대전제를 회복하는 과정이었다. 그것은 뒤에서 서술하는 중심시가지에서 자동차 교통 억제와 보행자 우선도로의 회복에 관한 조치였다. 이렇게 되어 프랑스 각지에서 역사지구 수복, 거주인구의 회복이 1970년대 이후 급속하게 진행되었다.

예를 들면, 파리에서 북서쪽으로 130km에 위치하는 중세도시·루앙(인구 약 10만 명)에서는 목구조 건축의 경관보존재생과 주택개수, 보행자 환경정비를 포괄적으로 행하기 위하여 ① 도심의 역사지구(약 25ha)를 지정하고 지구 안의 건물개수를 추진함, ② 역사지구의 가로망을 보행자 공간화(당초 계획

---

6) 앙드레 말로(Andre Malraux, 1901~1976)
드골정권으로 1960년부터 9년간 문화부장관을 역임. 40페이지 참조

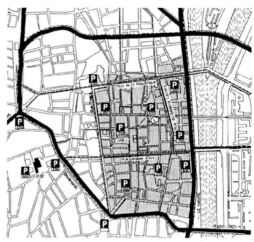

[사진 43] 루앙 시내의 수복된 경관과 보행자 공간화된 가로(프랑스)

[그림 15] 루앙 시의 1977년 당시의 역사지구의 보행자 구역지정 (출전 : 현지에서 입수한 지도)

은 약 3km 구간, 후에 연장됨), ③ 지구 내의 교통규제(역사적 지구 주위도로의 일방통행, 일방통행에 역행하는 버스전용 통행로의 설정) 등의 시책을 전개한다. 프랑스 최초의 보행자 공간·큰 시계도로(그로조로지 도로)가 1970년에 탄생되었다. 저자가 이 도시를 처음 방문한 것이 보행자 가로가 실현되고 확대되어가고 있던 1977년이고, 2번째 방문이 2006년으로 거의 30년만이었다. 최초 보았던 경관과 그 이후의 경관은 전혀 다를 정도로 아름답고 활기가 있었다(제3장에 공공교통망과 보행자 공간 정비를 해설함, 136페이지 참조).

3. 리스본의 역사적 시가지 수복

포르투갈의 수도 리스본에서 1755년 대지진[7]과 해일로 많은 희생자가 발생하였고 리스본 중심부의 역사적 시가지인 '알파마지구'는 도시기능 파멸의 상황에서 유일하게 재해를 면했다. 그 지구는 급경사의 좁고 구불구불한 미로와 같은 골목길과 작은 광장으로 구성되고 석조로 이루어진 경관이 남아

---

7) 리스본 대지진
1755년 11월1일 MW8.5, 리스본 시내의 해일높이 6~15m[출전 : 『理科年表』 (2009)]

● 알파마지구(리스본)

[사진 44] 전경

[사진 45] 정비계획도
(출전: 현지 정비사무소에서 촬영)

[사진 46] 계단으로 구성된 골목길 뒷 공간

[사진 47] 타일지도(현지의 건물벽면 장식)

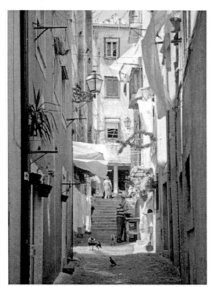

[사진 48] 골목길 깊숙이 위치한 레스토랑과 점포

있다. 지금은 리스본의 명소로서 많은 관광객이 방문하는 지구가 되었지만 이곳도 1960년대에는 공가의 증가와 노후화에 따른 공동화의 문제를 갖고 있었다.

1970년대 이후 리스본 시가 중심이 되어 수복형 재개발이 진행되었다. 공공이 공가를 매입하고 건축가에 의한 개수계획에 기초하여 공사를 행하고 공지의 확보에 의한 환경개선, 문화재보존형 수복 등이 연계되는 형식이 취해졌다. 그 결과 매력적인 지역으로 변모하였다. 그곳은 천연의 자동차 진입금지 구역이기도 하고, 지구전체가 역사적인 생활가로의 냄새를 풍기고 있다. 그리고 골목길 뒤에서 포르투갈의 민족가요 파도를 연주하는 레스토랑과 주점이 있어서 밤늦게까지 활기가 넘친다.

제4절 수변공간의 거주기능 창출

앞 장에서 수변도시의 부활에 관하여 설명하였다. 부활의 열쇠는 과거 항만 창고지역인 수변공간 지구를 새로운 주택지로 전환한 것과 다름없다. 과거의 창고들을 전용하여 주택가로 함으로써 외연화된 인구중심을 조금이라도 중심 쪽으로 되돌아오게 하는 정책이기도 하다.

본래 수변에 성립한 도시는 사람 간의 교류, 물자와 정보의 중계지점이기 때문에 다양한 경제활동의 장소가 되었다. 그곳에 수많은 상사와 기업이 집적함에 따라 근로자와 경영자들, 관련 산업 종사자들이 거주공간을 형성한 것이다. 즉 중심시가지의 주변에는 거주의 장소가 형성되고, 그곳에서의 생활을 지탱하기 위한 상점가가 입지한다. 중심시가지는 취업과 거주가 혼재하는 마을이었다.

도시는 시대의 변천과 함께 팽창하고 대형선과 컨테이너선이 출현함에 따라 항만의 중추는 보다 깊은 수심의 항을 추구한다. 도시는 매립 등을 통하여 외연화되어 간다.

그러나 수송이 배에서 철도, 그리고 자동차로 바뀌어 과거의 항만 창고지대는 공지가 된다. 한편 주택지는 산 쪽으로 확대되고 새로운 쇼핑센터도 입지

[사진 49] 수변을 즐기는 많은 시민들(보스턴의 수변지구)

[사진 50] 푸네랄홀·마켓플레이스의 활기

한다. 경제활동은 인구중심의 이동과 함께 이동하고 과거의 중심부는 활기를 잃어간다.

그 공백지를 재개발하고 수변의 매력을 살려 수변주택지로 한다. 새로운 수변 쪽의 인구집적과 산지 쪽의 주택지, 양쪽에 과거의 중심시가지를 끼워 넣는다. 이것을 하나의 도시재생 전략이라고 보면 흥미 있는 것이 있다.

대표적 예로서 미국 동해안의 역사적 항만도시 보스턴의 사례를 소개한다.

1. 보스턴의 수변지구 주택개발

보스턴의 수변지구 정비는 1976년에 완성된 3동의 적벽돌 창고의 전용 프로젝트인 푸네랄홀·마켓플레이스의 상업개발이 주목받고 있으나 여기에서는 그 주위의 부두와 해군기지이전지의 주택개발 사례를 설명한다.

그것의 선구가 된 것이 1978년에 완성한 민간회사가 개발한 노스엔드의 면적 약 1ha의 유니온워프 프로젝트이다. 1830년대 완공된 석조창고를 분양주택과 오피스로 전용하고 새로운 3개동의 조적조 타운하우스를 건설했다. 합계 5개동의 건물로서 합계 89호의 주택을 개발했다. 대지 안에 주차장, 풀이 설치되었고 전면의 수면에는 전용 마리나가 설치되었다. 개조된 주택군은 시내로의 접근성, 즉 도심주거지인 것, 역사적 가치의 재인식, 수변의 장래성에 대한 기대 등이 높게 평가되어 인기를 얻었다.

그러한 성공의 영향을 받아, 인접의 커머셜워프가 개수되고 루이스워프, 링컨워프 등 계속해서 전용이 이루어졌다. 그곳에는 로프트 형식의 바다가 조망 가능한 테라스타입 등 수변의 입지를 살린 주택이 마련되고 역사적 건물의 희소가치도 포함되어 인기 있는 주택으로 정착해갔다. 이곳은 노스엔드의 이타리지구에 근접한 지역인 것도 행운이고, 인구정착과 함께 레스토랑과 상점이 즐비하여 야간에도 점포와 주택들에서 많은 불빛이 세어 나온다. 이러한 불빛은 사람들에게 안전과 안심감을 주는 효과를 발휘하고 있다.

더욱이 1987년의 남측 로즈워프 재개발프로젝트에서는 대형호텔, 집합주택(100), 복합 마리나 시설 등이 실현되었다. 또한 양 워프 사이의 롱그워프에서는 호텔, 수족관, 페리터미널, 40층의 고층 집합주택, 하버타워 등이 건설되었다. 주변일대가 주택을 주용도로 하는 복합시설지구로 변모했다. 최근 수변공간의 요구가 매우 높고 부두 위의 피어 형식의 집합주택인 바로우즈워프, 밧데리워프[8] 등 많은 주택이 개수 또는 신축되고 있다. 그러한 것들의 남측에는 보행자 전용도로(하버워크)가 BRA Boston Regeneration Authority의 마스터플랜에 따라서 정비되었고, 보행자 전용도로가 계속해서 연결됨에 따라 네트워크가 형성되고 있다.

---

8) 보스턴 항만지구의 주택공급형 워프(부두) 개발 프로젝트
- 유니온워프(Union Wharf), 89호, 1978년 개수
- 커머셜워프(Commercial Wharf), 94호, 1978년 개수, 1832년 완공
- 루이스워프(Lewis Wharf), 90호, 1982년 개수, 1830년 완공
- 링컨워프(Lincoln Wharf), 191호, 1987년 개수, 1901년 완공
- 하버타워(Harbor Towers), 312호, 2개동, 1971년 완공
- 바로우즈워프(Burroughs Wharf), 69호, 2개동, 1989 / 1993년 완공
- 밧데리워프(Battery Wharf), 104호, 2008년 완공

[사진 51] 유니온워프의 마리나와 하버워크 보행자를 나타내는 배너

[사진 52] 유니온워프를 소개하고 있는 지역 부동산의 팸플릿

또한 1984년부터 2007년에 걸쳐 찰스 강에서 떨어진 구 해군조선소 이전 장소에 찰스타워·네이비야드·프로젝트가 진행되었다. 그곳에는 역사적인 독크와 전함 컨스티튜션호가 보존되었다. 기념박물관의 배후에는 약 7,000호 이상의 주택(2010년 현재, 인구 약 1만 4,000명)이 공급되었고 마리나 설비가 있는 수변공간에서의 생활을 즐기려는 사람들이 정착하고 있다. 수변 레스토랑, 오피스, 연구소 등이 입지하여 직주근접의 이상적 주택지가 되었다. 더욱이 2006년 완성된 센트럴·아쳐리 고속도로 지하화 이후에 상부의 벨트형상의 녹지(로즈·F·케네디·그린웨이, 제6장에서 설명, 262페이지)를 따라 옛창고와 오피스를 집합주택으로 재건축이 계속되고 있다. 이러한 과정을 거쳐 수변공간 일대는 보스턴의 양호한 주택지로서 지위를 확립하고 높은 부동산 가치를 가지게 된다.

[사진 53] 커머셜워프
창고전용의 집합주택

[사진 54] 로즈워프. 오피스, 호텔, 집합주택 등의 복합형 재개발

[사진 55] 루이스워프와 전면의 마리나

[사진 56] 링컨워프

개수부분(왼쪽)과 신축부분(오른쪽)의 2개동의 복합식 집합주택

[사진 57] 밧데리워프

공사현장에 걸린 완성사진(2002년 당시)

보스턴 시는 이처럼 해당지역에 살고 싶도록 만드는 다양한 시책을 긴 시간에 걸쳐서 전개해왔다. 그 성과가 수변지구에 축적되어 있다. 실제로 보스턴은 현재 미국에서 살고 싶은 도시의 톱에 랭크되어 있다. 그것은 국제적으로도 유명한 대학의 존재, 합중국 독립의 역사가 있는 도시, 녹지가 풍부한 도시인 것과 더불어 수변공간의 매력이 기여하고 있기 때문이다. 이것이야말로 반세기에 걸친 도시 만들기의 축적이 만들어낸 성과라고 할 수 있다.

2. 암스테르담 동항의 주택개발

네덜란드의 암스테르담항은 라인 강의 지류인 암스텔 강의 하구에 위치한 항구이고, 하구는 암만으로부터 북동쪽의 북해·북대서양으로 이어진다. 항구의 성립은 16세기경으로 19세기에 대서양으로 직결하는 북해운하가 완성되었고 항만도시로서 크게 발전해왔다. 그러나 선박의 대형화에 따라 그 기능이 인접한 로테르담항으로 옮겨갔고 과거의 항만지구는 도시의 공백지대가 되어갔다. 그것의 재생프로젝트가 1980년대부터 시작된 동항만지구의 재생사업이다. 그 사업의 기둥은 새로운 도시 디자인적 접근에 의한 개성 풍부한 수변 주택군, 첨단의 건축시설과 다리, 오픈스페이스 만들기이다. 그 특징은 모든 토지가 100년간의 정기 임차방식인 것, 토지이용의 기본은 주택 중심인 것과 그곳에 정착하는 거주자들, 젊은 건축가들의 설계참여에 의한 도시경관의 형성으로 정리된다.

동항재개발지구Eastern Harbour District의 계획 대상지는 크게 나누어 ① 쟈와 섬 지구, ② KNSM 섬 지구, ③ 보르네오 섬·스포른브르그 섬 지구, ④ 오스테라이크·한데르스카디 지구의 4개 지구이고, 각각 개성적인 주택군을 형성하고 있다. 섬의 이름은 동인도회사가 취급하고 있었던 지역에서 유래된다. 동항재개발지구는 전체 315ha, 계획주호 8,440호, 거주인구 약 2만 명에 달하고 있다.

그중에서도 특징적인 집합주택지가 보르네오 섬·스포른브르그 섬Borneo Sporenburg의 2개 섬, 합계 23ha의 저층의 도시형 주택군이다. 전체 마스터플랜은 젊은 건축가 집단 웨스트8West8에 의해서 만들어졌고 섬마다 특징적인 디자인 가이드라인이 설정되었다. 그 설계조건은 일부의 특수건축물을 제외하고 건축면적의 50%를 보이드 공간으로 하는 것, 기본적으로 3층으로 하는 것, 재료는 공통적으로 조적과 나무를 사용하는 것이라는 비교적 단순한 조건이다. 그중

[사진 58] 찰스타운·네이비·야드의 신규 개발지구 집합주택과 마리나

[사진 59] KNSM 섬의 바르셀로나 전면의 마리나(암스테르담)

에서 시프스틴메르만도로에 면한 프리파셀이라는 단독주택 유니트(60구획)에서는 개구부(4.2m), 깊이(16m), 건물높이(9.2m)가 규정되었고 주택 전면의 수면에 보트를 계류하는 것이 인정되고 있다. 유사하게 KNSM 섬, 쟈와 섬Java, 오스테라이크·한데르스카디, 스테이션 섬 지구Oostelijke Handelskade, Station island 에서도 상세한 디자인 가이드라인이 규정되어 있다.

[사진 60] 쟈와 섬 주택지의 중정

[사진 61] 스포른브르크 섬의 집합주택

[사진 62] 보르네오 섬의 고래라는 이름의 집합주택과 아나콘타라는 이름의 보행용 다리

[사진 63] 시프스틴메르만도로의 프리파셀 단독주택군

[그림 16] 암스테르담 동항 위치도
① 쟈와 섬 지구, ② KNSM 섬 지구, ③-1 보르네오 섬 ③-2 스포른브르그 섬 지구, ④ 오스테라이크·한데르스카디 지구

또한 동항지구의 동측인 아이브르그지구Ijburg에서는 새로운 7개의 인공섬(합계 660ha)이 건설되고 있다. 완성되면 전체 계획호수 약 1만 8,000호, 계획인구 약 4만 명의 대규모가 되고 이미 일부지구에서 입주가 시작되고 있다. 이곳에서는 주택과 학교 등의 공공시설 이외에 오피스, 상업시설, 스포츠센터, 마리나, 비치 등의 복합형 개발이 예정되어 있다.

이러한 것처럼 암스테르담의 낙후된 과거 항만지대는 새로운 유형의 수변공간 주택지로 변모하고 있고, 그곳은 수변 환경이 만끽 가능한 생활을 위한 준비가 되어 있다. 그것의 지탱은 젊은층이 동경하기에 충분한 건축 및 도시공간의 디자인, 랜드스케이프 디자인이라고 말할 수 있다. 지금까지 20세기의 자동차 사회의 진전에 따라 산지를 향한 시가지개발이 진행되어 온 암스테르담의 도시도, 바다를 향한 21세기형의 주택시가지로 발전하고 있다. 도시의 무게중심도 시계의 진자와 같이 구시가지로 되돌아가고 있다.

또한 해면은 해일방제시설 '대제방'네덜란드어 : Afsluitdijk으로서 아이셀호와 북해를 분리시키고 있다. 이것에 의해서 건물 및 오픈스페이스와 해면 간의 거리감이 유지된다. 이것도 수변도시 성립을 위한 커다란 요소하고 말할 수 있다.

[사진 64] 개발 중의 아이브르크지구
이곳의 교통축이 되는 LRT는 완성됨

[사진 65] 아이셀호와 북해를 분리하는 대제방
사진은 대제방 위의 도로에서 촬영

제3장

환경의 시대 – 저탄소화 사회의 도시 만들기

스트라스부르의 옴무 드 펠
광장의 LRT 역

제3장
환경의 시대 – 저탄소화 사회의 도시 만들기

제1절 공공교통·자전거도로의 부활

1. 자동차 사회에서 새로운 인간중심의 도시로

최근 세계 선진국에서 탈CO_2를 촉구하는 바, 자동차로부터 공공교통을 재평가하는 큰 흐름을 읽을 수 있다. 그 캠페인에 사용되는 유명한 영상을 소개하고자 한다. 오른쪽은 도로폭을 꽉 채워 줄줄이 이은 자동차들, 왼쪽은 도로 중앙부에 있는 수레에 올라탄 사람들, 이 장면은 배경이 되는 마치나미와 도로, 그곳으로 운반되는 사람 수가 동일한 것을 보여준다. 키워드는 '환경', '저탄소화 사회'. 전자는 20세기의 자동차 사회를 상징하고 도시의 가로는 자동차로 점거되어 버린 모습을 나타내고 있다. 그에 반해 후자는 동일한 수의 사람들을 이동시키는 LRT(신형노면전차)가 그려져 있고 남은 여분의 차도 공간은 보도로 개조되어 가로수가 식재되고 보도에는 그늘을 제공한다. 사람들은 자동차에 구애받지 않고 자유롭게 도시를 즐긴다. 자동차로부터 공공교통으로의 전환, 이것을 이미지화하기 위한 그림으로 이는 환경회복운동에 동

[그림 1, 2] 탈CO_2 사회의 계몽캠페인
오른쪽과 왼쪽 장면은 배경과 이동
하는 사람 수가 같다. 오른쪽은 마이
커, 왼쪽은 LRT를 이미지하고 있다.
(출전: 캠페인 사진을 스캔한 것)

참하는 사람은 언제나 자유롭게 사용하거나 인용할 수 있도록 하고 있다. 그림의 원본은 유럽의 지인이 입수한 것인데 배경에서 짐작하기에 도시는 프랑스 스트라스부르로 캠페인 당시 4차선 도로 가운데 우측의 1차선이 CTS[1](스트라스부르 교통공사)의 버스 전용노선이었으나 지금은 중앙에 LRT(왕복노선)가 달리는 트랜짓 몰이 되었다. 이러한 유형의 캠페인 영상은 어느 도시에선가 만들어져 필자도 이외 다른 영상을 본 적이 있다.

여기에서 상징하는 것처럼 교통기관별로 CO_2 배출량 비교가 제시되어 탈자동차 사회로의 큰 물결로 이어지고 있다. 가정하여 동력원이 내연 엔진에서 전기식으로 바뀌어도 한 사람이 이동하는 데 드는 에너지 소비량은 확실히 자동차 쪽이 크다.

이렇듯 도시 내 이동은 자동차로부터 버스나 LRT 등의 공공교통으로 그리고 자전거나 도보의 부활이라는 정책의 전환이 유럽에서는 당연한 것으로 받아들여지고 있다.

---

1) 스트라스부르 교통공사(Compagnie des Transports Strasbourgeois)
제3센터기업. 주주의 대부분은 관계된 지자체. LRT·버스의 운행은 스트라스부르 도시권공동체(CUS, Communates Urbaines de Strasbourg)가 담당하고 있다.
참고 : 스트라스부르시 공식 홈페이지(http :// www.strasbourg.eu/)

장거리 이동에 관해서도 고속도로의 마이카 이동보다는 환경에 이로운 철도계 교통으로의 전환이 적극적으로 전개되고 있다. 그리고 항공기와 철도의 연계에 의한 이동시간의 단축이 도시 내 LRT나 버스와 연계되어 진행되고 있다. 종래에는 서로 경합하던 기관들이 상호 네트워크를 재구축해나가는 시대가 도래하고 있는 것 같다. 그 커다란 기둥은 탈CO_2이며 에너지 절약 사회로의 길인 것이다. 어느 의미에서는 18~19세기에 시작된 산업혁명 이후, 고에너지 소비사회의 발상지라고 할 수 있는 유럽에서 새로운 환경혁명이 이미 시작된 것으로 볼 수도 있을 것이다.

그 의미에서 유럽을 필두로 하여 세계의 선진적인 환경재생도시에 있어서 공공교통중심의 도시교통정책이 전개되고 있다고 할 수 있다. 한국의 수도 서울에서도 지하철과 버스의 연계, 그것도 버스전용도로의 적극적인 확충이 전개되고 있다. 또 자동차 사회의 상징인 미국 일부 도시에서는 이미 공공교통 우선정책이 실천되고 있다. 일본에서도 뒤늦게나마 LRT나 전기버스 등 환경에 이로운 공공교통을 재평가하는 움직임이 일고 있는 것은 환영할 만한 일이라고 할 수 있을 것이다.

2. 초고속철도의 네트워크 형성

그 공공교통으로의 전환에서 중심적인 역할을 기대하고 있는 것이 초고속철도 네트워크의 건설계획이라고 할 수 있다. 유럽을 비롯하여 미국, 러시아, 중국 등지에서 일본의 신칸선(일본의 고속철도)을 능가하는 선진적인 대응이 시작되고 있는데 그것이 EU를 연결하는 초고속철도망의 건설계획이다.

프랑스의 TGV나 독일의 ICE를 중심으로 타리스, 유로스타라는 호칭이 국가에 따라 다르지만, 시속 300km의 속도로 파리를 기점으로 유럽 도시를 서로 연결하는 계획이다. 그 종착지는 동쪽으로는 터키 이스탄불, 북쪽으로는 핀란드 헬싱키, 남서쪽으로는 포르투갈 리스본, 북서쪽으로는 영국 스코틀랜드까지 이어져 이미 일부 노선이 건설되고 있다. 이것이 실현되면 현재 고속도로 네트워크와 재래철도로 만들어진 유럽의 시간지도가 크게 변화된다. 이를 계기로 다음에 설명하는 역사와 역 앞 광장의 대대적인 개조가 이루어져

[사진 1] 독일이 자랑하는 초고속철도 ICE의 선두 차량, 슈투트가르트 역

[사진 2] 2006년에 LRT가 부활할 때 시내에 게시된 홍보용 포스터

공항과 재래철도 및 기타 교통수단과의 연계가 이루어지고 있다.

3. 공공교통의 연계 – '역'의 신시대

탈자동차 사회를 향한 변혁의 주축을 이루는 것이 철도나 노면전차LRT, Light Rail Transit, 버스 등의 공공교통기관이다. 경우에 따라서는 항공기나 선박도 그 네트워크에 포함되어 서로 연계하는 시스템이 진행되고 있다. 특히 유럽을 중심으로 도시와 도시를 연결하는 초고속철도망의 정비가 착실하게 진행되고 있고 그 가운데 본래 두단식頭端式 스위치백 형태의 역이 지하화되고 통과형태의 역으로 개조되기 시작한 것은 주목할 만하다. 동시에 도시의 입구인 역 앞 광장도 공공교통, 보행자 중심의 환경으로 정비되어가고 있다.

다종 교통기관과의 연계·재편 – 항공기와 철도계 교통의 연계

그 최초의 사례라고 할 수 있는 곳이 프랑스 파리의 입구인 샤를드골 공항이다. 1974년 개장할 때 발 빠르게 철도를 도입하여 프랑스 국철SNCF의 RER선(근교철도)로 파리 북역과 각 지역을 약 30여 분에 연결하도록 하였다. 게다가 1994년에는 초고속철도 TGV선이 조성되어 지금은 프랑스 국내 각 도시나 벨기에, 네덜란드, 독일의 주요도시가 몇 시간내에 이동할 수 있도록 연결되었다. 그것을 계기로 하여 그때까지 유럽에 있어서 반 경합관계에 있었던 항공기와 철도가 연계되는 움직임이 가속화되고 있다.

[그림 3] 유럽초고속철도망정비계획
(출전: 슈투트가르트21계획자료, 슈투트가르트시 제공)

예를 들면, 독일의 슈투트가르트 21계획의 철도역 개조계획의 계기가 된 것이 TGV선의 도입, 즉 시간단축을 위한 두단식 홈을 통과식으로 개조였는데 그 고속철도가 공항으로 그대로 연결되어 중심시가와 불과 10분 정도에 왕래할 수 있도록 하였다. 그 외 주변 도시로 이동하는 것은 그 초고속철도가 담당하는데 슈투트가르트 시내의 LRT네트워크가 2008년 서남서 약 10km에 있는 공항으로 이어져 불과 8분에 왕래할 수 있도록 하였다. 이처럼 항공기와 철도, LRT가 서로 연결되어 탈CO_2를 촉구하려는 목적으로써 자동차의 고속도로망으로부터 대중교통으로의 전환이 이루어지고 있다.

철도역과 LRT·버스·자전거와의 연결을 포함한 교통재편

또 하나의 경향으로 철도역과 각종 교통수단 즉, LRT·버스·자전거를 연계한 교통재편이 진행 중이다. 예를 들어 스트라스부르 중앙역에서는 1994년 개조에 의해 시의 공공교통의 주축이 되었던 LRT가 역 지하 2층을 관통하는 형태로 들어와 있고 지하 1층이 자동차주차장, 지상부가 보행자와 버스, 지상 2층에 철도 플랫폼을 배치해 입체적으로 구성되었다. 이것을 계기로 시내 교통은 스트라스부르 도시공동체CUS가 일괄 운영하도록 하고 LRT와 버스의 전 노선이 일원화되어 버스 네트워크는 6계통의 LRT를 축으로 재편되었다. 사실 프랑스의 새로운 역 개조 프로젝트를 보면 탈 자동차 사회를 추구하기 위하여 보행자와 공공교통을 핵심으로 내세우는 방향성을 읽을 수 있다. 파리의 주요 역 앞 광장도 자동차 교통의 중심에서 지상은 인간중심 광장으로라는 대전환이 이루어졌다고 한다. 그 근저에는 탈자동차 사회를 위한 공공교통 우선정책이 있다.

[사진 3] 샤를드골 공항 역의 프랑스 국철 RER선 플랫폼(파리)

[그림 4] 슈투트가르트 21계획·신공항과 중앙역을 연결하는 신노선 (출전: 슈투트가르트시 제공자료로부터)

● 스트라스부르 중앙역

역사는 5층 구조로 지상 2층은 홈, 지상은 역사, 지하 1, 2층은 주차장, 지하 3층은 LRT 홈으로 구성되어 있다.

구 역사건축의 전면에 유리돔 홀이 마련되어 있어 지하로 빛과 동선을 유도한다. 정면지상의 역 앞 광장은 2007년의 개조된 결과, 보행자 중심의 잔디광장으로 다시 태어났다.

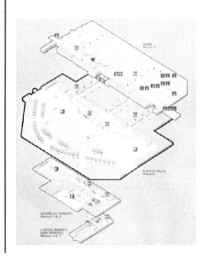

[그림 5] 역사, 역 앞 광장의 해설도(출전: 현지 촬영)

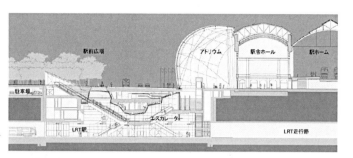

[그림 6] 역사, 역 앞 광장 단면도
(출전 : AREP사 홈페이지)

[사진 4~9] 역사, 역 앞 광장의
모습(2009년 촬영)

스트라스부르 중앙역에서 보는 선진성

그 단적인 예가 프랑스 스트라스부르 중앙역의 새로운 '역'의 모습이라고 해도 좋을 것이다.[2) 이것은 확실히 차세대형의 '역'을 겨냥하고 있다. 파리출발의 초고속철도TGV의 운행과 더불어 광역의 주역은 '환경' 그리고 '보행자'로 이행하고 있다.

거기에는 공항이나 시내 곳곳이 철도, LRT로 연결되어 LRT와 버스의 환승, 파크 앤 라이드 주차장을 이용한 자가용자동차의 환승과 도보, 자전거 교통의 활용이 전개되고 있다. 스트라스부르 시민은 자동차 이용을 최소한으로 하는 시스템을 선택하였다. 그 중요한 교통 허브기능을 철도역과 LRT 역이 담당한다. 이것은 이곳뿐만이 아니다. 프랑스 국내 다른 도시의 주요한 역도 유사한 방향을 선택해나가고 있다.

슈투트가르트 21계획

초고속철도 동부 국제선이 연장된 독일 슈투트가르트 중앙역HBF에 전개된 '슈투트가르트 21계획'은 '바람 길' 환경계획으로 알려져 있는 슈투트가르트 시의 역 주변 개조계획[3)이다.

이곳은 두단식 홈을 통과식으로 개조하기 위해 모든 홈을 지하로 배치하고 일부 궤도는 루프형으로 90도를 돌려 지하 2층의 플랫폼으로 연결하고 있다. 또, 환경부하를 최소한으로 하고 지상을 공원화하기 위해 규칙적으로 배치되어있는 천장에서 자연광을 지하의 홈으로 내리비추는 참신한 역 디자인을 채용하였다.

---

2) 스트라스부르 중앙역개수
  설계 : AREP사 http://www.arep.fr/#/fr/projets/garesrenovees/gare-strasbourg

3) 슈투트가르트 시 홈페이지 http://www.stuttgart.de
  슈투트가르트 21계획 http://www.bahnprojekt-stuttgart-ulm.de/das_bahnprojekt

● 슈투트가르트 중앙역(슈투트가르트 21계획)

종전의 노선 중 일부는 지하 2층에서 S반으로 직통운전하고 주요노선은 역사의 후면에서 루프 형상으로 90도를 돌려 지하의 플랫폼으로 들어간다. 홈에는 지상 광장으로부터 약 30개소의 천창에서 자연광이 내리비춘다.

[그림 7] 팸플릿 표지

[사진 10] 모형사진
(출전: 동 팸플릿)

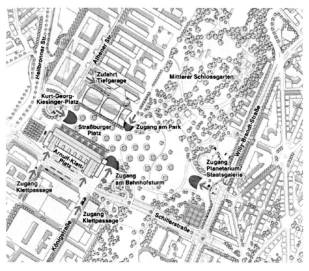

[그림 8] 계획의 지상평면도
(출전: 동 팸플릿)

1900년대 초에 건설된 현재의 역사건축, 그 탑에는 해당 지역에 본사를 둔 자동차 메이커 회사의 마크가 있는데 이는 당시 그 기업의 기부로 건설되었다는 것을 나타내고 있다. 그것을 랜드마크로써 역과 그 궤도를 광범위하게 지하화하여 시가지의 단절을 해소하고 지상의 광대한 철도부지(약 100ha)가 새로운 오피스와 주택지, 녹지대로 재생되었다. 대대적인 개조의 완성은 2015~2020년 으로 예정되어 있다.

베를린 중앙역

독일의 수도 베를린에 2006년 개장한 베를린 중앙역[4]은 제2차 세계대전의 공습으로 파괴되어 동서베를린 사이에서 오랫동안 방치되어 있던 베를린 레아타 역의 흔적이다. 장소는 수상관저의 후면 브란덴부르크문과 연방의회의 사당에서 가깝다. 구 동베를린의 베를린 동역과 구 서베를린의 츄^{Zoo}역의 기능을 집중시키는 새로운 입구가 바로 이 베를린 중앙역이다.

남북 방향의 구철도가 지하화(지하 2층)되어 동서 방향의 고가철도선$^{S-Bahn}$ 이 교차하고 그 사이를 엘리베이터나 에스컬레이터로 연결하고 있다. 그것을 포함한 거대한 아트리움의 유리지붕이 자연광을 투과하여 지하까지 밝게 비추고 있다. 또 자주 달리는 고가철도선$^{S-Bahn}$의 빨간색 차량이 공중을 가로지르는 모습은 실로 인상적이다. 유리로 된 돔 지붕도 태양광 발전모듈이 매입되어 있어 적절하게 빛을 차단하는 등 다양한 첨단적인 기술이 적용되고 있다.

---

4) 베를린 중앙역 홈페이지
http://www.bahnhof.de/site/bahnhoefe/de/ost/berlin_hauptbahnhof/berlin_hauptbahnhof.html

● 베를린 중앙역

아트리움을 끼고 두 동의 5층 구조인 유리로 된 역사가 있고 그 2층 레벨에서 동서 방향으로 고가철도가 왕래한다. 지하 2층의 남북 방향 홈과는 수직동선의 EV로 연결되어 콘코스를 덮는 유리 천창도 최첨단 구조기술로 아름답게 조성되어 있다(설계 : 겔 칸 마르크).

[사진 11] 역사의 원경

[사진 12] 플랫폼 유리지붕

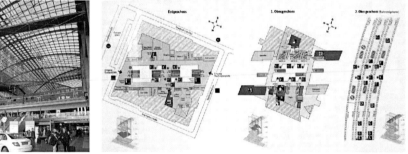

[사진 13] 지상 레벨의 콘코스

[그림 9] 평면도
(출전: 현지 안내도를 사진 촬영)

새로운 교통 연계역

이 경향은 프랑스, 독일뿐 아니라 영국, 이탈리아 등 유럽 각지에서 진행되고 있는데 역 개조에 맞추어 철도, 지하철, LRT, 버스망의 재편, 연계가 시도되고 있다. 여기서는 근교 철도를 포함한 모든 공공교통 요금의 일원화가 적용되어 기관들 사이에서 환승은 영역 내 일정시간 내에서는 자유롭게 이용할 수 있도록 하는 이용자 본위의 정책이 적용되고 있다.

또 네덜란드의 암스테르담 중앙역에서는 철도와 항구가 연결된 새로운 역사

[사진 14] 암스테르담 중앙역의 개조계획

바다와 연결된 역이 증설 중
(출전 : 암스테르담시 제공자료로 부터)

[사진 15] 자전거 전용도로와 LRT 노선(스트라스부르 시내)

가 증설 중에 있다. 이러한 것들도 모두 EU 각국에서 중요시하고 있는 '환경' 지향 도시 만들기, 그 전환을 향한 큰 의사 표시라고 봐도 좋을 것이다.

4. 자전거 이용의 활성화

다음으로 유럽 도시의 자전거 활성화를 위한 도시 만들기를 소개한다. 세계의 환경 선진도시의 자전거 우선정책 즉, 전용 자전거도로 및 통행로의 확보는 배기가스를 분출하는 자동차에서 환경에 이로운 자전거로의 전환을 촉진하기 위한 방법의 하나이다. 가정하여 모든 자동차가 전기식이 된다고 해도 그 이동에너지의 총량은 그다지 변하지 않는다. 즉, 환경우선을 위해 자동차 도로를 줄이고 자전거도로나 녹지, 주륜공간을 충족시킨다는 생각이다.

이를 위해서 차선의 축소와 더불어 교통지체는 우선으로 해결하고 자동차 교통량의 총량을 규제한다는 목표를 공유하여 이를 정책으로써 실행하고 있다. 파크 앤 라이드가 아닌 바이크 앤드 라이드의 시설 즉 주륜장이 적극적으로 설치되고 있다. 그리고 자전거와 철도, 공공교통이 서로 연계되어 있는데 예를 들면 자전거를 탑재하고 공공교통 차량을 이용할 수 있도록 하고 있다. 이처럼 국가, 도시차원에서 자동차와 보행자를 잇는 제3의 이동수단으로써 자전거가 이미 시민권을 얻어가고 있는 것이다.

● **자전거 이용의 촉진**

[사진 16] 입체 주륜장 '핏센브렛츠'(암스테르담 중앙역)

[사진 17] 통근의 주륜장(암스테르담 교외)

[사진 18] 자전거 전용도로(암스테르담 시내)

[사진 19] 주륜장소와 전용통행로(암스테르담 시내)

[사진 20] 자전거와 보행자만 다닐 수 있는 도로

델프트 시내 중심부의 일부 도로에서는 자동차 통행이 전면 규제되고 있다.

네덜란드의 자전거주차장·OV피츠

세계에서 가장 선진적인 자전거 왕국으로 알려진 네덜란드에서는 자전거가 통근, 통학의 수단으로 정착하여 대량 운송 교통기관의 철도 각 역마다 반드시라고 해도 좋을 정도로 대규모의 주륜장이 설치되어 있다.

그것을 상징하는 것이 암스테르담 중앙역의 운하를 따라 배치되어 있는 2,500대

수용의 4층 자주식 입체 주륜장 '핏센프레츠'이다. 같은 역 주변에는 그 외 재래의 주륜장을 포함해 8,000대를 수용할 장소가 준비되어 있다.

네덜란드의 공공자전거 렌탈시스템인 OV피츠OVfiets는 2003년부터 시작되었다. 도시 내 주요 포인트에 공공의 자전거 스테이션이 설치되어 이미 정착화되어 가고 있다. 도시의 지식인을 중심으로 자전거 통근족이 많아지고 있다. 그것은 네덜란드 전국에 확대되어 있는 전용 자전거도로 및 전용 통행로의 보급 덕분이다. 그리고 보도의 여유 있는 장소나 건축대지 안쪽 등 곳곳에 자전거 거치장소가 준비되어 있다.

프랑스의 베리브와 자전거 전용 통행로

또 파리 시에서는 2007년부터 베리브Velib라고 하는 공공 대출자전거가 등장했다. 시내에 설치되어 있는 베리브 스테이션, 어느 곳에서 빌려 타고 어느 스테이션에 반납해도 되는 시스템이어서 이용하기에 편리한 셀프 렌털 방식이다. 베리브 스테이션은 장기적으로는 4,500개소나 설치될 것으로 계획되어 있다. 이 베리브 시스템을 지원하는 것이 세계적으로 확산되어 있는 환경계몽운동, 사회실험 '카 프리데이' 발상의 나라 프랑스다운 국민성이라고 할 수 있을 것이다. 카 프리데이는 1997년 프랑스 북서부의 소도시 라 로쉘이라는 도시에서 시작되어 이듬해에는 프랑스 전역 그리고 유럽 각지로 확산되었다. 도시 내에서 마이카 없는 날불어: En vile, sans ma voiture을 지정하고 있는데 '카 프리데이'는 그것을 영어로 번역한 것이다. 매년 9월 22일에 도시 중심부에서 마이카 이용을 제한하여 자동차가 우선이 되는 사회를 돌아보고 지금부터의 도시생활의 바람직한 모습을 생각하는 날로 정해 1천 이상의 도시가 참가하는 세계 규모의 환경운동의 날이 되었다. 일본에서도 동참자가 매우 많다. 이처럼 자전거우선정책은 과도하게 진행된 자동차 사회를 반성하는 것에서부터 시작한 것이다. 그 증거로 시가지 내 자전거 전용 통행대는 차선을 축소하여 조성되었다. 지금은 프랑스도 자전거 대국이 되어가고 있다.

[사진 21] 베리브(파리 시내)
공식 홈페이지
http://www.velib.paris.fr/

[사진 22] 자전거 전용 통행로(파리 시내)
차도를 축소하고 일방통행화로 신설되었다.

유럽 도시의 자전거 대책

한편, 최근 유럽의 그 외 도시에서도 자전거 전용도로가 시가지 내에 지속적으로 설치되고 있다. 보도는 줄어들지 않고 다차선 도로는 차선을 줄여 좁은 차도에서는 차량 일방통행화로 자전거 전용도로를 확보한다. 자동차에서 자전거로, 그리고 LRT 등의 공공교통으로 모달시프트를 추진하고 있다. 프랑스 전역, 독일, 그리고 덴마크 등 북유럽, 이탈리아에서도 자전거 전용 통행대는 지속적으로 증가하고 있다. 이는 대도시뿐 아니라 도로가 좁은 지방 소도시에까지 확산되고 있다.

다음으로 유럽을 대표하는 '자전거도시'로 알려진 이탈리아의 페라라 시Ferrara, 인구 13만 명를 소개한다. 이곳은 시내의 자전거이탈리아어 : bicicletta, 비치클레타가 약 10만 대, 시 인구 1명당 0.8대의 보급률을 확보하고 있다. 세계유산에 등록된 중세도시로 철저하게 자전거우선정책이 채용되고 있다. 여기서는 1996년부터 도시 교통계획의 주축에 자전거를 두고 역사적인 시가중심부(약 5.6ha)를 자동차 교통규제 영역ZTL, Le Zone a Traffico Limitato으로 지정하였다.

그 교통계획은 ① 시가지에서 자동차를 점차 배제해 나간다(자동차의 시속 30km 영역의 확대, 교통규제 영역의 확대, 자전거 통행이 가능한 보행자 천국의 확대 등), ② 공공교통기관(주로 버스)의 충실과 재편성, ③ 비치플랜[5]의 달성(구시가지의 환상선을 따라 자전거도로로부터 교외를 향해 방사선으로 뻗어나가는 총 7개 자전거도로의 설치, 렌탈 사이클 제도의 확충, 주륜장의 정비 등) 등을 들 수 있다. ZTL에서는 주인이 허가한 차량만 진입하고

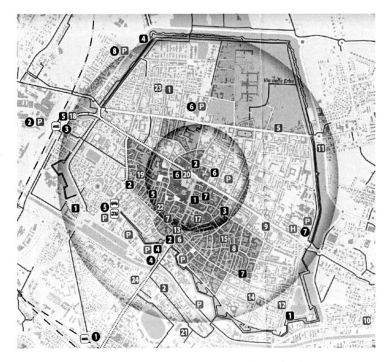

[그림 10] 페라라 시내 중심시가의 자전거교통규제영역

짙은 부분이 ZTL 구역(출전 : 공식 방문 때 수령한 자료)

일반차량이 진입할 땐 과금하는데(승용, 반입의 목적에 따라 요금이 다름),
이것도 주차장까지만 진입하도록 되어 있다. 요금은 성벽 안쪽에서는 비싸고

---

5) 페라라 시의 자전거 이용 촉진정책(1990년대~)

• 1995년 : 자동차를 교외에 주차하고 자전거를 타고 시내로 들어가면 박물관이나 레스토랑의 할인권을 부여하는 제도 도입
• 1996년 : 자전거 이용을 장려하기 위해 관청 내에 자전거과를 설치
• 1998년 : 행정직원도 청색 자전거를 사용하여 홍보함. 자전거 이용계획(BICI) 플랜을 책정
• 2000년 : 자전거 이용비율 31%, 자전거 이용으로 유명한 코펜하겐 시와 같은 비율임
• 2002년 : 시가 자전거사고대책을 검토
• 2003년 : 중심부에 들어가는 자동차에 과금하는 제도를 도입. 물류차량에 의해 일반차량을 높게 설정. 시내에는 감시카메라를 설치하여 감시. 자동차 교통규제영역(ZTL)의 확대
• 2004년 : 렌털 사이클 제도를 도입
• 2006년 : 자전거도로 맵을 배포. 무료공기주입기 등을 설치(출전 : 공식 방문 때 받은 자료)

반대로 성벽 밖의 공공주차장은 무료이다. 교외의 파크 앤 버스라이드 주차장에서 중심부 4.5km 구간은 7~10분 간격으로 셔틀버스를 운행하고 있다. 이도 환경을 고려한 천연가스 버스 또는 전기식 버스를 도입하고 있다. 그 결과 중심부는 차의 소음이나 배기가스를 없애고 돌로 마감된 역사적인 길이나 벽돌조의 마치나미를 그대로 보전하여 시민의 생활환경을 지켜주고 있다. 이것이 '자전거의 도시'로 유명하게 된 이유이기도 하다.

● 페라라의 자전거 이용 촉진정책

[사진 23] 자전거가 중앙을 통행 (페라라)
중심시가의 주요 가로

[사진 24] 가로의 자전거통행로

[사진 25] 성벽을 따라 배치한 자전거도로

[사진 26] 자전거 거치대

제2절 LRT·버스의 '역'

1. 새로운 LRT의 시대로

유럽 도시에서 본격적으로 도입의 움직임이 가속화되고 있는 신형 노면전차 LRT는 1960년에서 1970년에 걸쳐 각지에서 폐지된 것을 부활한 예라고 할 수 있다. 그 역사는 1880년에 발명된 전기식 노면전차가 마차철도를 몰아내고 불과 수십 년 사이에 전 세계에 확산되었으나, 자동차가 보급된 1900년대 중기에는 각 지역에서 축소 또는 폐지되는 운명이 된다. 그것이 LRT로 재등장하게 된 것이다. 유럽 도시에 있어서는 중심부의 보행자 우선 공간, 즉 트랜짓 몰과 함께 채용되는 일은 드문 일이 아니다.

[사진 27] 파크 앤드 라이드 주차장의 사인(쾰른 시내)
주변부의 LRT 역에 설치되어 있음

[사진 28] 리옹의 LRT(2000년~)

[사진 29] 파리에서 60년 만에 부활한 LRT(1992년~)

[사진 30] 난시의 LRT(2004년~, 프랑스)

[사진 31] 구르노블의 LRT(1987년~)

[사진 32] 빌바오의 ESCOTRAN
(2002년~)

[사진 33] 겐트의 LRT(1987년~)

[사진 34] 쾰른의 LRT(1987년~)

[사진 35] 슈투트가르트의 LRT
(1975년~)

[사진 36] 볼티모어의 LRT(1992년~)

[사진 37] 산노제의 LRT(1987년~)

[사진 38] 미니애폴리스의 신형
LRT(2004년~)

[사진 39] 포틀랜드의 LRT
(1986년~)

[사진 40] 포틀랜드의 2번째 LRT
(1991년~)

자동차로부터 LRT 등의 환경에 이로운 공공교통으로의 전환을 지원하기 위해 파크 앤 라이드, 버스 등과의 연계, 그리고 중심시가로의 자동차 진입의 규제, 보행자 가로의 정비 등을 포함해 실로 철저한 교통관리가 이루어진다. 더욱이 요금 체계도 환경세 등 예산투입이 이루어져 기본은 누구나 이용할 수 있도록 원코인 정도로 자제하고 있다. 또 미국 포틀랜드처럼 중심부의 일정 영역 내의 공공교통은 모두 무료라는 선진적인 정책이 적용되고 있는 도시가 점차 늘어가고 있다.

2. LRT의 '역'

서구의 LRT 터미널

LRT 터미널로 알려져 있는 곳이 스트라스부르의 옴 드 페르 광장Place Homme de Fer의 '역'이다. 신설된 A 라인과 B 라인이 교차하는 장소로 결절기능을 상징한 '역 디자인'이 도입되었다.

유리로 마감된 서클 형태의 쉘터가 여기에 설치된 것이 1993년, 이전에는 2개의 4차선 가로의 교차점이었다. 더욱이 남북 방향의 프랑·부르주아 거리는 하루에 5만 대의 자동차 교통량이 있고 대부분 통과하는 이동교통이다. 이 광장은 1989년의 시장 선거 때에 LRT를 부활하는 공약을 내세워 당선한 카뜨린느 트로트만 시장(1989년~2001년)의 자랑거리이기도 하다. 그 목적은 탈자동차 사회의 종합적인 도시 만들기이고 LRT와 그것을 이루기 위한

• 옴 드 페르 광장역(스트라스부르)

LRT의 A 라인과 B 라인의 교차점에 설치된 심볼릭한 써클 형태의 유리지붕 광장.
한쪽에 인접하는 쿠르벨 광장 지하주차장으로 경사로가 설치되어 있다.

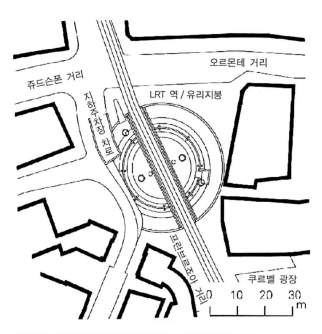

쥬드슨폰 거리

오르몬테 거리

LRT 역 / 유리지붕

지하주차장 차로

프란틀로조아 거리

쿠르벨 광장

0 10 20 30
m

[그림 11] 광장평면도
(출전 : new city spaces)

[사진 41] 광장의 유리쉘터

[사진 42] 광장역 LRT

[그림 12] 스트라스부르 교통망
시내 중심부의 옴 드 페르 광장을 중심으로 방사형으로 네트워크가 구축되어 있다. 철도의 중앙역은 그것에 링크되어 있다.

중요한 실현수단으로 하여 시장 당선을 계기로 1960년대에 폐지된 노면전차를 최신식 LRT로 부활할 것을 선언하고, 5년 후 1994년에 시 전역을 종단하는 A 라인(남북선)이 완전히 개통되어 시의 중심부에서 자동차를 축출하는 데 성공하였다. 2000년에는 B, C 라인이 조성되어 길이 25km, 2008년에는 6라인A~E, TT=Train Train으로, 그 이후 10년까지 총 길이 50km가 되었다. 중앙역의 개조는 이 정책의 연장선상에서 보면 알기 쉽다.

LRT는 유럽뿐 아니라 전 세계의 선진도시로 확산되는데 트랜짓 몰을 한걸음 더 나아가 중심부의 번화가 구간을 지하화하고 지상은 보행자 공간화한 사례로는 르완(프랑스)이 잘 알려져 있다. 또 더 나아가 중심부에는 고속 주행을 위해 LRT의 지하화(주변은 지상보행방식)를 추진한 도시로써 슈투트가르트나 보스턴 등을 들 수 있다. 도시의 상황에 따라 다양한 방식들이 채용되어 보다 완성도 높은 도시로 진화해가고 있다.

일본의 LRT 보급

일본에서도 토야마富山에서 2006년 새롭게 개통한 LRT(토야마 라이트레일·포트램)가 폭넓게 알려져 있다. 이는 토야마 역 주변의 연속 입체 교차화에 따라 기존의 임해철도를 폐선하고 그것을 새로운 LRT 노선으로 조성한 것으로 신설된 구간은 역 북쪽 구간에 국한되어 있지만 노선은 이후 재래철도의 고속화, 신간

[사진 43] 르완 중심부의 LRT 지하역

지상의 보행자 공간에 설치된 유리바닥으로부터 자연광이 내리비춘다.

[사진 44] 토야마의 새로운 LRT 노선(토야마 라이트레일)

선과 더불어 역 남측 중심시가의 시내노면전차(토야마 지방철도 토야마 시내노선)와 연계할 계획에 있다. 이미 2009년에 도심 환상선도 부활하였다.

또 1960년대부터 1970년대에 걸쳐 시민의 발로써 그 운행을 지속해온 지방 각 도시에서는 전국적인 노면전차의 폐지에 대응하여 신형 LRT 차량의 도입이 진행되고 있다. 그중 새로운 노선의 연장계획이 진행되고 있는 등 부활의 조짐을 보여주고 있다고 할 수 있다.

예를 들면 삿포로札幌, 하코다테函館, 토요하시豊橋, 후쿠이福井, 오카야마岡山, 히로시마広島, 마츠야마松山, 코치高知, 나가사키長崎, 구마모토熊本, 가고시마鹿児島 등지에서 고령자도 이용하기 쉬운 바닥이 낮은 저상 차량을 도입하거나 잔디도로의 채용, 회생 브레이크 발전 등 최첨단 기술을 도입하는 등 다방면으로 환경의 이로움을 생각하고 있다.

그 배경에는 2007년에 시행된 「지역 공공교통 활성화법」[6]에 의한 신설 궤도나 차량 등의 지원제도가 있다. 그 외 궤도식의 LRT뿐 아니라 BRT Bus Rapid Transit라고 하는 선이 없는 연결버스에 가까운 방식도 몇몇 도시에서 도입이 검토되는 등 지역 특성에 맞춘 방식이 각지에서 검토되고 있다.

---

6) 「지역 공공교통 활성화법」

정식으로는 지역 공공교통의 활성화 및 재생에 관한 법률(2007년)

3. 버스교통의 '역'

쿠리치바의 버스시스템

세계 버스교통의 가치관을 바꾸었다고 평가되는 것이 브라질 쿠리치바의 버스운송을 중심으로 한 공공교통정책과 그 핵심이 되는 종합운송시스템RIT, REDE INTEGRADA DETRANSPORTE이다. 철저한 버스전용도로의 확보에 의해 운행속도와 운송력은 지하철과 동등한 수준이다.

시의 인구는 170만 명, 그에 대해 자동차 보유수는 80만 대로 2명에 1대 꼴이다. 그 수치는 브라질 국내의 평균치인 9명당 1대로 보면 꽤 높은 수준이다. 이는 이 지역의 경제력을 나타내는 지표이기도 하다. 그러나 국제수준에서 보면 아직 부유하지 못한 지자체의 재정상황이다. 거기에 교통정책에 있어서 공공교통인 버스시스템에 구애받는 이유가 있다. 서구 유럽이라면 이 정도의 도시규모에서는 지하철이 채용될 터지만 쿠리치바는 지상에 버스를 달리게 하면서 지하철과 같은 효과를 낼 수 있는 방법을 선택했다. 버스이용을 촉진시키기 위해 운송력, 정시성, 속도의 세 장점을 향상시키는 것, 그리고 신체장애자를 포함한 노약자들이 자유롭게 이용할 수 있는 시스템 만들기 등을 추구하고 있다.

이것을 실현하는 방법은 ① 버스전용라인, ② 2량, 3량으로 연결된 대형차량, ③ 튜브형 버스정류장, ④ 종합운송 시스템 – 차량 색상별로 버스 노선 운행(급행~일반)과 균일요금, ⑤ 환승 버스터미널이다.

[사진 45] 간선축의 3량 연결버스(쿠리치바)
270명을 수용할 수 있는 3량 연결버스가 전용라인을 운행한다.

또 그것을 지원하는 것이 도시의 개발축과 버스 교통축을 연동하여 계획한 것인데 그 노선은 매우 높은 이용밀도를 보이고 있다. 게다가 시민 대다수가 버스정류장과 가까운 곳에 살고 있어서 일상적으로 버스를 이용하여 통근, 통학, 쇼핑 등의 생활을 하고 있다. 이 획기적인 시스템은 일본 대도시의 철도역에서 힌트를 얻어 개발되었다고 한다. 러쉬아워에 승하차의 신속함, 이것이 차량운행의 정확함을 가능케 하고 운송력 확보로 연결되었다. 이를 위한 플랫폼 방식의 정류소도 설치되었다.

① 간선로 축의 설정·버스전용라인

시내의 버스노선은 340노선(길이 1,100km), 그 가운데 버스전용노선이 60km 구간이나 조성되어 있다. 간선로 축 선상의 주요도로 중앙을 버스전용노선으로 하고 나머지 도로는 도로변 시설에 접근하는 도로로 하여 자동차의 통행을 허용하고 있다. 이로 인해 간선로 축의 정시주행과 고속운행을 가능하게 하고 있다.

② 2량, 3량 연결 대형버스

간선로 축의 노선에는 대량 승객을 분리하여 태우기 위해 2량, 3량의 연결식 차량을 도입하고 있다. 2량 버스의 정원은 160명, 3량 버스는 270명, 차량은 지역에 공장을 둔 볼보 메이커 차량이라고 한다. 그야말로 '지하철'을 방불케 하는 버스운송의 근간을 지탱하는 존재로써 하루에 200만 명이 이용하는 이유가 되고 있다.

③ 튜브형 버스정류장 tube

시내의 간선로 축에는 약 400m마다 튜브형 버스정류장이 설치되어 플랫폼과 버스바닥의 높이를 같게 하여 타고 내리기에 신속하고 편리하도록 하여 버스정류장에서의 승하차 시간을 단축하고 고속주행과 운송력을 확보하고 있다. 튜브에는 담당직원이 배치되어 IC카드 장치와 수동의 요금징수 일을 담당하고 있다. 또 휠체어를 탄 이용자를 위한 승하차 리프트가 완비되어 홈도어와 승하차 스텝 사이는 연결판을 두어 틈새가 없도록 하는 등 노약자들을 위해 배려하고 있다.

[사진 46] 간선도 축의 튜브형 버스정류장(tube)

[사진 47] 튜브형 버스정류장(tube)
앞에 보이는 것이 장애인 리프트

④ RIT – 종합 운송시스템

쿠리치바에서는 목적에 따라 버스의 색상을 다르게 하여 그 종류가 6색 10종류에 이른다. 모든 버스는 기능별로 도색을 다르게 하고 있기 때문에 이용자들이 쉽게 구별할 수 있다. 예를 들면 적색 버스가 개발축의 전용도로를 달리는 간선로 운송(3량 버스), 녹색 버스는 환상노선, 주황색 버스는 지선(간선터미널로부터의 지선), 흰색 버스는 도심순환, 은색 버스는 직행버스(빨간색이나 녹색 노선의 급행서비스), 황색 버스는 기존의 재래식 버스(도심주변 중심)로 각각 다른 역할을 담당하고 있다.

[그림 13] 쿠리치바의 종합운송시스템(RIT) (브라질)

[그림 14] 쿠리치바 시내의 버스 종류

역할에 따라 적, 녹, 주황, 백, 은, 황의 단색으로 구별하고 있다.
- 적: 개발축의 전용도로를 주행하는 간선운송(3량 버스)
- 녹: 환상노선
- 주황: 지선노선(간선터미널로부터의 지선)
- 백: 도심순환
- 은: 직행버스(적, 녹의 노선의 급행서비스)
- 황: 기존의 버스(도심주변중심)

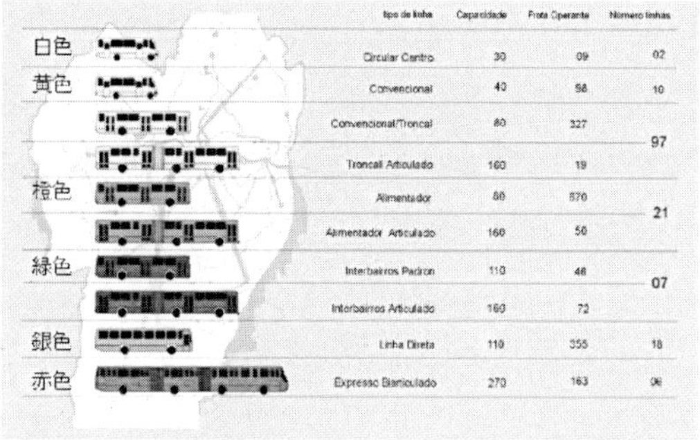

[사진 48] 색상별로 정차 위치가 다른 중심 시가지 버스정류장

이러한 버스 운행은 모두 민간 버스사업자에게 위탁하여 운영하고 있다. 도시권에서 버스 노선망에 참가하는 곳 25개 회사, 버스네트워크 총 주행거리가 하루에 3,800km에 이른다. 시가 운행거리에 따라 운영비를 버스사업자에게 지불하는 방법을 도입함으로써 시내 전역의 버스 서비스를 실현하였다는 점이 특징이라고 할 수 있다. 운임은 영역별로 공통이며 이용도가 매우 높다. 이 버스 시스템은 1991년부터 개시되어 현행 시스템은 2001년에 개정된 것이다.

⑤ 환승 터미널

시내 터미널은 25개소, 약 1.4km마다 설치되어 이곳에서 환승하면 시내 어느 장소에서도 동일한 요금으로 이용할 수 있다. 여기서 간선, 환상, 직행, 지선의 각 버스 상호 환승이 가능하다. 또 몇 개의 터미널에는 타운 센터의 기능을 두어 쇼핑 등 편리성을 꾀하고 있다. 즉, 버스에 타면 도시 내 모든 활동을 지원해주는 시스템인 것이다. 또 행정구역마다 행정 서비스나 상점, 스포츠, 레저 시설 등을 구비한 '시티즌십 스트리트'라는 복합 공공시설이 버스터미널에 병설되어 있다. 시민이 도심으로 이동할 필요가 줄어듦으로써 도심으로의 교통 유입이 감소되는 결과로 이어진다. 또한 쿠리치바 시 인구는 지금도 지속적으로 증가해 시에서는 시내 동측에 새로운 축을 설정하여 그곳에 새로운 노선을 도입할 계획을 검토 중에 있다고 한다.

르완의 테올

쿠리치바 방식과는 다르지만 BRT^{Bus rapid transit}라는 고속운송 버스시스템이 실용단계에 있다. 예를 들면 프랑스 르완에서는 새롭게 테올^{TEOR, Transport Est-Ouest Rouennais}이라는 전용노선 버스를 동서 방향의 교통축 버스시스템으로 도입하였다. 그 중심부의 테올 노선은 버스 전용노선이 되어 일반 차량의 진입이 원칙적으로 규제되어 있다.

[사진 49] 환승터미널

[사진 50, 51] 테올(동서노선)의 정류소와 버스(르완)

프랑스의 유명한 자동차 메이커와 공동으로 개발한 광학식 가이드웨이 자동 조정 버스시스템으로, 정해진 위치에 차량이 정차한다. 정류소의 노면과 버스의 바닥이 같은 레벨로 되어 있고 휠체어 등의 이용이 편리하다.

테올의 차량은 저상버스로 정시성과 운송력을 확보하고 있다. 중심시가에서는 광학식 가이드웨이 버스시스템을 도입하였는데 이는 정류소 부분에 그어놓은 흰색 선을 읽으면서 가이드 주행하는 방식으로 홈과 차량과의 틈새를 없애 배리어프리를 실천하고 있다. 그 외 구간은 보통의 버스로 운행하고 있다.

르완시에서는 센트 강으로 단절된 시가의 남북 방향을 연락하는 교통축으로써 LRT가 담당하고, 동서 방향을 보완하는 축으로써 테올을 도입하고 있다. 더불어 르완은 프랑스에서 최초로 보행자 가로를 실현한 도시로 알려져 있는데 역사적 중심시가를 동서 방향으로 관통하는 구로조로지 거리(큰시계 거리)에서는 1970년에 이미 실현되었다. 그 이후 보행자 가로가 점차 폭넓게 확대되어 지금은 중심부 500m×1,000m에 가까운 지역 일대가 보행자 구간이 되어 남북 방향으로 달리는 LRT도 그 구간에서는 지하노선으로 달린다. 또한 자전거 이용도 적극적으로 장려되어 시내 전용 자전거도로의 총 길이가 40km에 이르고 있다.

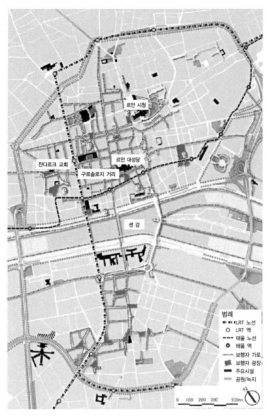

범례
- LRT 노선
- ○ LRT 역
- 테올 노선
- ◉ 테올 역
- 보행자 가로
- 보행자 광장
- 주요시설
- 공원/녹지

0 100 200 300   500m

[그림 15] 르안 중심부의 공공교통망과 보행자 공간 정비 네트워크

남북 방향으로 LRT, 동서 방향으로 테올이 달리고 중심시가는 보행자 공간이 된다.

일본 각 도시의 버스 교통

이러한 선진적인 버스시스템에 호응이라도 하듯이, 일본에서도 버스교통의 재검토가 왕성하게 이루어지고 있다. 예를 들면 나고야의 가이드웨이 버스, 이것도 BRT의 일종으로 정체가 심한 중심부 구간에서는 고가의 가이드가 있는 전용도로를, 교외에서는 일반도로를 주행한다. 어느 의미에서는 LRT의 중간적인 시스템이라고 할 수 있다. LRT의 경우는 철도만큼의 비용은 들지 않는다고 해도 궤도부지의 설치를 위한 초기 투자금액이 크고 그 경로가 특정한 노선에 한정된다는 단점이 있다. 이에 반해 버스시스템은 기존 차도를 그대로 이용할 수 있고 노선의 이용자 밀도가 다소 희박해도 그것을 트리 형태로 집약시킴으로써 중심부까지 환승 없이 도달할 수 있도록 하는 장점이 있다. 실제로 환경선진국이라고 불리는 나라에서는 이미 CO_2 배출억제를 위한 환경세, 공공교통으로의 전환에 의한 자동차 교통억제, 그로 인해 절약된 도로설치비를 공공교통지원으로 환원함으로써 낮은 운임화 또는 특정구역의 무료화를 실현하고 있다. 이로 인해 이용자들이 점차 증가하고 운행차량 수가 증가하였으며 버스정류장의 환경개선이 이루어지는 등 선순환의 결과를 일구어내고 있다.

또 각 도시에서는 소형의 커뮤니티 버스가 도입되고 있다. 여기에는 무 버스(동경, 무사시노武蔵野시), 타마 리버 버스(동경, 세타가야世田谷구), 산책 버스(치바, 우라야스浦安시), 비 버스(호카이도, 치토세千歳시), 훌쩍 버스(이시가와石川), 가나자와(金沢시), 만남의 버스(후쿠오카, 기타큐슈北九州시) 등의 애칭이 붙여져 다양한 지역 운행버스가 기존의 대형버스가 진입할 수 없는 도로를 통행하여 새로운 이용자를 확보하고 있다. 원코인 버스 등의 저운임화를 공적인 지원을 받아 실현하여 파크 앤 라이드P&R와 연계하는 것도 시도하고 있다.

이처럼 전국에서도 새로운 시스템이 다채롭게 움직이고 있다. 그러나 자동차 사회가 침투한 지역에 있어서 공공교통이 부활할 수 있을까 하는 점에 있어서는 다양한 과제가 아직 남아 있다. 이 부활을 목표로 세울지 아닐지는 시민 한 사람 한 사람의 행동 패턴에 의한 일일 것이다.

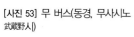

[사진 53] 무 버스(동경, 무사시노武蔵野시)
이용자밀도가 높은 영역을 커버하여 많은 이용자를 확보하고 있다.

[사진 54] 산책 버스(치바, 우라야스浦安시)

제3절 철도의 재건, 역사 디자인

본래 철도역은 산업혁명의 부산물로써 그 스피드, 정시성을 상징하기 때문에 당시 최고의 건축구조기술과 철, 콘크리트, 유리 등의 건축 재료가 사용되어 역사의 최첨단 디자인을 탄생시켰다. 그리고 역 앞에는 마차가 준비되어 있는데 그것은 마차철도로부터 시가전차로, 지금은 지하철, 버스와 택시로 시대와 더불어 변천해오고 있다. 한때는 모터리제이션의 발달과 함께 쇠퇴해진 철도도 이 장 처음에 소개한 것처럼 새로운 '환경'의 시대 가운데에서 부활하고 있다.

1. 세계 철도역의 동향

두단식 역사에서 도시를 관통하는 지하 통과식 역으로의 전환

세계를 여행해본 사람은 짐작하겠지만 큰 도시에는 중앙역이 있고 대부분 두단식 역이다. 빗살 형태로 늘어선 플랫폼이 있고 그것을 덮는 볼트 형태의 골조, 그 정면은 장려한 역사와 역 앞 광장으로 구성된 모습이 실로 상징적이다. 그러나 기능 면에서 두단식은 스위치백에 의한 열차 운행상 시간을 허비하고 열차 대피선로 등 많은 공간을 필요로 한다.

이 두단식 홈을 지하화하고 슈투트가르트 중앙역처럼 통과식으로 개조하는

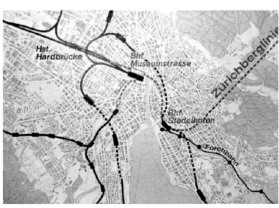

[사진 55] 리옹 역의 정면(파리)
당시 역으로는 철도의 정시성을 상징하는 시계탑이 반드시 설치된다.

[그림 16] 취리히 중앙역 주변의 철도 연장계획 노선
점선이 지하철도노선. 중앙역이 두단식으로부터 통과식으로 개조되었다.
(출전: 공식 방문 때 받은 자료)

종합계획이 몇 몇 주요도시에서 진행되어 왔다. 예를 들어 벨기에 안트워프 중앙역, 스페인의 바르셀로나, 산츠 역, 스위스의 취리히 중앙역 등이 있다. 벨기에의 제2도시인 안트워프 중앙역의 아름다움은 '철도의 대성당'으로 20세기 초기 걸작으로 평가되어 왔다.

두단식 역이기 때문에 초고속철도망으로부터 벗어난 곳을 지하의 통과식 홈을 관통시키고 지상 홈을 병설함으로써 파리, 런던 간 유로스타·TGV의 정차역이 되었다.

바르셀로나, 산츠 역은 스페인 국철RENFE의 두단식 역이었으나 1992년 바르셀로나 올림픽에 맞추어 지하화되어 도심을 관통하는 고속지하철도가 되었고 지하 2층, 3층이 홈과 역 시설, 지하 1층이 자동차 광장의 3층으로 구성되었으며 지상은 대담하게도 역사가 철거되어 새로운 빌딩과 큰 보행자 광장으로 다시 태어났다.

취리히 중앙역은 메인의 장거리용 두단식 홈이 남아 있어 근교 노선을 지하 직통으로 연결하고 역사건물은 역사적 파사드가 그대로 보존되어 역 구내가 지하에서 지상으로 입체적으로 연결된다. 그리고 정면의 역 앞 거리를 달리는 LRT로의 접근성을 향상시키는 등 도시 중심부에 어울리는 역 앞 공간으로 재생되었다.

그 외 독일 뮌헨 중앙역의 뮌헨 21계획Münchn21, 이탈리아 토리노의 포르타 누바 역 주변의 스피나 계획La Spina Centrale 등 유럽의 각 중앙역을 무대로 철도지하화를 포함한 재개발계획이 지속적으로 진행되고 있다.

[사진 56, 57] 개조된 안트워프 중앙역

지하에 초고속철도의 홈이 만들어져 정차역이 되었다. 그 레벨에서 지하철로 연결된다. 지상역은 재래선의 홈

[사진 58, 59] 바르셀로나 산츠 역

지하흄으로 구성되어 지상은 큰 보행자 광장이 되었다.

[그림 17] 토리노의 스피나 계획 (La Spina Centrale)

시내 중심부의 완전한 지하화에 따른 포르타 누바역, 수자역의 대개조, 주변의 재개발계획이 진행되고 있다.

(출전: 토리노시 공식 방문 때 받은 자료)

[사진 60, 61] 런던, 세인트 팬크러스 역이 개조된 외관

지붕구조 프레임은 1868년 당시의 외관이 그대로 보존개조된 것이다. 2층으로 유로스타가 들어온다.

[사진 62, 63] 밀라노 중앙역 입구 부분의 큰 홀 공간

개조로 새롭게 설치된 지하 보이드 공간과 에스컬레이터. 아랫부분은 밀라노 중앙역의 외관과 역 앞 광장

[사진 64, 65] 드레스덴 중앙역 입구 부분의 홀 공간
홈의 윗부분은 텐트 막구조 지붕으로 역사적인 구조재가 그대로 활용되고 있다(설계 : 노먼 포스터).

역사적인 역사와 첨단적 기술의 융합

철도의 발상지인 영국, 수도 런던의 새로운 입구이며 유로스타 – 신칸센 역이 된 세인트 팬크러스 역에는 벽돌조의 유서 깊은 역사가 그대로 보전되어 건설당시 최첨단 디자인이었던 철골 돔 구조 프레임이 그대로 남아 있고 그것을 유리 패널로 마감하고 있다. 새로운 간선 홈은 지상 2층, 재래선 홈은 지하로 이동하고 지상층은 벽돌조와 유리의 상점, 그리고 통로와 광장 등 열린 도시공간으로 변신하여 신구가 조화롭게 융합된 랜드마크 건축이 되었다(설계 : 노먼 포스터). 그 외 런던에서는 리버풀가 역, 빅토리아 역 등의 주요 역에서도 유사한 개조가 이루어졌다.

이탈리아 국내도 초고속열차 '빨간화살호'의 개통에 맞추어 토리노, 밀라노, 로마, 피렌체 등에서 개조가 진행되었다. 그중에서도 밀라노 중앙역은 플랫폼 수 22개소로 유럽 최대의 역사라고 평가되는데 플랫폼 상부의 유리돔, 콘코스, 입구의 건축양식 등 장엄한 가치의 역사가 그대로 보존되었고 내부는 지하철과의 환승기능이 촉진되는 등 대대적인 개조가 이루어졌다(2009년 개조설계).

한편 구 동독의 드레스덴 중앙역은 대도시 드레스덴 800년 기념 축제의 큰 이벤트에 맞추어 개조되었다. 종전의 홈 길이 100m를 200m로 연장하고 역 홈을 덮는 기존의 철골 돔구조를 보존하여 이것을 최신기술의 유리 섬유제

막구조로 덮었다. 또 중앙 돔을 유리로 바꾸어 통로를 전면적으로 리노베이션하였다. 역사의 오리지널디자인을 충실히 재현하면서 참신한 건축디자인을 완성하였다.

역사적 역사의 보존수복 – 컨버전과 역의 다기능화

19세기에서 20세기 초, 역사건축은 전성기를 맞이하였다. 그것이 1960년대에 각지에서 해체·재개발의 대상이 되었으나 동시에 역사적 건물 보존운동의 초시가 되기도 하였다. 지금은 대부분이 보존되어 현재, 역으로써의 기능과 더불어 다양한 건축용 도로의 전용이 이루어지고 있는 사례가 적지 않다. 그 대표적인 사례가 프랑스 파리의 오르세 역인데 이곳은 1900년 센 강변에 건조된 역이 지하화됨으로써 사용되지 않게 된 공간을 허물지 않고 1986년에 미술관으로 개조하여 파리의 새로운 명소가 되었다.

[사진 66] 오르세 미술관
1900년의 파리만국박람회의 게이트 역으로 만들어진 오르세 역을 컨버전하였다.

[사진 67] 마드리드 아트챠 역

[사진 68] 라이프치히 중앙역의 외관

[사진 69] 라이프치히 중앙역이 개조된 내부 홀

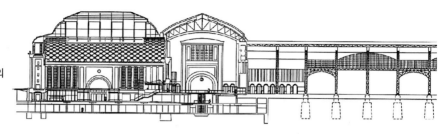

[그림 18] 라이프치히 중앙역의
개조계획 단면도
(출전 : The Landscape of
Contemporary Infrastructure,
2010)

또, 스페인의 수도 마드리드 아트챠 역(1892년 준공)은 개찰구를 후퇴시키고
전면의 큰 가구조로 된 공간을 식물원으로 개방하여 시민에게 친숙한 광장
이 되었다. 개조는 고속철도의 도착지인 세빌리아의 1992년 만국박람회에
맞추어 진행되었다.

역의 컨버전 사례로써 상업시설의 병설이 있다. 독일 라이프치히 중앙역은
1915년에 건설된 당시 유럽 최대의 역사로, 라이프치히 랜드마크 건축 중 하
나로 손꼽힌다. 운 좋게 전쟁재해로부터 살아 남은 귀중한 역사건축이기도
하다. 이것이 1997년에 외관과 내부의 중요부분 등 역사적인 가치가 평가되
는 의장이 그대로 보존되는 한편, 내부 공간이 전면적으로 개조되어 쇼핑센
터가 병설된 역으로 재탄생하였다. 기존의 대합실은 140여 개의 점포, 레스
토랑, 카페 등이 들어서 새로운 역의 이미지를 조성하고 있다.

시대의 첨단성 – 기념비적인 역사

역사건축디자인도 도시의 랜드마크로써 중요한 존재가 된다. 역사적인 중앙
역의 재개발과 병행하여 새로운 역 프로젝트가 유럽에서 진행되고 있다. 그
것은 확실히 철도의 부활을 상징하는 참신한 프로젝트라 할 수 있다.

리스본 동역Estacion de Oriente, Lisboa은 시가의 동쪽 입구로 새롭게 건축되어
철도, 버스, 지하철, 택시 교통의 결절적 기능을 담당하는 역이다. 1998년
리스본 국제박람회의 주요 역이었고 만박이 종료된 후에는 업무, 상업, 주택
등이 복합한 신도심이 형성되었다. 역사 디자인은 국제 현상설계 경기를 거

쳐 스페인 출신 건축가 산티에고 칼라트라바가 맡았다. 유리를 대량 사용한 홈 기능의 건물, 역의 엔트런스 게이트는 실로 섬세하면서 대담한 의장이라고 할 수 있다.

이처럼 서구의 각국에서 새로운 철도망의 정비와 더불어 기존의 역이 역사적인 의장과 최첨단의 건축, 구조기술이 조합되어 재생된 사례와 도시 랜드마크 건축으로써 재생된 사례가 지속적으로 출현하였다. 이후 탈자동차 사회의 의식이 높아지는 가운데 확실히 공공교통과 '역'이 더 한층 재평가될 것이다. '역'공간의 의미를 새롭게 재해석해보는 것도 흥미 있는 일일 것이다.

2. 역의 새로운 전개

일본에서도 유럽의 역과 유사한 형태로 철도와 관련된 다양한 움직임과 역과 관련된 이야깃거리들이 있다. 새로운 전개로써 역의 다기능화, 복합시설화, 역사 디자인의 보급 등을 들 수 있다. 그러나 유럽과 조금 다른 점은 역사의 기능이나 의장이 선진적이지만 도시와의 연관성에서 조금 과제가 남아있다는 생각이 든다. 그중에서도 역에 대해 모든 기능이 집중되거나 역의 후면 개발과 더불어 중심시가의 쇠퇴화가 조장되는 것은 아닌가 하는 생각이 든다. 그러나 확실히 철도와 공공교통의 부활을 향한 움직임이 보이기 시작한다는 것도 간과할 수 없는 일이다.

역의 다기능화·복합 시설화

역사만 보더라도 다기능의 복합 시설화된 역사가 출현하고 있다. 대도시에 있어서는 역사 자체의 재개발이 진행되어 거대한 건축규모를 확보한 '역복합 빌딩'이 출현하고 있다. 그 대표적인 예가 교토 역이나 오오사카 역, 나고야 역, 삿포로 역처럼 대형 백화점을 중심으로 하여 어뮤즈먼트 기능을 포함한 거대한 상업시설과 역사의 복합기능 시설이다. 또, 수도권에는 우에노 역의 구 역사를 리노베이션한 '에키나카' 상업시설이 2002년에 완성, 오오미야大宮 역, 다치가와立川 역, 시나가와品川 역에 에키나카를 발전한 '에큐트'가 전개되는 등 사업 전개가 적극적으로 진행되고 있다.

[사진 72] JR교토 역

설계: 하라 히로시原 広司, 용도: 역사, 호텔, 상업시설, 문화시설, 주차장

[사진 73] JR오오사카 역

홈 전체가 트러스구조의 대형 무주공간이다.

[사진 74] JR 유후인由布院 역(오이타大分)

설계 : 이소자키 아라타磯崎新

[사진 75] JR 사쿠란보 히가시네東根 역에 병설된 도서관(야마가타山形)

[사진 76] JR 타자와코田沢해 역에 병설된 관광센터(아키다秋田)

한편, 지방에서는 지자체 등과 공동으로 역사에 공공시설을 병설하는 등 지역에 밀착하여 도시기능의 일부를 담당하는 역사가 건설되고 있다.[7] 오래된 사례로는 큐슈의 유후인由布院역(설계 : 이소자키 아라타磯崎新, 이곳은 다목적 홀

---

7) 공공시설과의 복합기능화된 역
- '도서관과의 복합기능 역사'
  - 메만베츠(女滿別) 역 - 쵸립도서관·石北線·北海道
  - 마루셋부(丸瀨布) 역 - 평생학습관·도서관·탁아소·石北線·北海道
  - 긴보(金浦) 역 - 쵸립도서관 코비아·羽越線·秋田
  - 시즈쿠이시(雫石) 역 - 쵸립도서관·田沢湖線·岩手
  - 사쿠란보 히가시네(東根) 역 - 시립도서관·山形新幹線·山形
  - 이와키 하나와(磐城塙) 역 - 쵸립도서관·水郡線·福島
  - 야마가타쥬쿠(山方宿) 역 - 시립도서관·水郡線·茨城
  - 후나하시(舟橋) 역 - 촌립도서관·水郡線·富山
  - 사쿠마(佐久間) 역 - 시립사쿠마도서관, 飯田線·静岡
  - 사카카미(坂上) 역 - 갤러리, 그림책도서관·高山線·岐阜
- '다목적 홀, 극장과의 복합기능 역사'
  - 유후인(由布院) 역 - 아트 홀·久大線·大分
  - 나루코 온센(鳴子温泉) 역 - 갤러리·극장·陸羽東線·宮城
  - 미라사카(三良坂) 역 - 미라사카 자유홀·福塩線·広島
- '관광정보센터·전시시설과의 복합기능 역사'
  - 요이치(余市) 역 - 요이치관광특산물 센터·函館線·北海道
  - 시레토코샤리(知床斜里) 역 - 복합역사 제안작품·釧網線·北海道
  - 사쿠(佐久) 역 - 고향계승관·宗谷線·北海道
  - 타자와코(田沢湖) 역 - 관광센터 외·田沢湖線·秋田
  - 오오마가리(大曲) 역 - 관광정보센터·奥羽線·秋田
  - 텐도우(天童) 역 - 장기자료관·奥羽線·山形

의 복합 건축물이다. 그 외 도서관, 커뮤니티센터, 각종 모임 공간, 관광정보 센터, 관광특산물관과의 복합화도 증가하고 있다. 그 배경에는 역은 도로망이 집중하여 버스교통이나 택시를 이용하기 쉬운 교통의 편리성이 있다는 점, 관광거점으로써 정보의 홍보기능을 포함한 집객성이 우수하다는 점, 그리고 지역의 활성화 효과의 기대가 크다는 점 등을 들 수 있다. 또 지역의 인구감소와 고령화에서 볼 수 있는 것처럼 자동차 의존에서 공공교통으로의 전환에 대한 재평가의 흐름과 더불어 공공시설을 배치하는 장소의 경향이 크게 변화하고 있다는 것을 지적할 수 있을 것이다. 거기에 이용자가 증가하는 것을 바라는 철도사업자의 이윤이 일치하고 있다는 것도 들 수 있을 것이다. 이처럼 역 그 자체가 다용도, 다기능화하고 있는 것처럼 최근의 경향으로써 주목할 필요가 있다.

역의 디자인화

이것을 상징하는 수도권 철도로써 2000년에 개통한 '도에이 오오에도선都営大江戸線', 2004년의 '요코하마 미나토미라이21선'을 들 수 있다.

도에이 오오에도선都営大江戸線은 동경 최초의 지하철 환상선으로 개성과 디자인을 겸비한 쾌적한 공간을 조성하기 위해 각 역의 설계를 제안 공모 방식으로 진행하여 77명의 응모자에서 15명의 건축가를 선정하여 26개 역을 대상으로 한 '역 디자인'의 걸작을 완성하였다.

또 요코하마 미나토미라이21선 새로운 5개 역의 역사 디자인은 매우 참신하고 세련된 작품이다. 그중에서도 미나토미라이 역은 지상이 아트리움에 연결되는 큰 보이드 공간으로 구성되어 자연광이 지하 홈까지 내리비추는 등 기존의 지하철역 이미지를 크게 바꾸는 참신한 공간구성을 완성하였다.

그 외 도내에는 도큐 히가시토우요코센東急東横線을 지하화하면서 도에이후쿠도신센都営副都心線의 조성이 예정되어 있는 같은 노선의 시부야 역도 저명한 건축가를 등용한 예로 잘 알려져 있다.

[사진 77] 도에이 오오에도선都營大江戶線 이이다바시飯田橋 역

설계: 와타나베 마고토渡邊誠, 2002년 일본건축학회상 작품상 수상

[사진 78] 미나토미라이선 미나토미라이 역

설계 : 하야가와 구니히코早川邦彦

[사진 79] 미나토미라이 역의 홈에서 올려다 본 보이드 공간

지상으로의 에스컬레이터와 자연광이 들어오는 장면

[사진 80] 미나토미라이선 모토마치 중화가 역

설계 : 이토토요伊東豊雄

[사진 81] 미나토미라이선 바샤미치선馬車道線

설계 : 나이토히로시内藤廣

[사진 82] 도에이후쿠도신센都營副都心線 시부야 역

설계 : 안도다다오安藤忠雄

[사진 83] 아카유赤湯駅역.

설계 : 에드워드 스즈키鈴木, JR東日本, 1999년(야마가타山形)

[사진 84] 유쿠하시行橋 역

설계 : 시바타 이즈미柴田いずみ, JR九州, 1999년(후쿠오카福岡)

또 국내 JR 역을 대상으로 한 디자인 사례로는 1990년대 이후 신칸센 건설과 더불어 신역사, 다리 위 역사 등 역사의 개축디자인 사례가 증가하고 있다.[8] 이처럼 역사가 시민들 가까운 곳에 디자인 대상이 되고 있는 것은 환영할 만한 일이다. 그 의미에서는 세계적 수준에 가까워지고 있다고 할 수 있을 것이다. 그러나 역사의 디자인이 화제가 되면서 오히려 도시와 조화를 이루

---

8) 최근 JR역사 디자인의 조류

역 이름(노선)	설계자	연도
• 아카유(赤湯) 역 (JR東日本·山形신칸센)	에드워드 스즈키(鈴木)	1999년
• 미야자키(宮崎) 역(JR九州·日豊線)	RTKL	1993년
• 카고시마츄오우(鹿児島中央) 역(JR九州·九州신칸센)	미토오카에이지(水戸岡鋭治)	1996년
• 니죠(二条) 역(JR西日本·山陰線 - 京都)	우라베신타로(浦辺鎮太郎)	1996년
• 야부키(矢吹) 역(JR東日本·東北線 - 福島)	시바타 이즈미(柴田いずみ)	1996년
• 오오마가리(大曲) 역(JR東日本·秋田신칸센)	에드워드 스즈키(鈴木)	1997년
• 타자와코(田沢湖) 역(JR東日本·秋田신칸센)	반 시게루(板茂)	1997년
• 신죠(新庄) 역(JR東日本·秋田신칸센)	야마시타 카즈마사(山下和正)	1999년
• 유쿠하시(行橋) 역(JR九州·日豊線 - 福岡)	시바타 이즈미(柴田いずみ)	1999년
• 사이타마 신도심 역(JR東日本·東北線 - 埼玉)	에드워드 스즈키(鈴木)	2000년
• 신미나마타(新水俣) 역(JR九州·九州신칸센)	와타나베 마고토(渡辺誠)	2004년
• 호우샤쿠지(宝積寺) 역(JR東日本·東北線 - 栃木)	쿠마 겐코(隈研吾)	2007년
• 휴가시(日向市) 역(JR九州·日豊線 - 宮崎)	나이토 히로시(内藤廣)	2008년
• 이와미자와(岩見沢) 역(JR北海道·石北線)	니시무라 히로시(西村浩)	2008년
• 류오우(竜王) 역(JR東日本·中央線 - 山梨)	안도다다오(安藤忠雄)	2008년
• 코우치(高知) 역(JR西国·土讃線 - 高知)	나이토 히로시(内藤廣)	2009년
• 아사히가와(旭川) 역 (JR北海道·石北線)	나이토 히로시(内藤廣)	2010년
• 히다치(日立) 역(JR東日本·常磐線 - 茨城)	세지마 카즈요(妹島和世)	2011년

지 못하는 것이 조금 우려되는 부분이다. 어찌되었든, 이는 도시와 역의 관
계를 새롭게 고찰하는 계기가 될지도 모른다.

제4장

도시의 활성화와 보행자 공간

70년대부터 보행자 공간화가
시행되고 있는
빈 케른트너 거리

제4장
도시의 활성화와 보행자 공간

제1절 도심의 보행자 공간

1. 보행자 우선 사회로

저탄소 사회의 도시 만들기 추진에 있어서 공공교통 시스템과 함께 도시가로의 보행자 우선 정책이 요구되고 있다. 자동차 이용 의존으로부터 보행자 우선사회로의 이행, 즐겁게 걸을 수 있는 도시 만들기가 요구되고 있다. 이를 서포트하기 위해 도심 외곽에 환상도로나 프린지파킹(외곽 주차장), 그리고 시간규제나 일방통행 규제가 있는 영역 내 보행자 우선 공간화가 당연시되고 있다. 지정 구역은 자동차 진입이 제한되어 시끄러운 도시로부터 해방된 공간에는 시민을 위한 휴게 장소도 마련되어 오픈카페나 녹음 공간이 곳곳에 조성되었다. 자동차로 석권되기 이전의 시대에는 이 장소의 주역이 보행자였기 때문에 비로소 인간을 위한 가로가 부활되었다고 할 수 있겠다.

이 보행자 우선 정책은 앞에서 설명한 도심 거주의 회복과도 연동되어 일단 자동차 사회의 도래로 인해 교외로 이주한 사람들을 불러들이는 것, 그리고 그곳에 머물러 살아온 시민들의 생활을 우선으로 생각한 정책의 전환이었다. 주민들의 정착 즉, 도시의 생활공간이 되살아나는 것, 구시가 즉, 도심 상점가의 회복, 재생이 이루어졌다. 상점가의 후면에는 노인들이나 어린이들의 생활가로가 완성되었다. 구시가에는 맥락적으로 연결된 상점과 거주자들이 서로 연결되고 또, 도시 내에는 그것을 지원하는 공방이나 아틀리에 등이 존재한다. 그 생활의 다양성이야말로 도시를 성립하는 기반이 되는 것이다.

그 보행자 우선사상은 중세로부터 좁은 가로망이 지금까지 남아 있는 서구 도시에 있어서는 거의 전면적으로 받아들여지고 있다. 대도시의 대표라고 할 수 있는 프랑스 파리에 있어서 번화가인 샹젤리제 거리는 폭 70m의 자동차 도로이지만 파리혁명 200년을 기점으로 완속 차선을 없애고 보도를 넓게 확장하였다. 지금은 거리 예술가들이 곳곳에서 보행자들을 즐겁게 하고 오픈카페에서는 많은 신사숙녀들이 즐거운 대화를 나눈다. 또 생활도로에는 최첨단 IC카드로 오르락내리락 하는 주철제의 볼라드가 곳곳에 설치되어 주민들이나 영업자 이외의 불필요한 차량의 진입으로부터 보호되고 있다. 앞에서 제시한 스트라스부르, 중세 역사도시 르완, 프랑스 제2의 도시 리옹 등 필자가 방문한 거의 모든 도시에서는 도심의 면적인 보행자 구역이 성립되어 있었다.

또, 네덜란드, 벨기에, 영국, 독일, 스위스, 오스트리아, 북유럽의 덴마크, 스웨덴, 노르웨이 등 대부분의 도심이 보행자 천국이었다. 게다가 외갈래길이 아닌 면적으로 연결되어 있었다. 일찍이 자동차로 점유되어 있던 광장의 대부분은 보행자에게 해방되어 꽃집이나 과일가게, 오픈카페 등 형형색색의

[사진 1] 보행상 전개되는 오픈카페(파리 상젤리제 거리)

[사진 2] 보행자 구역(파리, 몬트르귀유 지구)

[사진 3] 거리 예술가(비인, 케른트너 거리)
뒤쪽에는 오픈카페가 나열되어 있다.

텐트가 나열되었다. 이탈리아 등에서는 기후 풍토의 면으로부터 역사적으로 외부의 오픈카페나 레스토랑의 영업이 인정되어 있다. 이곳도 원래 보행자 우선 가로였다. 그 남유럽 발상의 오픈카페가 전 유럽 그리고 추운 북유럽 도시에까지도 보급된 것은 이 보행자 우선사상의 전개와 깊은 인연이 있다. 북유럽에서는 짧은 여름뿐 아니라 늦은 가을까지 외부 난방 기구를 준비하여 노상에서 영업을 지속하는 광경이 정착해왔다. 역시 인간중심의 외부환경, 그것을 시민들이 요구해왔다는 것 그 상징적인 스토리인 것이다.

덧붙여 보행자 가로화된 구역의 길가 서비스, 상점이나 주거로의 차량진입은 대부분 시간대를 구분지어 허용하고 일방 통행화 등의 수법을 이용하여 완전히 배제시키는 것이 아니라 서로 공존하는 시스템이 적용되고 있다. 문명의 이기라고 할 수 있는 자동차 그 존재 없이는 현대 도시생활은 성립하지 않는다.

요점은 그것을 방치한 채 너무 늘어나버린 것이 문제의 근원으로, 그것을 근본적으로 다시보고 자동차를 편리성과 안전성, 쾌적성을 담보로 적절히 제어해가면서 이용해야 한다는 결론에 이르게 된 것이다.

자동차 사회가 가장 발달한 미국의 도시, 이곳에서도 큰 변혁이 일어나려 하고 있다. 뉴욕의 메인스트리트인 브로드웨이 42~47번가까지의 타임스퀘어 구간(약 500m)에는 2009년으로부터 매주 주말 24시간 차량 진입금지의 보행자 천국이 탄생하였다. 자동차의 통행을 규제하고 그곳에서 차례대로 펼쳐지는 노상 퍼포먼스나 음악연주, 그것을 지켜보는 관중들의 즐거운 광경, 때

[사진 4] 브로드웨이의 타임스퀘어 구간(뉴욕)

[사진 5] 하이라인 프로젝트(뉴욕) (제6장에 해설)

로는 의자가 몇 백개나 나열된 거대한 휴게소가 된다. 그것은 많은 뉴욕 시민들이 참가하는 이벤트가 되고 여름에는 장기간 실시되는 등 그 규모는 점차 확대되어 갔다.

그 기세는 뉴욕 시내 첼시 지구의 철도 폐선 고가의 보존과 보행자 전용도로를 목표로 한 하이라인 프로젝트와 유사하다. 두 사람의 시민의 작은 발상이 인터넷 사회 안에서 부풀어 올라 그 생각에 공감하는 NPO 하이라인 모임Friends of High Line을 결성하여 세계의 디자이너가 참가하는 설계 경기의 개최에 이르기까지 급속하게 발전해갔다. 결과로써 행정도 관여하고 2010년에 한 구간이 구체화되었다. 지금은 뉴욕의 관광명소가 되어 주위에는 호텔이나 갤러리, 그리고 디자이너나 크리에이터의 아틀리에 등도 새롭게 입지하는 등 도시 풍경을 변화시켰다. 이처럼 시대가 확실히 크게 변화하여 그러한 사고 전환의 마그마가 곳곳에 축적되는 듯한 느낌이 든다.

덧붙여 브로드웨이의 타임스퀘어 구간의 보행자 천국은 10년 동안 뉴욕 시 주최의 설계경기가 실시되어 2012년부터 본격적인 보행자 환경정비가 시작되고 있다(완성은 2014년 예정, 설계 : 스노헤타Snohetta).

2. 유럽 도시의 보행자 공간

중심시가의 보행자 공간화를 일찍이 실현한 유럽 도시, 그 씨앗은 제2차 세계대전 직후의 1950년대로 거슬러 올라갈 수 있다. 그것을 지탱해온 것이 문명의 이기인 자동차의 존재를 인정하면서 그것을 잘 컨트롤해 풍요로운

[사진 6] 코펜하겐의 스트로이에(덴마크)

1962(15,800㎡)

1968(22,860㎡)

1973(49,200㎡)

1988(66,150㎡)

1992(82,820㎡)

[그림 1] 스트롱에의 보행자 구
역의 변천
(출전: NEW CITY SPACES, Jan
Gehll, et al, The Danish
Architectural Press, 2001)

2000(99,780㎡)

시민생활을 되살리려 하는 합리적인 사고이다. 종래의
자동차우선을 허용해온 생활 패턴을 변화시키고 도시 내
일정한 구역으로부터 불필요한 통과 교통을 폐쇄하였다.
그리고 보행자 우선사상의 기저에는 휴먼스케일의 도시
환경을 회복하고자 하는 사고가 배어 있다. 그로 인해
도심에 사람들이 돌아오고 활기찬 부활로 연결된다고 하
는 시나리오인 것이다. 그것을 실현해온 구체적인 도시사
례를 소개하고자 한다.

보행자 공간 선진도시 코펜하겐의 스트로이에

덴마크의 수도 코펜하겐, 여기는 인구 52만 명 정도로
일본 지방중소 도시의 규모이지만 이곳에 스트로이에
Stroget라고 불리는 보행자 가로가 있다. 어원은 '산책'이
라는 의미로, 이 가로는 4개의 거리와 몇 개의 광장을
포함한 총칭으로 그 길이가 약 2km에 이른다.
자동차의 진입을 억제하는 데에는 도로변의 상점이나 시
민으로부터 여러 가지 사유의 클레임이 있었으나 시당국
은 사회실험에 의해 그 효과를 검증하고 시민 동의를 얻
어 일부 개량을 추가하는 등의 과정을 거쳐서 1962년에
완전히 전면적으로 실시하기에 이른다.

그 배경에는 도시 내 인구가 교외로 이주하고 새롭게 입지한 쇼핑센터에서 고객이 줄어들게 됨으로써 도심 상업지역의 매상이 급격히 감소하는 문제도 있었다. 주민들이 교외로 이주하는 것을 멈추게 하고 주변부로부터 쇼핑하러 모여드는 이용자들의 기분 좋은 쇼핑환경이 이루어진다. 휠체어를 탄 사람들도 불편함 없이 쇼핑을 즐길 수 있게 된다. 이것을 위해서는 자동차의 진입을 억제하고 안전하고 쾌적한 쇼핑환경을 만드는 것이다. 그 결과는 큰 호평을 이었고 보행자 구역은 매년 확대되어 갔다. 보행자 가로화된 구역면적(가로, 광장을 포함)은 1962년의 15,800m²에서 2000년에는 99,780m²로 38년간 약 6.5배까지 확대되었다.

외갈래 좁은 길에서 면적인 보행자 구역으로 확대되고 있음을 알 수 있다. 거리에는 거리 예술가들과 노점이 나열되었다. 그리고 일찍이 자동차로 점거된 몇몇의 광장도 노점의 꽃집이나 과일가게, 오픈카페가 나열되고 그곳은 노인들이나 주부층 등 도심에 거주하는 시민들의 사교장이 되었다.

[사진 7] 스트로이에의 일상풍경 (코펜하겐)

[사진 8] 길 한편에도 보행자 천국이 이어진다.

[사진 9] 안쪽 광장의 오픈카페 풍경

[사진 10] 바로 뒤편에는 집합주택가가 이어진다. 서민의 생활 장소 사적 공간이 되고 있다.

[사진 11] 뉴하운의 오픈레스토랑

[사진 12] 스트로이에의 콘겐스 니토르프 광장
여기는 많은 시민들이 카페에 모여 흥겨워하고 있다.

그곳에는 관광객들이 모이고 교류가 이루어진다. 통행이 많은 스트로이에의 한쪽으로 상점들이 나열되지만 한걸음 뒤쪽으로 들어가면 그곳은 생활가로가 된다. 그 스트로이에는 시청 앞 광장에서 시작되어 본래 항구였던 뉴하운에 이르기까지 보행자 공간이 이어진다. 원래 하역장이었던 이곳은 자동차 통행이 규제되고 노상의 오픈카페와 레스토랑에는 많은 시민들과 관광객들의 모습이 보인다. 보행자 환경의 개선이 지역 활성화에 기여한 좋은 사례라고 할 수 있다.

독일 도시의 보행자 가로

① 엣센

코펜하겐에 앞서 보행자 공간화를 실현한 곳이 바로 독일 엣센이다. 이곳은 1930년대의 린베카 거리로 길이는 300m 정도에 불과하지만 마차나 자동차 승차를 금지하였다. 그 결과 린베카 거리의 상점 매상이 크게 증가하는 결과를 가져왔다.

[사진 13] 린베카 거리(엣센)
세계 최초의 보행자 공간이라고 한다.

[사진 14] 두 개의 역을 남북으로 연결한 켄트비카 거리

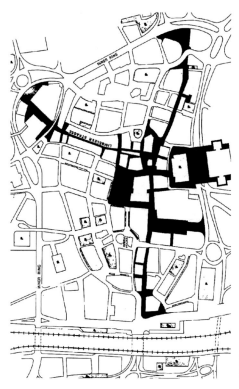

제2차 세계대전 후의 부흥계획을 모색하는 구 서독의 각 도시가 린베카 거리의 실천사례를 떠올리며 채용해나간 것이 보행자 가로의 보급으로 이어진 것이다.

엣센에서는 1950년대 후반에는 같은 거리의 보행자 공간화를 실현하고 1965년에는 도심의 남북 약 1km, 동북 800m 정도의 십자형의 보행자 가로망으로 발전되었다.

이 보행자 가로를 지원하는 시스템으로써 외곽을 둘러싸는 간선도로와 자동차에서 내려 보행하기 위한 주차장이 정비되었다. 보행자로에서 200m 이내에는 약 1만 대 분량의 주차장, 그리고 버스, 지하철, 도시철도의 역과 정류소, 보행자 가로망과 연결되었다. 이러한 전체적인 시스템이 완성된 것이 1971년의 일이었다.

② 쾰른

엣센 부근의 쾰른에서도 중심인 호에 거리의 보행자 가로화가 이미 제2차
세계대전 전부터 실시되어 왔으나 1965년에는 그 가로를 중심으로 보다 광
범위의 보행자 구역계획이 실현되었다.

[사진 15] 대성당에서 남
쪽으로 늘어선 메인 보행
자 가로 호에 거리(쾰른)

[사진 16] 실더 거리

[사진 17] 도시형 집합주택

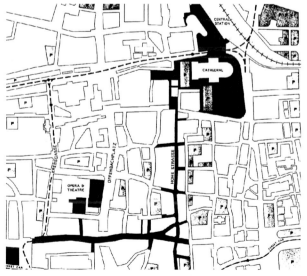

[그림 3] 쾰른의 보행자
구역(1980년경)
(출전:『楽しく歩ける街
路』岡並木監修, パルコ
出版)

1974년에는 보행자 가로를 연장한 새로운 종합 교통계획이 책정되어 그 결과, 호에 거리와 실더 거리의 두 개 길을 축으로 한 보행자 구역이 실현되었다. 보행자 가로의 배후에는 4~5층의 도시형 집합주택이 이어졌다. 1층이 상점과 레스토랑, 2층부터 상층부가 주거층인 주상복합용도가 펼쳐졌다.

또 특이할 만한 것은 중심시가의 동쪽으로 흐르는 라인 강변의 하상도로가 지하화된 것이다. 그로 인해 보행자 가로가 그대로 하상도로로 이어져 역에서 쾰른 대성당 앞 광장을 포함한 중심시가의 주요도시 일대가 면적인 보행자 구역으로 조성되었다.

③ 브레멘

브레멘은 교통계획에서는 교통셀 시스템 발상의 근원으로써 잘 알려져 있다. 그 완성은 1960년대이지만 사실은 전쟁재해 부흥계획의 하나로 고안되어, 후에 유럽 각 도시에 도입되었다. 마을도 부흥에 즈음하여 역사적인 구시가 지구를 복원하였으나 구시가의 주위를 에워싼 성벽은 철거하고 중심(약 1,000m×600m)에 자동차의 유입억제를 꾀하기 위한 도심 환상도로를 건설하였다.

[사진 18] 켄트비카 거리(브레멘)

[사진 19] 중심를 달리는 LRT

[사진 20] 쩨게 거리

[사진 21] 인기스포트, 슈노어 거리

교통셀의 도식

주요간선도로
교통셀 내 교통망
배면반입출용도로
보행자 구역

교통셀 경계

[그림 4] 브레멘의 교통
셀의 개념도
(출전:『建築文化76.5·特
集·コミュニティデザイ
ン』彰国社)

그 중심에 있는 십자형 메인스트리트 켄트비커 거리와 쩨게 거리를 보행자 가로라고 하고 그 십자로 나뉜 네 개의 구역을 셀(세포)로 보고, 각 셀 안의 교통은 주변 도로의 일정한 교차점으로부터 한정하여 진입시켰다. 그로 인해 통과교통은 배제되고 중심부는 보행자 구역이 되었다. 켄트비커 거리에는 LRT를 끌어들여 그 당시로서는 트랜짓 몰 형식의 가로를 실현하였다.

이러한 사고는 후에 출판된 유명한 영국의『브캐넌 레포트Traffic in towns』(일본어역 : 도시의 자동차 교통 / 八十島, 井上 역 카지마출판사)에서도 '도시의 방'의 개념으로써 소개되어 있는데 이 브레멘 방식이 그 선례가 되었다.

④ 뮌헨

이 시대의 유명한 사례는 1972년 올림픽이 개최된 뮌헨(인구 약 130만 명)일 것이다. 1965년에 도심에 보행자 구역Fußgängerzone을 설정하는 목표가 세워지고 그 기본방침에 기본한 설계경기가 1967년에 이루어졌으며 1969년에 도시계획이 결정되고 1972년의 뮌헨 올림픽까지 완성되었다.

보행자 가로의 중심축이 된 노이하우져 거리, 카우핑커 거리는 그때까지는 뮌헨중앙역에서 칼스 광장을 경유하고 시청사 광장(마리엔 플라츠)을 연결하는 6차선 자동차 주요도로였다. 그것이 지하철 건설에 맞추어 완전한 보행자 공간으로 개조 정비되었다. 역사적인 시가인 만큼 부정형 가구의 구성을 반영하여 도로 폭이 미묘하게 변화하고 각 개소에 보행자 집합장소가 마련되었다. 그곳은 가로수나 가로등, 벤치, 플라워 포트 등이 설치되었다. 일찍이 주요교차점이었던 칼스 광장 중앙에는 분수가 건설되었고 시청 광장은 전면적으로 돌로 만들어진 보행자 광장이 되었다. 시청사의 탑시계가 움직이는 시간이 되면 그것을 바라보는 많은 여행객이 모여드는 시민 광장이 된다.

[사진 22] 노이하우져 거리(뮌헨)

거리에는 벤치가 있고 여기에서 휴식을 취하는 사람들, 노상의 오픈카페에서 즐겁게 담소를 나누는 사람들이 보인다.

보행자 가로의 실현으로 한때는 하루 7만 명까지 떨어졌던 보행자 이동량이 1972년에는 15만 명으로 늘어나고 1990년 후반에는 40만 명이 되었다고 한다. 교외로 이주했던 인구에 의해 쇠퇴했던 도시가 보행자 가로와 공공교통망정비, 주차장의 확보(도심 환상도로 내에만 거의 8,000대 정도), 지속되는 도심거주의 추진을 위한 시책 등으로 지금은 야간에도 사람들의 활기가 끊임없이 넘쳐나는 도시로 다시 태어나고 있다.

역사적인 좁은 골목길도 보행자 전용공간이 됨으로써 예로부터의 시민들의 생활이 되살아나, 일단 교외로 전출했던 시민들의 유턴 현상도 볼 수 있게 되었다. 그 요인으로는 도심생활을 좋아하는 젊은 시민층이 늘어난 것, 배기가스로부터 해방된 환경의 실현으로 노인들이나 육아 세대도 안전하게 생활할 수 있게 되었다는 점 등을 들 수 있다.

도심지역의 커뮤니티도 부활하였다. 또, 공공교통망 등이 정비되어 편리성이 좋아지고 상업시설이 부활하였으며 그 상승효과에 의해 중심시가는 원래의 활기를 되찾게 되었다.

● 노이하우져 거리, 카우핑거 거리(뮌헨)

[사진 23] 마리엔 광장(시청사 앞)

[사진 24] 시를 대표하는 성모교회

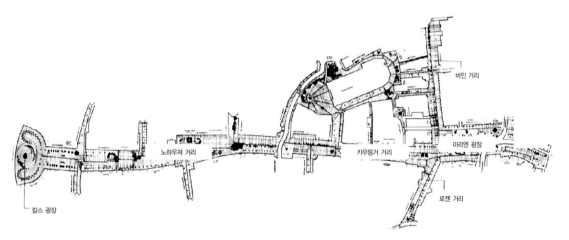

바인 거리

노하우져 거리

카우핑거 거리

마리엔 광장

칼스 광장

로젠 거리

[그림 5] 뮌헨의 중심부 보행자 구역 주요 가로(출전 : 『楽しく歩ける街づくり』岡並木監修、パルコ出版)

[사진 25] 가우핑거 거리의 오픈카페

[사진 26] 칼스 광장

⑤ 그 외 독일 국내 도시

구 서독에 있어서 국내 보행자 가로의 실현은 1965년경부터 1970년대에 일반화되고 앞에서 설명한 도시들에 부가하여 프랑크푸르트, 포츠담, 본, 킬, 류덴샤이트, 뒤셀도르프, 다름슈타트, 비파탈, 크레펠트, 프라이부르크 등에서 이루어졌다. 보행자 가로가 도입된 도시는 1972년에 60개 도시, 1976년에는 400개 도시, 1978년에 600개 도시라고 보고되고 있다. 즉, 1980년경까지는 서독 국내의 거의 모든 도시, 인구 1만~2만 명의 도시에까지 중심부에 보행자 구역이 조성된 것이다. 보행자 구역 내 도로는 완전히 보행자 전용으로 하지 않고, 이른 아침부터 10시경까지 보행자 교통량이 적은 시간대에만 자동차 진입을 승인하여 도로변의 상점 서비스에 만전을 기하였다. 규제시간 내라도 신체장애자 차량이나 긴급차량은 특별히 진입이 가능하도록 하는 등 유연한 대응을 하고 있는 점이 특징이다. 보행자 가로는 보행자가 도로 폭 전체에 걸쳐 통행의 우선권을 갖도록 하며 보행자 환경에 적합한 바닥포장이나 각종 스트리트 퍼니처가 설치되었다.

로테르담의 라인 반

네덜란드의 도시도 제2차 세계대전의 전후 재앙을 입었다. 그중에서도 암스테르담에 이은 제2의 도시 로테르담의 전쟁재앙 부흥계획으로 중심 상점지인 라인반Lijnbaan지구의 재개발계획을 들 수 있다. 당시 네덜란드의 젊은 건축가 야곱 파케마들에 의해 1953년에 상점가 도로는 보행자 전용공간이 되

[사진 27] 에르바페라트·미떼의 보행자 구역(비파탈)

[사진 28] 프랑크푸르트의 보행자 공간

고 양쪽에 1층이 점포, 상층부가 사무소나 주택으로 구성된 2~3층 구조의 도시형 건축이 들어섰다. 점포 위쪽에는 목재로 마감된 따뜻한 느낌의 아케이드가 설치되어 전체 길이 약 1km에 걸쳐서 이어져 있다.

가로 중앙에는 화단을 두었는데 그것이 단조롭게 배열한 것이 아니라 일정한 간격으로 양쪽을 연결함으로써 분절되어 있고 그 공간스케일은 건축가적 감각으로 완벽하게 연출되어 있다. 계획적인 보행자 전용의 쇼핑몰로는 세계 최초로 알려져 있다.

그 후 주위 상업지역까지 보행자 구역이 확대되고, 인접한 곳에는 1997년에 만들어진 슈호프부르그 광장Schouwburgplein(설계 : 웨스트8) 지구 일대가 크게 발전해왔다.

2000년대 이후에는 아케이드를 새로운 디자인으로 단장하였다. 또 이 지역 일대는 로테르담 중앙역의 개조계획에 맞추어 재개발계획이 진행되었고 라인반의 상점가에는 저층부의 거리경관이 유지되면서 주거의 고층화로 증가하는 거주인구에 대한 대응책이 동시에 검토되었다. 상점가 정비에 맞추어 녹지정비가 포함된 거주환경 개선 수법이 적용되고 있는 것도 눈여겨볼 만하다.

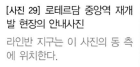

[사진 29] 로테르담 중앙역 재개발 현장의 안내사진
라인반 지구는 이 사진의 동 측에 위치한다.

[사진 30] 1980년대 라인반의 아케이드가(로테르담)

[사진 31] 2000년대의 라인반의 아케이드가

[사진 32] 슈호프부르그 광장
로테르담의 중심이라고 불리며 다양한 이벤트에 사용된다. 4대의 빨간 팔 부분은 이벤트에 맞춰 자유로운 형태로 변화될 수 있다.

[사진 33] 라인반 주변의 보행자 공간

[사진 34] 라인반 주변의 주거 스페이스와 가구 내의 녹지

3. 미국의 보행자 공간 정비

미국에 보행자 가로의 개념이 도입된 것은 1950년대 말이다. 도시계획과 연관된 전문가들은 교외 쇼핑센터가 증가하고 도심의 번화가들이 쇠퇴해가는 경향을 우려하였다. 그리고 도심 상점가에 다시 사람들을 불러 모으는 수법으로써 유럽의 보행자 가로의 아이디어에 주목하였다. 보행기능뿐 아니라 휴식이나 편안함을 줄 수 있는 질 높은 보행자 가로에 관심을 가지고, '몰mall'이라는 명칭을 붙였다.

1964년 미국 최초의 몰이 탄생하였다. 이것이 캘리포니아 주 프레즈노의 프르톤 몰이며 그 후 1967년의 미네소타 주 미니애폴리스의 니콜레트 몰이 뒤를 이었다.

프레즈노의 푸르톤 몰

프레즈노(인구 약 46만 명)는 캘리포니아 주 중부, 샌프란시스코와 로스앤젤

[사진 35] 푸르톤 몰(프레즈노)
(출전: 地域科学研究会·映像シリーズ「ショッピング·モールづくり」撮影: 及川知也)

[그림 6] 푸르톤 몰의 계획도
(출전:『景観論』 G·エクボ著、鹿島出版会)

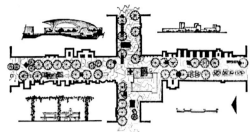

레스의 거의 중간에 위치하는, 내륙의 건조하고 뜨거운 기후의 도시이다. 도심부는 폭이 넓은 가로가 배치되었다. 그 다운타운의 중심지에 1964년, 미국 최초의 몰이라고 평가되는 길이 약 800m의 푸르톤 몰이 완성되었다. 여기에는 6개 블록에 걸쳐 가로로부터 자동차의 진입이 금지되어 있다. 노면은 멕시코산의 빨간 석재를 골재로 한 콘크리트 바닥포장으로, 띠 형태의 곡선 문양 패턴이 시공되었고, 물과 그린, 태양을 테마로 한 인공폭포와 연못, 분수, 작은 시내가 배치되었으며 교목과 벤치, 조각, 시계탑 등의 스트리트 퍼니처와 상징물이 랜드마크로 설치되어 있다. 주위에는 약 3,300대를 수용할 수 있는 주차장이 설치되고 주위의 건물군도 외장을 새롭게 하였으며 점포 수도 5할이 증가하고 매상도 평균 9%의 신장을 보였다고 보고되고 있다.

이 푸르톤 몰은 개장 후, 거의 약 반세기가 지난 지금까지도 유지관리를 잘하여 디자인 질이 쇠퇴하지 않고 시 중심부의 주요한 쇼핑 영역을 형성하여 2008년에는 미국의 역사적 유산National Register of Historic Places으로 지정되는 등 실로 높은 평가를 받고 있다.

미니애폴리스의 니콜레트 몰

미니애폴리스(인구 약 39만 명)는 미네소타 주 남동부의 미시시피 강변에 위치한 도시이다. 미니애폴리스는 19세기경 초기에는 미시시피 강의 수력발전을 이용한 제분, 제재공업이 발달하여 1949년에는 인구가 52만 명에 달하였으나 그 후 모터리제이션이 진전됨에 따라 거주인구가 교외 주변도시로 전출하여 1970년대 말에는 37만 명으로 감소하였다. 특히, 도심부는 1950년대부터 일반 시민층의 이주로 의한 황폐현상이 현저하게 나타났다. 1957년 시당국은 도심의 상업진흥을 도모하기 위해 미니애폴리스 도심진흥협의회DTC, Downtown Council을 설치하고 메인스트리트인 니콜레트 거리 개선과 주변상업지구의 정비를 위해 도시계획전문가·시민·지역기업을 엮은 '니콜레트 애버뉴 – 조사위원회'를 설립하고 조사검토를 개시하였다.

위원회의 목표는 ① 보행자의 쾌적한 보행환경 정비, ② 공공교통기관에 의한 도심 상업지의 접근성 향상, ③ 상업중심지로서 이미지 향상과 업무기능의 진전, ④ 안전한 상업환경 조성을 위한 계획을 추진하는 것이었다. 그 결론의 첫 단계가 니콜레트 거리를 트랜짓 몰로 조성하는 계획이었으며, 1962년에 최종 결정하기에 이르렀다. 거리의 재개발을 진행하였으며 주요 공공시설이나 대규모 상업업무 빌딩을 건설하고 그것을 스카이웨이로 연결한다고 하는 장대한 비전이었다. 니콜레트 몰 주변에는 재개발에 따른 대규모 주차장이 계획되었다.

니콜레트 몰의 계획과 설계를 담당한 것이 랜드스케이프 아키텍쳐인 로렌스 할프린이다.

● 니콜레트 몰(미니애폴리스)

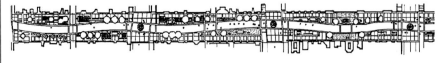

[사진 36] 차도의 선형이 미묘하게 구비치고 있다.

[사진 37] 최신 모습(2010년)

[그림 7] 평면도(부분도면)
(출전: 『建築と都市 a+u·73,8号·特集·アメリカの広場』 エーアンド·ユー社)

몰은 폭 26m, 길이 1.3km(후에는 약 2km까지 연장)이며 차도의 폭은 버스와 택시(승객을 태운 차량 한정)를 위해 7.2m의 2차선으로 하고 차도를 구불구불하게 구비치게 함으로써 보도의 폭에 변화를 주었다. 보도 폭은 대부분 13~14m, 좁은 곳은 5~6m로 하여 다양한 스트리트 퍼니처를 배치할 수 있게 하였으며 각 블록마다(거의 120m 간격) 버스정류장을 배치하였다. 버스정류장의 지붕장식은 금속판으로 된 경사지붕으로, 안쪽은 엄동설한을 고려하여 난방설비도 설치하였다. 이처럼 수려한 보도는 걸어가면서 다양한 경관의 변화를 즐길 수 있도록 하였고 부담 없이 걸을 수 있는 거리가 이어지는 것이 바로 로렌스 할프린의 설계의도였다. 방문자들은 주위의 공공주차장에 차를 주차하고 도보로 몰을 즐기던지, 버스로 갈아타고 목적지인 백화점이나 레스토랑, 점포에 갈 수 있도록 하였다.

덧붙여 스카이웨이도 완성하였다. 이것은 공중으로 건물과 건물을 연결하는 2층 레벨의 보행공간, 지상으로 내려가지 않고도 각 블록에서 어떤 건물로라도 걸어서 갈 수 있도록 조성한 통로 공개공지인 것이다. 한랭지에서의 겨울철 건물 간 이동에는 반드시 필요한 존재로 상업시설은 스카이웨이 레벨에도 입지하여 사계절을 통해 많은 시민들이 이용하였고 장소에 따라서는 2층의 임대료가 더 비싸게 되는 현상도 나타났다. 지금은 그 스카이웨이도 연장되어 2010년 현재 총 길이 약 8km에 이르고 있다. 또 공항과 시가를 연결하는 LRT 하이아와사 라인(제3장 사진 38, 127페이지)을 개통하였다.

그 외 도시

푸르톤 몰이나 니콜레트 몰의 성공에 이어 1970년대에는 미국 각지에서 보행자 몰이나 트랜짓 몰을 도입해나갔다. 예를 들어 대도시에서는 덴버, 시카고, 필라델피아, 버팔로, 센트루이스, 볼티모어, 밀워키, 포트랜드, 타코마, 소도시에서는 볼더, 뉴런던, 카라마죠 등 50개 도시 가까이 늘어났다.

또, 트랜짓 몰 형식으로는 시카고·스테이트스트리트 몰, 필라델피아의 체스너트 스트리트 몰, 덴버의 16번가 몰, 마이애미비치의 링컨 거리, 포트랜드의 평행하는 5번가와 6번가의 2개 거리, 타코마의 마스 거리, 퍼시픽 거리 등 10개 도시 정도에 그치고 있다.[1]

그러나 1990년대 이후에는 자동차를 배제한 보행자 몰이나 트랜짓 몰 중 몇 개는 폐지되어 일반도로로 되돌아갔다. 예를 들어 시카고의 스테이트 스트리트 몰이 1996년에, 필라델피아의 체스트너트 스트리트 몰이 2000년에 폐지되어 항상 자동차가 통행하는 도로로 복귀되었다. 일부 구간이 일반 자동차에 개방되었다. 또 존속되고 있는 몰 중 몇 개는 개발을 위한 협의가 이루어지고 있다고 한다.

[사진 38] 스카이웨이(미니애폴리스)

[사진 39] 카프텐즈워크(뉴런던)

[사진 40] 1980년대의 스테이트 스트리트 몰(시카고)
원래 트랜짓 몰이었다. 설계 : 로렌스 할프린

[사진 41] 현재의 스테이트 스트리트 몰(2010년)
원래의 가로로 돌아왔다.

---

1) 미국 트랜짓 몰(개설연도 / 상황)
- 덴버(1982년~)
- 매디슨(1970년대~)
- 미니애폴리스(1867년~)
- 버팔로(1986년~)
- 애반스 빌딩(1971년~)
- 마이애미 비치(1959년~)
- 시카고(1979 / 1996년 폐지)
- 루이스 빌딩(1973 / 1989년 구간단축)
- 필라델피아(1976 / 2000년 폐지)
- 포트랜드(1978년~)

[사진 42] 1980년대의 체스트
너트 스트리트 몰(필라델피아)
원래 트랜짓 몰이었다.

[사진 43] 현재의 체스트너트
스트리트

[사진 44] 현재의 포트랜드의
트랜짓 몰
1980년대 완성(설계 : 로렌스
할프린)

미국에서는 몰 조성 사업이 도시의 개성화를 가져온다는 신화는 통용되지
않는다고 한다. 그것은 일본의 사례와 유사하다. 왜 그런가. 역시 환경디자
인 자체는 사람들에게 감동을 줄 수 있어도 그것을 계속 발전시키는 데는
도시계획을 포함한 계획 레벨, 그리고 도시를 운영해나가는 소프트웨어와의
연계가 불가결하다는 것을 나타내는 것이라고 할 수 있을 것이다.

4. 일본의 상점가를 중심으로 한 보행자 공간 정비

일본 상점가의 보행자 공간 정비의 경위에 대해서는 제1장에 소개하였는데,
1970년대부터 급속하게 증가한 상업공원이나 쇼핑몰의 요구는 확실히 당시
의 풍조를 반영한 것으로, 과도한 자동차 사회에 대한 반성이 깃들여져 있으
며 서구 보행자 공간 정비의 영향도 농후하게 반영되어 온 것이라 할 수 있
을 것이다.

본래 일본에서는 도로 공간을 중심으로 그린데이나 축제를 개최해왔다. 예를
들어 동북 지역의 3대 축제인 아오모리의 네부타, 아키타의 등마츠리, 센다
이의 칠석마츠리, 그리고 교토의 기온마츠리 등, 전통적 제례의 무대는 가로
공간이었다. 현재는 도로교통법에 의한 시간규제, 즉 보행자용 도로에 의해
그러한 제례나 이벤트가 교통관리자인 경찰의 허가하에 이루어지고 있다. 이

는 서구에서 광장을 중심으로 다양한 도시적인 활동, 축제나 이벤트를 개최할 때 가로를 중심으로 이루어졌다고 하는 데 기인한 것이기도 하다. 여기서 상점가를 중심으로 한 보행자 공간 정비의 패턴을 포함하여 정리해 두고자 한다.

상점가의 보행자 천국

제례와는 다르게 중심시가의 상점가에서 일시적으로 자동차의 진입을 막고 보행자를 위한 공간으로 조성하는 것을 통칭하여 '보행자 천국'이라고 한다. 그 역사는, 필자가 알고 있는 범위에서는 요코하마의 이세사키伊勢佐木쵸에서 1927년경에 시작되었는데, 에센의 린베카 거리가 자동차 진입을 금지하기 시작한 시기보다 조금 앞서서 이루어진 것으로, 처음에는 오전 7시부터 밤 10시까지 자동차의 진입을 금지하는 것으로 시작하였다. 이 습관은 전쟁 후 미군의 진군으로 중단되었으나 1961년에 부활하였다. 또, 기타큐슈北九州의 모지門司에서도 1929년에 '자동차 진입금지'가 실시되었다. 제2차 세계대전의 피폐로부터 탈피한 1950년대에는 지방의 많은 상점가에 시간규제가 실시되기 시작하여 1960년대에 가나가와현 히라츠카에서 실시되고 있다. 이는 법적으로는 도로교통법에 의한 시간규제의 보행자용 도로지정이다.

[사진 45] 이즈모出雲 역 야미矢尾선 심볼 로드의 오로치 축제의 풍경

아케이드상점가(교차로 몰)

1960년대부터 1970년대에 이르면 교통규제에 덧붙여 아케이드가 설치되기 시작하는데, 이는 자동차의 배기가스 문제를 고려하여 오전 중에만 배송방식으로 하는 등, 대부분의 경우 시간규제에 의한 보행자용 도로로 한정하여 특히 비오는 날의 편리성 등을 포함해 많은 쇼핑객들의 만족도를 높였다. 당연한 일이지만, 상품이 비에 젖지 않는다는 점에서 상점주도 환영하였다. 그것은 새로운 타입의 상점가의 이미지가 완성되어 전국적으로 퍼져나갔다. 상점가의 근대화를 지원하는 나라, 당시의 통산성(현 경제산업성)의 아케이드 지원시스템이 있어서 철의 구조재와 알루미늄판, 빛을 투과하는 강화유리로 덮은 아케이드, 사인이나 버너, 조명, 이러한 요소들이 상점가의 분위기를 창조하였다. 그러나 한편으로 그 아케이드 설치를 계기로 상업자가 중심시가로부터 빠져나가는 상황이 이어졌다. 아케이드가 설치되면서 2층이나 그 안쪽은 일조와 통풍이 악화되어 거주환경에 적합하지 않게 되었고 미세하게나마 연결되어 있던 직주근접의 가족적 경영이 변화되어 갔기 때문이다. 자금에 여유가 있는 상점주는 건물을 개축하여 중고층 빌딩화의 길을 선택하였고 교외 거주지로부터 차로 통근하는 생활 패턴으로 크게 변화되어 갔다. 즉, 지붕전체를 덮는 방식의 아케이드 출현은 중심시가의 거주환경을 크게 변화시켰다는 측면을 부정할 수 없다. 이 부분은 서구의 갈레리아, 파사쥬 등의 아케이드가가 유리지붕이 상층부의 거주환경을 확보하였다는 점에서 비교해볼 때, 근본적인 차이가 있다고 할 수 있다.

[사진 46] 모지에이「門司榮쵸 상점가의 아케이드가
지붕을 완전히 덮는 방식의 아케이드가 57년에 설치되어 있다.

[사진 47] 센다이다이「仙台大쵸 아케이드가 상점가

쇼핑몰(오픈몰)

한 방향 오픈몰 형식의 보행자 가로는 앞에서 제시한 아사히가와 헤이와 거리 쇼핑 공원의 사회실험의 성과로, 서구 쇼핑몰의 자극을 받아서 1970년대에는 상점가 근대화 사업의 정부지원으로 각지에 보급되어 갔다. 앞에서 소개한 오오사카의 도톤보리 가든로드(1975년), 사카다(야마가타)의 나까미치 몰(1975년), 오(히로시마) 렌가 거리(1975년)가 완성되었다. 그리고 1978년에는 일본 최초의 본격적인 몰로 주목받는 요코하마관 내의 이세자키 몰, 이듬해 1979년에는 센다이 일번가 몰로 이어진다.

이는 도로교통법의 시간규제에 의한 보행자용 도로이긴 하지만 이세자키 몰등 그 외 많은 몰에서는 24시간규제를 철저히 지키고 있다. 이러한 사례들이 시대를 이끄는 상점가로써 기억에 남는데 몇 가지 사례는 일시적인 붐으로 사라지고 현재는 자동차의 재진입을 허용할지 말지의 논의가 계속 이루어지고 있다.

트렌짓 몰의 사회실험

일반 차량의 통행을 규제하고 기본은 보행자 공간으로 하여 공공교통의 버스와 LRT의 통행만 허용하는 트렌짓 몰 형식의 가로공간에 있어서 서구의 사례를 앞에서 소개하였다. 근대 일본 각지에서 사회적인 실험이 이루어지고 정부에서도 중심시가지 활성화의 촉진방책으로 다양한 지원을 모색하는 가운데 각지에서 본격적인 도입이 진행되고 있다. 2002년부터 마에바시시 긴

[사진 48] 요코하마 이세자키 몰 (1980년경)

[사진 49] 요코마츠시 단테쵸 거리의 트렌짓 몰의 사회실험(1999년)

자 거리(군마)에서 약 400m의 구간에서 커뮤니티버스(마이버스)가 운행되고 2007년부터 가나자와시(이시가와)에서도 도입되었다. 나하(오키나와)도 같은 해부터 주말에 한정하여 트렌짓 몰을 스타트하였다.

도시 내 거주자가 감소한 중심시가의 고객을 불러들이기 위한 공공교통정책의 일환으로써, 트렌짓 몰도 기대할 수 있지만 이는 어디까지나 이동수단이므로 어디까지 활성화될 수 있을지에 대한 우려도 적지 않다. 그러나 인간중심의 마을 만들기 관점에서는 큰 기대를 모으고 있다는 입장이다.

나하 국제거리의 트렌짓 마일(나하시)

나하시의 중심축, 국제거리, 필자는 상점가 진흥조합 연합회의 제안을 거쳐 TMO활
동지원, 심볼 로드 정비사업의 도입을 위한 어드바이스, 리노베이션 사업에 의한 가
동식 어닝 설계, 트렌짓 몰의 실험 등에 관여해왔다.

이 거리는 대량의 자동차 교통으로 인한 천식 등을 이유로 하여 거주지를 다른 곳
으로 옮기는 사람들이 늘어나고 있는 곳이다. 트랜짓 마일 사회실험과 심볼로드의
정비는 강연회에서 필자가 '주민이 주인인 거리! 배기가스 없는 국제거리를!'이라는
내용을 강조한 것에서 시작되었다. 여기에 많은 동참자가 모이고 나하시 국제거리
트랜지짓 마일 실행위원회가 조직되어 상점가진흥조합연합회를 중심으로 현과 시가
협의하고, 4회에 걸친 교통실험을 거쳐, 주말에 한정하여 보행자 환경을 실현하기에
이르렀다.

실험 첫날에는 '엄마, 공기가 맛있어요!'라고 말하는 초등학생의 목소리를 들을 수
있었다. 주말에만 실시하는 방향으로 연합회에 의한 '쇼핑버스 – 트랜짓 버스'가 실험
적으로 도입되었다. 도로의 환경개선은 현의 사업에 의한 심볼로드 정비사업으로,
장래 보차도의 일체 이용과 이벤트 개최를 위해 단차를 최소한으로 제한한 보차도의
구성도 실현하고 있다.

[사진 50] 교통실험 전의 모습

[그림 8] 실험팸플릿

[사진 51] 국제거리 심볼로드
가 완성된 구간

[사진 52, 53] 실험 중인 풍경

[사진 54] 국제거리 심볼로드 보도 부분
- 사업주체 : 나하 국제거리 상점가진흥조합연합회
- 도로관리자 : 오키나와현
- 실험 : 나하시 국제거리 트렌짓마일 실행위원회
- 도로 폭 : 18m / 길이 : 약 1,6km
- 계획설계 : 현주체 사업, 아사히건설컨설턴트+APL(Architecture Planning and Landscape design)
- 디자인 감수 : 안도데츠야(류큐琉球대학)
- 지역상점가사업+TMO파견 : APL, 1998~2003년
- 교통실험 : 2002~2004년(지원자 참가)

제2절 거주지역의 보행자 우선사상

거주지역의 도로 이야기로 화제를 돌려보자. 자동차가 지금처럼 보급되지 않았던 시대에는 도로 중앙을 사람이 걸어 다녀도 크게 잘못한 일이 아니었고 어린이들은 그 도로를 놀이터 삼아 놀기도 하였으며 노인들은 도로변에 앉아 휴식을 취하기도 하는 등 일반적인 생활 행위들이 당연시되었다. 유럽 도시에서는 이것을 거리 안에 부활시켜 인간중심의 커뮤니티를 되살리고 있다. 1970년대의 일이었다.

1. 네덜란드의 본넬프

네덜란드의 본넬프woonerf는 '생활정원'이라고 번역할 수 있는데, 이는 1970년대 초 델프트 시에서 주위 간선도로의 정체를 피해 주택지구의 구획도로로 진입하는 차량이 교통사고의 위험을 야기시키고 주민들의 생활환경을 위협한다고 호소하여 구획도로에 바리케이트를 설치한 것에서 본넬프가 시작된 것이다. 이것을 지원하는 많은 시민들이나 전문가, 학자, 그리고 정치가들의 힘으로 보행자 우선을 의미하는 「본넬프법」이 1976년 국회의회를 통과하였다. 거주지역을 외곽으로 에워싸는 간선도로는 기존의 거리교통법 소관으로 그 가운데 생활도로는 모두 새로운 신법의 소관이 되었다.

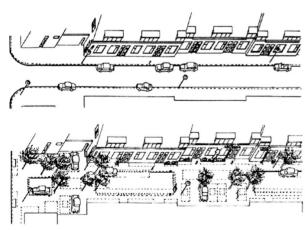

[그림 9] 델프트의 본넬프 착공 전과 완성 후
(출전:『都市住宅8305·特集·步車共存道路の理念と実践』鹿島出版会)

이를 계기로 도로 폭 전체가 보행자 우선영역이 되고, 차도가 좁아져 속도제한을 위한 지그재그화chicane, 도로면의 과속방지턱hump, 미니로터리 등이 설치되었다. 때로는 십자의 교차점의 대각선 방향으로 장해물이 설치되어 자동차가 직진하지 않고 좌회전을 할 수밖에 없도록 만들기도 하였다. 그 결과, 거주지역 내에는 통과 차량이 진입하지 않았다. 대부분 차도와 보행자 도로에 단차를 없애 휠체어나 유모차도 도로의 중앙을 통행하도록 하였다. 때로는 자동차가 진입해도 클랙슨을 울리면 안 되었다. 서로 배려하며 통행하는 시스템으로 이루어진 것이다.

그 움직임에 호응하여 유럽 각국에서 법 개정을 실시하기 시작하였다. 독일에서는 본슈트라세Wohnstrasse라는 이름으로 일반화하였다. 본은 생활, 슈트라세는 도로, 즉 생활거리를 가리킨다. 한국에서도 1980년대에 도입되었다. 기본적으로 생활영역은 모두 보행자 우선사상에 기반하여 규제·운용되었다.

[사진 55] 본넬프(생활의 정원)의 사인(네덜란드)

[사진 56] 본넬프 구역에서 놀고 있는 어린이들(라이즈바이크 시내)

[사진 57] 본넬프 구역에 설치된 표지판(라이즈바이크 시내)
주간에는 어린이들의 놀이터로, 야간에는 주차장으로 지정. 어디까지나 보행자 우선사상에 기본함

[사진 58] 본넬프 구역의 일반적인 생활도로

[사진 59] 본슈트라세(에쎈 시내)
여기에서는 대각선 방향을 차단하는 수법이 도입되고 있다.

2. 일본의 커뮤니티 도로

네덜란드나 독일의 실시 사례가 일본에도 소개되어 1980년대에는 정부가 주택지 내의 보차공존형 도로의 정비 촉진을 위한 제도를 확립하기 시작하였다. 그 이후 '커뮤니티 도로'라고 명명하여 전국에서 정비를 진행하였다. 같은 해, 일본 최초의 사례가 오오사카시 아베노구 나가이께阿倍野区長池에 탄생하여 이를 계기로 전국에 파급되었다.

'커뮤니티 도로'는 교통안전 대책사업의 일환으로 제도화되고 추진되어 지금은 수천 개소에서 실시되고 있다. 그러나 어디까지나 보행자 도로와 차도의 개념 즉, 기존의 도로법, 도로교통법의 윤곽 안에서 자동차의 속도를 제한하는 것으로써 예를 들어 차로를 지그재그화하거나 과속방지턱을 설치하는 등의 수법에 그쳐 해외 사례와 같은 보차융합형 보행자 우선도로 형태는 없고 차도와 보행자 도로를 분리하고 있다. 그 부분이 유럽의 본넬프와 근본적으로 다른 점이다.

커뮤니티 도로의 사례는 많지만 그 가운데에서 당시 수려한 디자인으로 평가된 것으로, 사이타마시埼玉市의 '오오미야 분재마을의 가에데 거리 외 일련의 가로', 도쿄 세타야구世田谷区의 '기누타 이라카미치砧いらかみち'를 들 수 있다. 또 새로운 주택지 개발에 있어서는 계획적으로 보차공존형도로를 도입한 후쿠오카의 다카스기高須 뉴타운, 도쿄 히노시의 타카하타카지마다이高幡鹿島台주택지 등이 있다. 또, 독립적인 도로에만 국한되어 있는 커뮤니티 도로 정비에 대한 반성이 이루어져 1996년에는 커뮤니티 도로의 면적인 정비를 목표로 한 '커뮤니티존 형성사업'이 규정되어 '안심보행영역'의 제도에 이르기까지 발전하게 되었다.

[사진 60] 일본 최초의 나가이께 커뮤니티 도로(오오사카시 아베노구)

[사진 61] 우끼먀浮間의 커뮤니티 도로(도쿄 기타구)

[사진 62] 오오미야 분재마을 가에데거리(사이타마시)

설계 : 다무 지역환경연구소

[사진 63] 키누타 이라카미치(세타야구)

설계 : 죠설계모임

[사진 64] 高幡鹿島台 주택지(히노시)

설계 : 미야와키 마유미宮脇 檀

[그림 10] 타카하타 카지마 주택의 보차공존형 도로의 사례
(출전:『都市住宅8508·特集·街並の設計手法 戸建住宅地の場合』鹿島出版会)

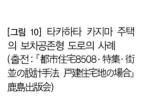

보차공존도로 계획도

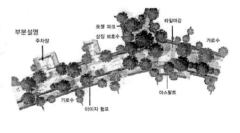

제3절 오픈카페 운동 – 거리활용의 실천

1. 보행자 공간과 오픈카페

보행자 공간화가 목표로 하는 것은 인간중심 환경의 회복이다. 거기에는 시민이 휴식하는 장소가 있고 그것이 바로 도시의 안전·안심에 연결된다. 그 전형적인 모습이 넓은 보도나 광장에 전개되는 오픈카페일 것이다. 그것은 원래 유럽 지중해 연안의 도시에서 유래하였다. 그 시간대는 차량 진입이 규제되고 상점 앞 거리 서비스는 그것을 피해서 이루어졌다. 주변의 시민들이 승인한 가운데 모두가 기분 좋게 옥외의 카페를 즐기곤 했다.

그 운동이 언젠가부터 일본에까지 전해져 국내 각지에 확산되기 시작했다. 그러나 현실적으로 오픈카페는 지금도 공공거리에서는 사회적 실험으로만 인정되고 있다. 여기에는 일본 정부의 전쟁 후 공공시설물 관리의 불행한 역사, 전쟁 후 야미시라고 하는 노상 상매 박멸을 위한 도로교통법 등의 역사가 있다. 이전에는 어느 지방에서 행해져도 행상 아주머니들이 생선이나 야채를 팔러 왔었다. 지금은 관광지에서 볼 수 있는 새벽시장 이벤트에 한정되었고 야간의 포장마차도 큐슈에서는 지금까지 계속 유지되고 있지만 이것도 한 대까지만 한정하고 있다. 즉, 법 제도의 엄연한 장벽이 존재하고 있는 것이다.

오픈카페 등 도로 위에서 휴식하고 판매하는 등의 행위는 도로교통법상에서는 축제나 이벤트 등에 국한하여 한정적으로밖에 인정하지 않는다. 지금은

[사진 65] 도로 중앙에 놓인 오픈카페, 레스토랑의 일상적 풍경(포르투갈 파로)

축제나 공휴일에 있어서는 허가 조건에 맞기만 하면 법으로 승인하고 있다. '사회적 실험'으로서의 오픈카페인 것이다. 그러나 이러한 실험이 언제까지 지속될 수 있을지 누구도 장담하지 못하는 상황이다.

궁극적으로는 이를 깨닫기 위한 법의 개정밖에 없다. 그러나 이러한 운동은 착실하게 시민의 지지를 얻어 지금은 지역 활성화의 기폭제로써 많은 기대를 모으고 있다. 그리고 몇몇 곳의 지자체에서는 독자적인 조례나 특구제도, 공원법 활용, 그리고 계속해서 확산되어 가는 사회실험 등 많은 지혜들을 모아 잠재적인 상태에서 실행되어 오고 있다. 필자도 몇 개의 사회실험과 영구적인 실행을 향해 전력을 쏟고 있다. 여기에는 하드한 의미에서의 보행자 공간 정비에 덧붙여 그것을 실행하기 위한 소프트웨어 즉, 거리활용으로서의 측면에 관해 설명해두기로 한다.

2. 서양의 오픈카페

우선, 일본과 크게 다른 점은 도로 위에서의 영업행위가 유럽에서는 법으로 인정되어 점유 사용자에 대해 사용료를 징수하고 시민에 환원하는 시스템이 마련되어 있다는 점이다. 어느 시에서는 그 점유사용료가 지자체 수입의 10% 가까이까지 된다는 보고도 있다.

원래 오픈카페의 관습은 남유럽 지중해 연안의 지역문화였다. 일부 라틴계 민족국가 등 이탈리아, 스페인, 프랑스 등에서 로마의 나보나 광장이나 파리의 샹젤리제 거리처럼 교통에 지장이 없는 광장이나 넓은 보도에서 국소적으로 행해져 왔다.

이후, 1970년대 이후 유럽의 자동차 사회로부터 보행자 공간화로 이어지는 흐름 가운데 일찍이 주차장이던 장소에 오픈카페나 꽃집 등 거리를 아름답게 만드는 시설이 상징적으로 설치되었다. 이러한 요소들이 도시공간에서의 스트리트 와쳐street watcher 효과로 의해 범죄를 예방하고, 사람들이 숨 쉬는 도시로써 시민들에게 안전성 향상과 시민의 안도감을 주어 많은 시민들이 이용하는 장소가 되었다. 더욱이 그 공간사용료가 광장이나 도로관리자의 많은 수입원이 된다는 점도 오픈카페를 추진하는 동기부여가 되었다.

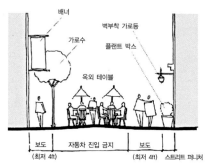

오픈카페는 지금은 북유럽 각국이나 아메리카 등에서도 일반적으로 볼 수 있는 풍경이 되었다. 보도에 여유 있는 공간이 있으면 노점이나 카페가 놓이고 있는데, 지자체가 독자적으로 보행자 교통량이나 이용 실태를 미리 조사하여 적극적으로 임대하고 있다고 보는 쪽이 맞을 것이다. 그것은 공간사용료 즉 임대료가 지자체의 수입에 포함되고 모든 시민에게 다시 환원된다는 시스템이 되어 일거양득일 뿐인가, 3득, 4득의 세상이 되는 격이다.

3. 일본 국내의 오픈카페(사회실험)

가로의 오픈카페

일본에서는 사회실험의 방식으로 몇 개의 시도가 전개되고 있다.

요코하마 시의 하토미역 서쪽 입구의 후가쇼핑몰(폭 12m, 길이 100m의 보행자 전용도로 내)에서 방치된 자전거로 점거되어 있던 역 앞의 보행자 전용도로가 시민의 이벤트나 휴식을 위한 공간으로 변화되었는데, 1998년 여름부터 주말에만 실시되던 것이 지금은 절반정도 정착된 모습이다. 같은 시내의 일본 대로(폭 36m, 양측 12m의 보행자 도로, 연장 약 400m의 가로)에서는 2002년에 재정비하여 지역주민이 주도한 '일본오오도리 파라솔 카페&갤러리'가 기간 한정으로 거의 매일 실시되고 있다.

그 외, 나고야 시의 히사야久屋오오도리, 치바시 역 앞 중앙공원 프롬나드, 센다이시의 죠젠지 도오리定禅寺通り등 그 운동이 점차 확대되고 있다.

도쿄 신주쿠 모아 4번가에서는 1년 한정 신청에 의한 사회실험으로 식품위

생법으로 정한 고정 주방시설을 위한 가건축물 허가를 얻어 설치된 노상카페의 영업을 시작해 몇 년째 지속되고 있다. 교통관리자로부터 중지하라는 통보를 하곤 하지만, 중지한 경우에는 자전거가 방치되거나 노숙자들이 다시 자리를 잡을 것이 뻔한 상황이었다. 실제로 상점가진흥조합 관계자의 말로는 이용자에게는 호평이라고 한다. 또 많은 민간기업으로부터 광고선전 활동의 일환으로써 협력 신청도 많아 사업 수익상으로는 플러스 요인이 되고 그 수익을 도로의 청소나 유지수선비로 활용하고 있다고 한다. 행정도 지역주민도 영구적인 실시에 적극적이긴 하지만 법률이 그것을 방해하고 있는 현실적인 문제가 남아 있는 실정이다.

그 외 시마네현 이즈모出雲시 역 앞 쿠니비키くにびき 중앙로(이즈모시 역 야미센)에서는 시민의 워크숍을 거쳐 보도 안쪽과 도로 모퉁이 광장의 양쪽에서 적극적인 이벤트 활용이 가능하도록 되었다. 보도에서는 파라솔 기초가 미리 매입되어 있어 지역주민의 주도로 정기적으로 시장이 서고 변화한 특구신청에 의한 특별구역이 되었다.

한편, 모퉁이 광장은 도로부지이지만 도로교통법 지정구역 외로써 도로관리자의 허가만으로 이벤트 이용이 가능하게 되었다.

[사진 67] 후가 쇼핑몰에서 주말에 실시된 오픈카페 풍경(요코하마, 하토미)

[사진 68] 일본 오오도오리의 오픈카페 풍경(요코하마)

공원녹지공간에 있어서 오픈카페

공원이나 녹지를 무대로 한 '영업행위'는 도로에 비해 비교적 조건이 완화되어있다. 일본정부의 공원에서는 에도기江戸, 요시무네吉宗 시대의 유락등산, 꽃놀이를 위한 연회를 보는 것처럼 찻집 등의 휴식처는 불가결한 존재로 서민의 휴식장소가 된다. 메이지의 근대공원 제1호인 히비야 공원에서도 찻집이 생겼는데 이것이 지금의 마츠모토루松本樓이다. 이곳에는 항상 각지의 특산물 시장 등이 선다.

● 신주쿠 동구 모아 4번가 오픈카페

[사진 69] 노상에 설치된 가건축물의 주방

[사진 70] 이벤트 풍경

[사진 71] 카페 한 칸

[사진 72] 스포츠 이벤트 회장이 되기도 한다.

[사진 73] 신주쿠 오오도리 측에서 본 카페풍경

[그림 12] 4번가 카페의 단면도

• 이즈모시 역 야미센 심볼로드　파라솔이벤트

[사진 74] 파라솔 숍 풍경
파라솔 기초가 도로에 매입되어
있다.

[사진 75] 도로 모퉁이 광장의 이
벤트 풍경

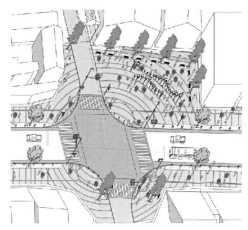

[그림 13] 엑소노메트릭도

공원구역은 도로교통법에 있어서 그 활용 수속을 간결하게 하고 있다. 이를
위해 일찍이 도로구역이었던 것이 이용 수속을 우선으로 하여 공원구역으로
된 도로도 적지 않다. 몇 사례를 소개하고자 한다.

① 오오도오리 공원(삿포로 시)
일찍이 메이지 개척기에 100m의 오오도오리로써 건설된 것으로 알려져 왔
다. 현재는 특수 공원으로 삿포로 시의 환경국 녹화추진부 공원관리과의 관
리하에 있다. 유명한 유끼마츠리의 무대, 그리고 요사코이오도리의 옥외 회

장이 되기도 한다. 음식영업의 이벤트로써는 삿포로 여름축제의 비어가든이 성대하게 개최된다. 여기에서는 가설주방이나 수천 석의 의자, 테이블이 놓여 3주간에 걸쳐 많은 시민들과 관광객들의 장이 되기도 한다. 매상은 각 점포 합계로 약 수억 엔에 달한다고 하는데, 관리자인 시에서는 공간사용료로 3주간에 수백만 엔을 납부한다고 한다. 그 역사는 유키마츠리와 유사하다. 10년 동안 57회째 개최되고 있다고 한다. 공간사용에 있어서는 삿포로 시 도시공원조례를 준수하는 것이 조건이다. 가을이 되면, 토우키비 판매의 포장마차가 등장한다. 포장마차는 개별로 신청하는 것이 아니라 시의 관광협회가 일괄하여 신청하고 영업허가를 받도록 되어 있다. 전국에서도 적지 않은 노점영업의 형태를 하고 있지만 이것도 어디까지나 기간한정으로 일시적인 점포인 것이다.

② 오쿠라카츠야마다리 小倉勝山橋 : 카츠야마 공원, 기타큐슈 시

일반적으로 다리는 도로시설이다. 그러나 기타큐슈 시의 오쿠라, 무라사키 강에 이르는 카츠야마 다리는 폭 40m의 도시계획 도로로써, '마이타운, 마이리버 - 정비사업'의 일환으로 폭을 넓히는 정비가 이루어져 북측의 보도가 3m인 것에 비해 남측은 17m이고 공원 부분은 14m로 정해져 있다. 즉, 남측의 공원 부분은 이벤트 개최 등을 위한 공간으로 일종의 다리 위 공원이 되고 있다.

[사진 76] 삿포로 여름축제의 비어가든 풍경(삿포로 오오도오리 공원)

[사진 77] 토우키비 판매 포장마차(삿포로 오오도오리 공원)

시의 관광협회가 일괄 신청하여 영업허가를 받고 있다.

강의 좌측 연안은 시청과 리버워크라는 상업시설(재개발 빌딩), 우측 연안은 오래된 점포의 데파트 등이 중심상업지를 이루고 양쪽 연안을 연결하는 이벤트 대응형의 다리 위 광장을 기획하였으나 도로교통법의 장벽에 부딪혀 이벤트에 사용되는 부분에 대해서는 공원으로 한정되었다. 사실 필자는 이 다리의 개수에 있어서 최종 단계에서 협력한 바 있는데, 당시 현행법에서는 자유로운 이벤트 활용이 어렵기 때문에 아예 공원법으로 지정하여 무사히 승인을 받은 경위가 있다. 도로와 공원의 구역경계에는 식재가 설치되었다.

광장에 있어서 오픈카페의 사회실험

그 외, 역 앞 광장은 엄밀하게 말하면 가로의 일부이지만 키타큐슈 시 모지항門司港 역 앞 광장에서는 연간 거의 280일에 걸쳐 납량 비어가든, 프리마켓, 바나나 다다키 판매 등의 이벤트가 전개되고 있다. 운 좋게도 이곳은 JR용지로 도로교통법 적용 외 구역이 되어 역장의 허가를 받아 지역시민의 통행에 방해되지 않는 범위에서 자유롭게 이용할 수 있도록 하고 있다.

또, 2009년에 완성한 니가타 역 남출구 역 앞 광장의 한편에서는 계획설계 단계로부터 건축가, 도시계획가, 랜드스케이프 아키텍쳐가 함께 시민 워크숍을 몇 차례 반복 실시하여 시민들이 자유롭게 사용할 수 있는 이벤트광장을 실현하였다. 그곳은 JR과 시의 협정 광장이지만, 이벤트 공간은 모두 시의

[사진 78] 카츠야마 다리의 이벤트 풍경(오쿠라)

[사진 79] 모지항 역 앞의 보행자 광장의 비어가든 풍경

용지로 하여 니가타 시 광장조례 개정을 의회에서 통과시켜 현의 경찰과 협의를 거쳐서 시의 허가만으로 이벤트 이용이 가능하도록 하고 있다. 여기는 시의 이벤트나 사람들의 기분을 업시킬 수 있는 마차형의 이동 가판대의 일상영업 등을 조건으로 하여 승인하고 있다. 시민의 생각과 요구가 시의 담당자를 움직이고 그것이 의회에서 승인되어온 것이다.

니가타 역·남출구 광장(니가타 시)

2003년에 개최된 '니가타 역·역사·역 앞 광장' 설계 현상 경기는 니가타 역 주변 연속입체 교차화 사업에 관계하는 시민의 생각을 적극적으로 수용하여 실시된 것으로 응모한 100점에서 필자의 팀이 최우수상을 수상하였다.

제안의 키워드는 사람·교통·자연이 기분 좋게 순환하는 '도시정원', 남북광장의 일체화를 전제로 하여, 광장의 중앙 정면에 보행자를 위한 다목적 공간을 설치하고 그곳을 그린의 오아시스로 하는 것이다. 남북 도시 축의 중심, 즉 눈길이 머무는 위치에 보행자 광장을 설치한다. 동서로 버스와 택시, 자가용의 교통 광장을 배치하는 계획안이다.

3개년에 걸쳐 시민 워크숍을 개최하고 시민의 생각과 설계자 측의 의사를 반영하여, 2009년 니가타 전국체전에 맞추어 남출구 광장이 선행하여 정비되었다. 남출구 광장에는 정면중앙에 60m 폭의 보행자 광장을 설치하고, 그 중앙의 느티나무가 격자상으로 나열된 돌광장(이벤트 공간)은 니가타 시 광장조례에 기반하여 시가 관리하는 광장이 되어 다양한 이벤트, 일상카페 등의 이용에 활용되고 있다.

[경위]

- 남북 역 앞 광장 기본설계 2005년, 남출구 광장 실시설계~의장감리 2006년~2008년
- 사업주체 : 니가타新潟 시, 용지·JR동일본·니가타 시 / 계획~설계 JV : 건축·堀越英嗣·아키텍트파이브 / 도시계획·中野恒明·APL / 랜드스케이프·佐々木葉二·鳳컨설턴트 / 토목·퍼시픽컨설턴츠 / 워크숍 운영 : NPO니가타 마을만들기 학교

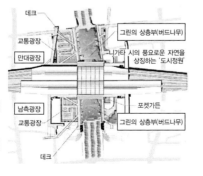 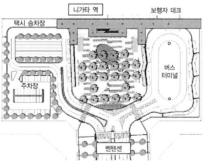

[그림 14] 남북 역 앞 광장 전체 계획도

[그림 15] 관련 가로정비 전체계획도

[사진 80] 이벤트 풍경 : 니가타 역 신간센 역사

[사진 81] 이벤트 풍경(야경)

[사진 82] 알비렉스 니가타 퍼블릭 뷰잉

[사진 83] 파라솔 숍

[사진 84] 지역유지의 캔들 야간 이벤트

제 5 장

수변공간의 회복 – 도시의 안식처

재생된 서울의 청계천 풍경

제5장
수변공간의 회복 - 도시의 안식처

제1절 수변공간 재생에 대한 기대

도시에 있어서 수변은 오랫동안 불행한 입장에 놓여져 있었다. 산업혁명 이후 수변은 많은 공장들이 입지하고 그로 인한 수질오염, 그리고 자동차 사회의 전개로, 물류를 위한 강이나 바닷가, 또는 그 상공에 도로가 놓이는 등 시민은 자연의 수변으로부터 점차 멀어져갔다. 그 결과, 일부 작은 내천이 복개되어 하수로화되고 수면은 난간으로 가로질러 막혀지는 등 도시생활에서는 녹색과는 동떨어진 존재였다. 그것이 '환경의 시대'를 맞기 시작하는 가운데 점차 회복되고 있다.

지금 세계의 도시는 수변공간의 재생에 집중하기 시작했다고 해도 좋을 것이다. 그 재생 프로젝트는 도시환경디자인의 큰 기둥이 되고 있다. 그 씨앗은 미국 산안토니오의 파세오 델 리오가 개수된 1960~1970년대에 시작되었는데 수십 년이 지난 지금, 세계의 트렌드가 되고 있다. 여기서 수변 재생의 기대가 모아지고 있는 몇 사례를 소개하고자 한다.

1. 수변과 시가지를 격리하는 도로의 지하화·복개화·철거

독일 쾰른의 라인 강변 도로의 지하화 프로젝트

1980년대부터 하천과 시가지를 격리하고 있던 간선도로를 지하화하거나 우회시키는 사업이 착실히 진행되어 왔다. 예를 들어, 독일 쾰른의 라인 강변에서 1982년에 완성한 간선도로의 지하화 프로젝트는 유명한 사례이다. 상부는 공원이 되고 강을 중심으로 서측으로 반달형상으로 펼쳐지는 중심시가는 동측이 라인 강에 접하고 시내의 보행자 구역은 그대로 강변 공원이나 유보도와 연결되어 기존의 수변은 시민들에게 개방되었다. 지금은 유람선 선착장을 포함해 시민들의 휴식장소가 되고 있다.

샌프란시스코 앤바카델로 프리웨이의 철거

또 서해안의 샌프란시스코에서는 1989년 대지진(로마 프리타 지진)으로 전복되었던 항만 페리터미널 지구의 고속도로(앤바카델로 프리웨이 = 고가구조)의 재건을 단념하고 철거한 후 유보도정비를 추진했다. 그와 관련한 역사적인 페리빌딩(1989년 건축)의 보존개수가 이루어지고 본래의 고가도로가 달리고 있던 공간은 광장이 되어 새로운 매력 지점이 되었다.

포트랜드 빌라메트 강변의 워터프런트 공원

또 하나 잊을 수 없는 것이 미국 서해안의 포트랜드 빌라메트 강변의 하버

[사진 1] 라인 강변에 정비된 유보도(쾰른)
이곳을 달리고 있던 간선도로의 지하화가 1982년에 완성

드라이브라고 불리는 6차선 고속도로(인터스테이트 5호선)의 사례이다. 이 도로의 기능을 반대편 연안으로 옮겨 일반도로로 축소하였으며 강까지의 일대 영역을 워터프런트 공원으로 정비하였다. 1977년의 일이었다. 그 후 순차적으로 수변공원은 남북으로 확대되고 북측은 역사적 유산의 가동식 다리, 중앙부에는 분수(살몬 스트리트 파운틴)와 잔디광장, 남측은 하천 마리나 주변까지 약 3km의 거리를 유보도로 정비하였다. 그 유보도는 리버프런트 재개발지구까지 연결되어 있다. 거의 완성되어 가던 1984년 공원의 이름은 고속도로의 이동에 총력을 기울였던 당시 주지사의 이름을 붙여 톰 맥콜 워터프런트 공원Tom McCall Waterfront Park으로 정하였다.

미국 국내의 강변 고속도로지의 지하화 프로젝트 진행

사실 강변에 건설된 고속도로의 철거운동은 자동차 사회의 본고장인 미국에서 1970년대부터 진행되어 왔다. 가장 유명한 사례가 보스턴 센터럴 애틀 지하화 계획인데, 실현까지 약 40년 가까운 세월이 흐르고 있다(제6장에 해설, 262페이지).

그 반향을 얻어 각지에서 같은 유형의 프로젝트가 검토되고 있다. 예를 들어, 필라델피아 델라웨어 강변의 고속도로 지하화, 시애틀의 알라스카 고속도로지하화 프로젝트 등도 진행 중이라고 한다. 이처럼 시가지의 수변공간에

[사진 2] 엔버카델로 페리빌딩과 전면광장(샌프란시스코)

[사진 3] 톰 맥콜 워터프런트 공원(포틀랜드)
설계 : 로버트 무라세

있어서 공공의 접근성을 높여 녹지나 다양한 시설 그리고 워터프런트 주택으로의 유도 등 적극적인 시민 이용을 추진하는 방향으로 변화하고 있다.

2. 자동차 사회가 짊어져야 할 유산

서울 청계천 복원화사업

하천에 있어서 일대 변혁의 사례가 한국의 수도 서울에서 실현되었다. 자동차 사회의 편리성에 젖어 오랫동안 도시 내, 그것도 하천의 윗면에까지 고속도로를 받아들였던 우리들에게 충격을 주었던 하천복원공사 즉, 서울시 중심부를 흐르고 있던 청계복원사업이 2005년 9월 말에 완성되었다. 1930년대부터 1970년대에 걸쳐 복개 암거화되었던 하천을 환원하는 사업이 진행되어 상부에 건설되었던 고속도로가 철거되고 하천이 약 반세기 만에 복원되었다. 그 복원계획은 2002년 서울시장 선거에 입후보한 이명박 씨(제17대 대통령)가 공약으로 내세워 시장으로 당선된 것을 계기로 시작하여 기본구상의 제시와 시민 설명회를 포함해 약 3년이라는 기간 동안 완성되었다. 새로운 시장이 내세운 그 목표는 '① 안전→노령화한 고속도로나 복개도로의 안전문제의 해소, ② 환경→사람과 자연이 중심이 되는 친환경 도시 만들기, ③ 문화→역사와 문화의 회복과 청계천을 서울의 대표적인 문화관광자원으로 활용, ④ 산업→도심의 노화된 지역의 도심 경제 활성화를 이끌어냄'의 4개 항목으로 '21세기 문화·환경도시 서울'을 목표로 한 사업이었다. 그 성공은 전 세계에 보도되고 성과가 높이 평가되어 많은 국제적 표창을 수상한 바

[사진 4] 재생된 청계천의 풍경 (서울시)

[사진 5] 복원된 청계천에서 놀고 있는 어린이들

있다. 그 철거복원계획의 발단은 지역에 거주하는 시민들과 학자들로부터의 제안에서 시작되었는데 신문 연재로 인해 점차 확산되어 갔다. 그것이 시장 선거의 공약으로까지 이어진 것이다. 이는 도시정책 일대 변혁의 상징이라고 할 수 있을 것이다.

지금은 서울의 명소가 되어 천변에서 휴식을 취하는 많은 시민들이나 관광객의 모습을 볼 수 있다. 주위 환경까지 격상되었는데 그 의미에서는 도시 활성화에 큰 영향을 미쳤다고 봐도 좋을 것이다. 사실 새 시장으로 당선된 것을 계기로 지금까지 서울시 도시 교통계획을 근본적으로 바꾸어 '공공교통을 우선으로 하고 환경적 측면이나 보행자 대책을 중시한다'고 한 대담한 정책의 전환이 이루어졌다. 그 내용은 도심으로 유입하는 교통량을 억제하기 위해 파크 앤드 라이드를 위한 주차장 확보, 자동차에서 공공교통으로의 포탈시프트, 즉, 주요도로에서 자동차 도로를 줄여서 만든 버스전용도로와 버스노선망의 재편, 지하철과 철도와의 연계, 그리고 보행자 환경정비의 추진 등이었다. 서울은 하천의 복원을 계기로 일거에 환경도시로 크게 변신하였다고 해도 좋을 것이다.

3. 하천, 운하의 화려한 부활

하천변의 리버마켓과 리버카페, 리버 워크

최근의 경향으로 미국 등지에서 일찍이 개척 시대를 방불케 하는 하천변 리버마켓이나 리버카페가 주목받고 있다. 미시시피 강 유역의 중간쯤 센트럴이스, 캔자스시티, 중북부의 미니애폴리스는 운하에 의한 물자운송과 육로와의 교점으로 도시를 발전시켜 왔다. 그 옛 과거의 경관이나 분쇄공장 등의 역사유산을 살린 수변의 재생, 그리고 새로운 집합주택 건설, 프롬나드 정비 등이 진행되어 수변에 새로운 바람이 깃들기 시작하고 있다.

또 미국 중북부의 거점도시인 시카고에서는 시카고 강변의 재생계획[1]이 1998년부터 시작되어, 중상류 유역의 자연과 수질보존, 도시주변부 공장 등의 토지이용 전환, 녹지나 주택건설, 하류의 항만구역의 창고 등의 리노베이션과 집합주택 건설, 수변의 유보도 정비를 각 정비 프로세스에서 의무화시키고 곳

곳에 선착장이 건설되었다. 특히 유역의 도심부에서는 건물 하부에 상점이나
카페가 들어서고 다리를 비추는 조명이 수변의 즐거움을 격상시켰다.

[사진 6] 새롭게 정비된 서울시 청사 앞 보행자 광장
수년 전까지 자동차로 붐비던 교차점이었다.

[사진 7] 유람선에서 본 강변의 재개발 상황(시카고 강)

[사진 8] 기존의 공장지대에 선 집합 주택군과 정비된 수변의 유보도

[사진 9] 리버워크
정비가 착착 진행되고 있다.

[사진 10] 강 입구의 리버워크
주위에는 오피스와 집합주택 등이 입지하고 있다.

---

1) Chicago Corridor Development Plan

http://www.cityofchicago.org/
필자도 2002년 시청 공식 방문 때에 설명을 들었다.

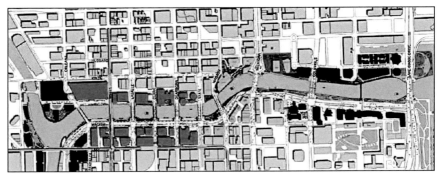

[그림 1] 시카고 강 도심부 구역
정비계획도

강변의 행락지

프랑스 파리의 센 강, 여기는 우측 고수부지 일부에 간선도로가 놓여 있는데
그 도로도 여름 바캉스 시즌에는 약 1개월간 교통이 폐쇄되어 백사장(Plage 2)
의 이벤트가 개최된다. 이는 2002년부터 시작되어 지금은 반대편 좌측 강변
을 포함한 여러 곳에서 이벤트가 개최되고 있다. 폐쇄된 도로공간에는 야자
나무가 줄지어 식재되고 수변 난간에는 배너 폴banner pole이 세워져 이벤트
분위기를 돋운다. 강의 호안에는 모래사장이 다져지고 우드 데크에 컬러풀한
비치 파라솔과 비치 의자, 부분적으로는 잔디가 식재되었으며 수면에는 부유
하는 가설 풀도 설치되었다. 곳곳에 시민들이 수영복을 입고 모래사장에 눕
거나 데크에서 휴식을 취하며 독서와 일광욕을 즐긴다.

또 카페나 키오스크, 포장마차, 도서를 대여하는 노점 등이 있다. 곳곳의 바
닥으로부터 이슬형 샤워가 분출하고 어린이들이 왁자지껄하는 모습들, 강 호
안의 일부는 프리 클라이밍 체험장이 되기도 한다. 한쪽 수면에는 노 젓는
보트와 카누가 떠 있고 또 강 위에 떠있는 레스토랑도 있다. 노 젓는 보트는
1895년 이후 센 강에서는 금지되어 왔으나, 이 시기만큼은 승인하도록 하고
있다. 많은 시민들이 이용하는 등 이제 파리 여름의 풍물시로 정착하였다.

---

2) 파리 플라쥬(plage)의 HP_http://parisplages.paris.fr/

이러한 움직임은 지금은 밀라노(이탈리아)나 브뤼셀(벨기에) 등 다른 도시에도 전파되고 있다고 한다. 오스트리아의 수도 빈의 도나우 운하에서도 2010년에 본 적이 있다.

운하의 복원

최근 주목받고 있는 산마르탕 운하는 센 강에서 몇 개의 수문을 통해 북동부의 공장지대로 물자를 실어 나르던, 나폴레옹 1세 시대에 이미 절개된 운하였지만, 철도나 도로망의 발달과 더불어 폐지되고 주위의 공장도 폐쇄되었다. 이곳도 1970년대에 고속도로계획이 세워졌으나 결과적으로 운하가 보존되었던 역사가 있다. 다행스럽게도 지금은 지가의 안정을 배경으로 하여 많은 예술가나 패션디자이너의 아틀리에 겸 주거 등이 다수 입지하여 운하일대가 파리에서는 가장 트렌디한 장소로 주목받고 있다.
이와 유사하게 영국의 런던에는 산업혁명기의 공업화를 지지했던 리젠트 운

[사진 11] 센 강의 플라쥬(plage) 풍경(파리)

[사진 12] 산마르탕 운하의 유람선(파리)

[사진 13] 산마르탕 운하의 수문과 보도교(파리)

[사진 14] 산마르탕 운하의 상류 라빌레뜨 주변

[사진 15] 리젠트 운하의 리틀 베니스(런던)

[사진 16] 리젠트 운하의 운하 컴덴록주변의 번화한 모습

[사진 17] 체스터 운하 주변(체스터)

[사진 18] 니혼바시 강의 동쪽 보트크루즈(동경 도심)

하가 있다. 여기도 수문에 의해 템스 강과 연결되어 있지만 파리의 산마르탕 운하처럼 주목되어 지금은 리틀베니스나 컴덴록 주변 등 주위에 새로운 집합주택이나 소호 등이 입지하여 첨단적인 디자이너, 크리에이터들의 아틀리에가 모여 있다.

또 역사적인 가로경관의 재생으로 소개된 체스터 시의 체스터 운하, 이곳도 산업혁명기의 공업화를 장기간 지원해온 운하였으나 최근에는 기존의 벽돌 조적조의 공장도 새로운 오피스나 집합주택, 하부 카페 등이 섞여 유람선이 흐르는 등 수변환경이 크게 변화하고 있다.

일본의 수변을 둘러싼 이야기

일본에서는 수도 동경의 니혼바시 강의 상부에 수도 고속도로의 철거사업이 당시 수상의 제언으로 움직이기 시작하여 강 줄기의 재생구상 등의 구체화를 위한 검토가 이루어지고 있다. 오오사카에서는 도사보리土佐堀 강의 역이나 도톤보리道頓堀 강의 유보도 '톤보리 리버워크', 수변의 리버카페, 오오사카 강 (기타하마테라스), 그리고 수변워크나 크루즈 등 '수변의 도시재생 프로젝트' 가 크게 활성화되고 있다. 이에 힘입어 동경에서도 지역주민을 중심으로 한 '스미다강 르네상스'의 활동이 적극적으로 이루어져 도쿄 스카이트리의 오픈 으로 자극도 받고 해서, 종래의 납량 불꽃놀이에 덧붙여 스미다 강 수변공간 과 가설잔디 데크의 설치, 유람선의 운항 등이 착착 준비되고 있다.

이처럼 일본의 하천의 행정도 30년간에 걸쳐 치수에만 치우쳤던 것에서 벗 어나 물을 이용하고 물과 친근해지는 방향으로 크게 변화하고 있다.

그 기선이라고 할 수 있는 사례가 바로 히로시마시 오오타 강의 모토마치 환경호안으로, 1979년에 완성한 수경정비이다. 당시 동경공업대학, 나까무라 요시오 교수의 지도로 정부의 경관디자인의 최초 사례로 전국적인 주목을 받았다. 이후 히로시마는 수변의 활용운동에 총력을 기울여 1990년에는 시, 현, 정부, 시민에 의한 수변정비의 지침이 되는 '물의 도시정비구상'을 발표 하고 수변 유보도나 녹지, 선착장 등의 정비, 유람선의 운항 등 수변의 시민 개방이 적극적으로 진행되어 갔다. 이는 수변카페의 사회적 실험으로 후에 정부의 하천법 준용규칙의 개정으로 연결되어 지금은 시내 수개소에 상설 수변카페와 레스토랑이 설치되었다. 이러한 흐름은 국내 수변활용에 큰 자극 을 주어 앞에서 말한 오오사카와 동경을 시작으로, 각지에서 유사한 수변활 용의 큰 물결로 이어졌다.

한편 홍콩에서는 1982년 오타루 운하의 보존, 유보도 정비로 대표되는 보트 르네상스 계획 등에서 수변환경 정비가 진행되었다.

[사진 19] 오다이바 해양공원
최근에는 수변을 즐기는 시민들이 늘어나고 있다.

[사진 20] 톤보리의 리버워크(오오사카 도톤보리 강 유보도)

[사진 21] 토사보리강의 '강역'(오오사카)

[사진 22] 스미다 강 르네상스의 '강변 데크'(동경)

[사진 23] 오오타 강의 모토마치 환경호안(히로시마)
옥석이 쌓인 호안은 보트 이용의 선착장이 된다.

[사진 24] 모토야스다리 선착장과 광장(히로시마)

[사진 25] 교바 시 강의 리버카페 풍경(히로시마)
많은 독립적인 점포가 하천용지 안에서 영업하고 있다.

[사진 26] 교바시 강의 리버카페의 야경(히로시마)

[사진 27] 신마치 강의 파라솔상점(도쿠시마)

[사진 28] 텐오쥬 운하의 수상 레스토랑(동경)

[사진 29] 유타카 주 운하의 선상 카페 사회실험(동경)

[사진 30] 샌프란시스코의 피셔먼스워프의 생선가게

최근 새로운 시도로써 2009년에 동경의 '운하 르네상스'의 일환으로 텐오쥬 운하의 수면에 수상 레스토랑의 영업이 시작된 것처럼 각지에서 보다 적극적인 수변 개방이 진행되어 갔다. 그 의미에서 이후 매력적인 세계가 펼쳐질 것은 말할 것도 없다.

4. 워터프런트 지구의 피셔먼스워프

한편, 워터프런트의 매력 중 하나로, 신선한 생선류를 먹을 수 있다는 즐거움이 있다. 각지에서 유행하는 피셔먼스워프Fisherman's Wharf는 원래는 어시장 주변의 시민 상대의 소매나 음식의 점포군이었다. 그것이 관광명소가 된 것이다. 유명한 곳이 샌프란시스코의 피셔먼스워프, 앞에서 말했던 보스턴의 퍼네일홀 마케트 플레이스의 생선가게이며 이들은 근처에 거주하는 이탈리아계 사람들이 지탱해오고 있다.

유럽에서는 지중해 연안의 바르셀로나를 예로 들 수 있다. 1992년 올림픽에 맞춰 개조된 워터프런트 지구에 다양한 시푸드 레스토랑이 모여들었고 일종의 피셔먼스워프를 형성하고 있다. 이는 역사적인 항만도시인 프랑스 마르세유, 제노바 등지에서 성립되어 왔다. 여기에는 수변에 밀착한 생활의 장이 형성됨으로써 사람들을 이끄는 매력이 있다.

제2절 하천·운하의 친수공간 정비

1. 리옹의 론느 강·교티엘 테라스

프랑스의 제2의 도시 리옹은 광역 행정도시로 인구는 165만 명 규모(시 인구 약 45만 명)이다. 이 도시는 손느 강과 론느 강이 만나는 곳에 세워진 역사도시로, 강을 경계로 하여 3개의 다른 모습을 들여다보게 한다. 베르클 광장을 중심으로 양쪽 강에 끼인 지역 일대는 리옹 제일의 번화가이며, 손느의 서쪽은 역사 깊은 마을로 고대로마 시대부터 르네상스 시대의 건물들이 지금까지 숨 쉬고 있는 구시가이다. 론느의 동쪽에는 TGV 역이 있는 새로운 비즈니스 거리가 있다. 그 신시가의 론느 강 오른쪽에 있는 교티엘 다리의 남북 다릿목과 리옹을 대표하는 테트돌 공원Parc de la Tete d'Or, 가란드 공원 Parc de Gerland에 이르는 길은 5km의 론느 왼쪽 보행자 축의 중심시설로, 계단형 테라스의 호안과 강을 걸어서 건널 수 있는 낮은 수면으로 구성된 매력적인 수변공간이 탄생하였다.

[사진 31] 샌프란시스코의 피셔 먼스워프 지구

[사진 32] 세계문화유산에 등록된 리옹의 역사지구

시청사 옆의 테로 광장(La Place des Terreaux)

● 리옹·교티엘 테라스

[사진 33] 계단형 테라스 전경

[사진 34] 강변의 유보도

[사진 35] 테라스와 바닥분수에서 놀고 있는 소녀들

[사진 36] 바닥분수의 어린이들

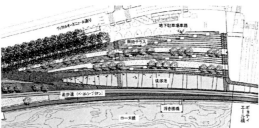

[사진 37] 남측의 풀시설

[그림 2] 전체평면도
(출전: A+T 35 / 36 : *Public Landscape Urbanism Strategies*, 2010)

[사진 38] 반대편에서 본 테라스 모습

이 다릿목으로부터 강 건너 중심시가를 조망할 수 있는 테라스 중심부에는 일광욕하는 노인이나 젊은이들의 모습, 아래쪽에는 낮은 수면 위에서 맨발로 물놀이를 하는 어린이들, 그 모습을 지켜보고 있는 보호자들, 롤러브레이드로 놀고 있는 소년들의 활기 넘치는 풍경을 볼 수 있다. 불과 몇 년 전까지는 그저 하천부지의 주차장이었다고 한다. 그야말로 환경디자인의 승리라고 할 수 있는 수변경관 정비의 사례라고 해도 좋을 것이다.

2. 겐트의 레이에 강·그라스레이

이곳도 필자가 오래전에 방문했을 때 안락함을 느꼈던 도시의 수변 중 하나로, 벨기에 겐트 시[3]의 그라스레이와 콘레이이다. 인구 약 25만 명, 서프란다스 지방의 중핵도시 겐트는 벨기에의 수도 브뤼셀의 북서로 55km, 대서양에 접한 브르주와 거의 중간에 위치하여 예부터 하천항으로써 번성하였고 중세에는 직물산업과 교역길드를 중심으로 한 자유도시로 중요한 특권을 획득해왔다.

그라스레이는 그 중심시가의 역사적 지구에 있다. 16세기경은 파리를 잇는 세력이 있어 북방 르네상스 예술의 거점도시이기도 했다. 그 번영의 지역, 레이 강 동쪽은 그라스레이Graslei, 향초강변라고 불리고 서쪽은 콘레이Korenlei, 곡물강변라고 불린다. 그 양쪽 강변은 길드하우스가 줄지어 세워지고 주위에는 많은 역사적인 건축물이 있다.

그러나 20세기 이후 항만기능의 근대화, 철도의 발달, 자동차 보급이 진행되는 가운데, 시대에 남겨진 곳이 역사적 항만이었던 그라스레이 주변이었다. 1960년대에는 원래 하역으로 번화했던 강변이 자동차로 점유되어 물이 오염

---

3) 참고 : 겐트 시 HP

http://www.gent.be/
도시명인 겐트는 영어식 호칭으로 현지에서는 프랑스어권으로 헨트라고 발음한다. 그라스레이도 프라스레이로 발음하는 것이 정식 호칭이다.

● 겐트의 레이 강·그라스레이

[사진 39] 수변공간에는 많은 사람들이 모여든다.

[그림 3] 겐트 시 중심시가 가운데에 위치한 그라스레이. ○ 표시의 장소(출전 : 현지 관광 가이드맵을 재구성)

[사진 40] 콘레이로부터 바라본 수변의 길드하우스

[사진 41] 수변에 설치된 카페의 번화한 모습

[사진 42] 수면을 왕래하는 유람선과 보트

[사진 43] 수변의 보행자 공간

[사진 44] 겐트의 역사적인 시가 풍경

[사진 45] 아누시 호 부근의 아름다운 아누시마을
알프스 산으로 둘러싸여 있다.

되고 길드하우스군은 점점 빈집이 늘어갔다. 그 수질정화 계획을 포함해 재생의 구상이 시작된 것이 1970년대 이후이고 수변의 본격적인 환경정비가 1990년대에 본격적으로 움직이기 시작하였다. 역사지구 일대 약 35ha가 완전히 보행자지구로 지정되어 강변의 환경정비, 역사적인 길드하우스의 수복이 시작되기에 이르렀다.

2005년경에는 그 정비가 거의 완료되어 몰라볼 정도의 풍경으로 변신하였다. 강변의 중세부터 전해져오는 석조, 물자하역장, 계단상의 돌로 된 호안이 수복되어, 역사적인 항구의 풍경을 복원하였다. 광장의 벤치나 플라워 포트가 부착된 가로등이 설치되었으며 수면에는 유람선이나 수상보트가 달리고 강변에는 많은 젊은이나 노인들, 그리고 관광객들이 거닐고 있다. 이곳은 일요일에는 호안의 광장에서 꽃시장과 벼룩시장이 열리고 7월 겐트 축제De Gentse Feesten와 8월 레이 축제에는 성대한 이벤트들이 개최된다. 여름의 야간에는 야간조명이 연출되어 운하에 비춰지는 환상적인 야간경관이 많은 사람들을 매료시킨다.

3. 아누시의 티우 운하

아누시는 프랑스라고 해도 스위스 국경에 근접한 알프스 기슭, 표고 448m의 인구 약 5만 명(광역권 인구 : 약 16만 명)인 작은 마을이다.[4] 아누시 호에는 백조가 노닐고 있고 호수 수면에 알프스 산들의 모습이 그대로 투영되어 비춘다. '사보아의 베니스'라고 불리는 것처럼 운하와 마을경관의 아름다움이 잘 알려져 있다. 그 호수가 흐르는 테이 운하불어: Ganard du Thiou, 이것이 중세 시대부터 물을 수차로 동력을 일으켜 정밀기계 등의 다양한 산업을 성립시켜 왔다. 1870년대에는 운하의 수위 조절 기계로 알프스 기슭까지 배가 항해하며 이 마을에 큰 경제적 부를 가져다주었고, 현재 두 개의 운하(테이 운하와 밧쎄 운하) 사이에 끼어있는 모래섬과 같은 곳에 조성된 아름다운 마을경관은 그 성과이기도 하다.

'사보아의 보석'이라고 불리는 아누시호의 투명도는 평균 약 7~8m로, 계절과 장소에 따라서 12m에 이르는 등 유럽 제일의 수질을 자랑한다.

그러나 아름다운 호수는 1900년대에는 주변의 주택이나 공장, 호텔 등의 배수가 유입되면서 수질이 악화되어 갔다. 그에 대해 주민들이 앞장서서 아누시와 주변마을들이 모여 아누시호협의회가 발족(1957년), 프랑스 최초의 호수 수질보전 운동이 시작되었다. 그 성과가 길이 450km의 하수관로망이 형성되어 현재 오수는 호수로 절대 유입되지 않도록 되었다. 그리고 운하를 따라 보도가 정비되었다. 중세의 풍취가 느껴지는 석조를 복원하여 걷기 쉬운 보도로 만들고 주철재의 난간에는 꽃을 장식하였으며 곳곳에 수면으로 내려가는 계단이나 작은 광장, 다리 등이 놓였다.

운하 옆 도로에는 색색의 계절 꽃을 장식하였고 오래된 마을경관을 개조한 다양한 상점들이 들어서 왕래하는 사람들의 모습이 풍경과 잘 어우러진다. 또 운하 옆 건물 디자인을 컨트롤하는 등, 경관에도 세심한 배려가 이루어진 것을 알 수 있다. 그 활동으로부터 아누시는 1972년 유럽자연보호상, 1983년 국연 환경보호 전 유럽 프로그램에서 금메달을 수상하였다. 또 프랑스 국내의 "꽃도시 콩쿠르"에서 최우수상을 연속 수상하였다. 이곳도 방문해봐야 할 수변도시 중 하나이다.

---

4) 참고 : 아누시 시 HP
http://www.annecy.fr

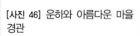

● 아누시의 테이 운하

[사진 46] 운하와 아름다운 마을
경관

[그림 4] 중심시가지도
(출전 : 현지 관광안내도)

[사진 47] 운하의 풍경

[사진 48] 운하의 오픈카페 풍경

4. 일본사례 – 수질정화와 수로 교통의 부활

수질정화와 수변재생 그리고 지역 NPO 등이 운영하는 유람선이 시작되는 등
수변을 즐기는 것이 서서히 정착되고 있다. 그 결과가 수변의 유람선 부활이
고 그것이 관광의 노른자로 지역 활성화에 기여하는 사례가 늘고 있다.

물의 고향·야나기가와의 수로재생

일본의 큐슈 후쿠오카의 물의 고향·야나기가와는 지금은 땅을 파서 만든 수로
(크리크)의 마을로 알려져 있는데 이 수로도 1970년대에는 수질오염이 진행되
어 행정이 수로매입 계획을 결정하였다. 한 사람의 직원이 반대의견을 호소해
스스로 수로청소를 하고, 그것을 시민들이 응원하는 움직임에서 계획이 철회
되었고 수로정화가 본격화되어 수변 복원으로 이어졌다. 이 경위는 미야자키

[사진 49] 야나기가와의 물길
매입계획을 철회하고 지금은 노 젓는 배가 관광지의 핵심이 되고 있다.

하야오宮崎 駿 제작, 타카바다께 이사오高畑勲 감독의 다큐멘터리 영화「야나기가와 물길이야기」에도 소개되어 전국적으로 유명해졌으며 강위를 떠다니는 배도 부활하여 연간 100만 명이 넘는 관관객이 방문하는 큰 성과를 내었다.

이러한 수환경 회복의 성공이 후일 일본 각지의 하천에 큰 영향을 미친 것은 말할 것도 없다. 그것도 수변재생의 기념비적인 사례라고 해도 좋을 것이다. 1999년에 제정된「수헌법 – 야나기가와시 물길을 보존하는 조례」는 시내의 모든 물길을 대상으로 한 기본조례가 되어 수질환경보전과 환경교육을 부흥시켜 전국적으로 알려졌다.

마츠에·호리가와의 부활

산 그늘에 세워진 조카마치이면서 물의 고향으로 잘 알려진 마츠에 시(시마네 현)에서는 신지호宍道湖에서 바다로 이어지는 호리가와가 에도기에는 뱃길을 잇는 지역으로 크게 활성화되어 왔다. 그것이 메이지 이후 철도와 도로망의 발달과 매입, 염해대책을 위해 임시로 만든 둑에 의해 물의 흐름을 상실하고 도시화와 더불어 생활배수와 공장배수로 수질오염이 진행되어 1960년대에는 악취가 심해지고 산소결핍으로 물고기가 죽어갈 정도로 심각해졌다.

1965년에 매입에 의한 논의가 진행되는 가운데 시민들의 반대운동 등을 거쳐 철회되었으며 1970년대에는 공공하수도 정비, 헤드로의 준설, 신지호의 호수복원이 시작되었다. 또 시민의 '되살아난 호리가와의 모임' 활동이 1980

[사진 50] 마츠에의 호리가와
여기도 고수부지의 유보도와 선착장이 정비되었다. 안쪽에 보이는 것은 옛 일본은행 건물을 개조해서 만든 카라코로 공방

[사진 51] 마츠에성의 수로를 순회하는 유람선

년에 발족되고 시민단체가 보트나 비단잉어를 방류하는 등의 이벤트가 개최되었다. 시에서도 1994년에 수환경개선 긴급행동계획(맑은 물 르네상스 21)을 책정하고 수질정화에 적극적으로 임함과 동시에 호리가와 주변의 호안, 친수 테라스 등의 정비, 주변 상점가의 재정비를 시행하였다.

이러한 지역주민과 행정의 노력으로 수질이 개선되어 1997년에는 유람선의 운항이 실현되었다. 유람선에 탄 관광객이 강에서 마을을 바라보는 시선을 의식하여 강변의 주택지 경관을 보수하고 화단의 설치가 주민들에 의해 이루어졌다. 지금은 '휘 둘러보는 호리가와'의 유람선이 40척이나 가동하고 있고 많은 관광객이 이용하는 등 큰 경제성과를 올리고 있다.

오미하치만近江八幡·야와타八幡堀 물길

토요토미 히데요시 다음 시대에 없어지고 후일 상업도시로 발전된 오미하치만시(시가현)의 야와타 호리도 수질악화로부터 한때는 매입까지 검토되었었다. 이것도 앞에서 소개한 야나기가와처럼 '물길은 매입된 순간부터 후회가 시작된다'고 청년회의소의 멤버나 일부시민이 물길의 준설과 복원을 위한 운동을 시작하여 점차 큰 시민운동으로 발전되었다. 그 결과, 매입계획은 재검토되었고 역사적 유산인 물길의 복원과 정비로 이어졌다. 1973년 청년회의소의 '되살아난 야와타 물길'의 보존수경계획, 자주적 청소활동 등을 거쳐, 야와타 물길 개수촉진협의회가 결성되고 물길의 준설과 호안정비사업으로 시민운동이 결실을 맺었다. 그 내용은 물길, 그리고 주위의 창고와 마을경관의 보존, 그리고 수로변에는 창포 등을 식재하고 물길을 따라서 석조의 유보도를 정비하였으며 벚꽃의 가로수와 낮은 관목을 식재하는 녹화를 들 수 있다. 오미하치만 시는 경관법의 경관지구 제1호로 지정된 도시인데 시민의 경관에 대한 의식을 높인 것이 이 역사적인 야와타 물길 재생사업의 근간이 되었다.

수변재생의 트렌드

이처럼 수변재생에 관한 이야기는 10여 년 동안 각지에서 기세를 높여왔다. 또 각지에서 계속해서 새로운 수변의 경관디자인 사례가 완성되고 있다. 한 때 소홀히 여겼던 수변이 다시 각광받는 시대가 도래하고 있다는 느낌이 든다. 이는 세계적인 트렌드라고 해도 좋을 것이다. 제1장에 해설하였듯이 수변에 살고 휴식하는 현 시대는 그러한 방향을 계승하고 있다고 해도 좋을 것이다.

[사진 52] 야와타 물길(오미하치만)
재생된 역사적인 수로에 배가 떠있다.

신지호·수변공원·물의 미술관 앞 호안의 환경디자인(마츠에 시)

마츠에 시의 신지호가 있는 호안, 그 사이 공원용지의 설계 사례이다. 제안서를 거쳐 필자는 기본설계와 실시설계 중 경관설계를 담당하였다. 정부의 용지뿐 아니라 인접한 시의 소유지인 가늘고 긴 공원과 미술관 건축부지의 일부를 포함해 완만한 경사의 잔디호안을 만들고 그 수변에는 유보도를 만들었다.

또 유보도로부터 호수의 수면 사이에는 자연스럽게 모래가 쌓인 것처럼 소나무 말뚝과 자연석의 제방을 돌출시켜 물의 흐름을 느리게 함으로써 자연스럽게 모래가 쌓이도록 하였다. 이로 인해 모래사장으로 조성된 호수가 만들어졌다. 이는 유보도로부터 수면과의 단차를 없애 방호책을 적극적으로 설치하지 않게 하기 위함과 바지락의 산지인 만큼 생태계 보존을 목적으로 하기 위함이었다.

잔디상에는 조각이 놓여 신지호에 저무는 석양을 보는 휴양 스포트가 되어 마치 미술관 용지가 수변까지 이어진 것 같이 사람들이 자유롭게 산책을 즐기고 있다. 여기에서 바라보는 신지호의 자연스러운 풍경은 관광 가이드북에도 소개되어 많은 아마추어 사진작가가 모여들고 있다.

- 수상 : 1995년도 일본중부지방건설국장표창, 2000년도 시마네 경관상, 2004년도 토목학회경관디자인상 최우수상
- 사업주체 : 건설부 이즈모공사사무소 / 호안길이 : 421m / 호안 폭 : 22~48m / 대상면적 약 8,400m^2 / 설계 : 일본건설컨설턴트(현재 이데아)+APL

[사진 53] 호수가 공원·물의 미술관 전경

[사진 54] 소나무 말뚝 주변의 쌓인 모래

[사진 55] 제방

[사진 56] 개보수 전

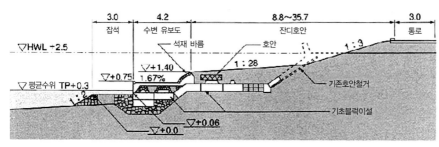

[그림 5] 계획 단면도

[사진 57] 개보수 후의 유보도

[사진 58] 개보수 전

[사진 59] 개보수 후의 잔디제방

제3절 항만지구의 재생

제2장에 보스턴항과 암스테르담항을 소개하였다. 항구를 중심으로 한 도심의 수변 즉, 워터프런트에 높은 관심이 모아진 것은 그곳이 오랜 기간 도시발전을 지탱해왔다는 점, 즉 중심지였기 때문이라고 할 수 있을 것이다. 그곳은 많은 역사적 유산이 전해져온다. 예로부터 번화해온 옛 항구의 재생이 세계 각지에서 진행되고 있다. 여기서는 지금까지 필자가 둘러 본 매력적인 워터프런트 도시를 소개하고자 한다.

1. 볼티모어·이너하버

볼티모어항(메릴랜드 주)은 체사피크항으로 들어가는 강의 안쪽 깊은 초입에 위치하여 18세기 초기에 개척된 항만과 조선업으로 발전해온 도시이다. 그것이 1950년대 이후 국제적인 경쟁과 항만기능의 노후화로 쇠퇴되어 가는 듯했다. 그 재생이 시작된 것이 1964년, 항만 안쪽 약 100ha의 이너하버(주 5)를 대상으로 한 재개발계획이 그 계기가 되어 수변의 자산을 공공소유로 되돌리고 녹지정비에 의해 공공의 어메니티 공간으로 조성하여 시민에게 수변을 되돌려주고자 하였다.

이너하버의 남북 방향 500m, 동서 방향 300m의 수면, 서북 방향의 코너에는 상업시설을 중심으로 한 하버플레이스(1980년 완성, 설계 : 벤자민 톰슨)가 있고 그 전면에는 범선 콘스트레이션호가 정박되어 있으며 동쪽의 부두

[사진 60] 워터프런트의 번화함이 부활(볼티모어 이너하버)

[사진 61] 이벤트 광장 주변

에는 수족관(1981년 완성, 설계 : 캠프리지 세븐)이 세워져 있다.

또 다음 부두로 건너가는 두 개의 스카이워크(입체 유보도)가 건설되어 고층의 월드 트레이드 센터까지 연결되어 있다.[5]

그 가운데 역사적인 건물도 보존 활용되어 이너하버 지역에 원래부터 존재하고 있던 4개의 건물(신문사, 스파이스 공장, 교회, 오래된 벽돌조 로프트)의 보존·재생되었다.

굴곡된 부분의 교차점에는 광장이 건설되었는데, 특히 하버플레이스로 에워싸인 광장은 수면에 접하는 이벤트스페이스로써 활용되어 만조 시에는 해수가 찰싹찰싹거리며 노면까지 올라온다. 무엇보다 콘스트레이션호가 자주 보이고 멀리서 왕래하는 선박을 보는 절호의 조망 스포트가 되고 있다.

공공 오픈스페이스는 매우 쾌적하고 경관 시퀀스가 잘 연출되어 있다. 그리고 하버플레이스의 레스토랑에서 바라보는 조망에도 수변을 즐기는 사람들이나 수면 위에 떠 있는 배의 움직임들이 잘 어우러져 있다. 시각적인 초점으로써 내수면을 위치시키고 그 관계로써 시설군을 배치하고 있는 것이다. 또 남쪽에는 작고 높은 언덕의 공원(페데럴 힐)이 있어 마리나 넘어 인너하버를 조망할 수 있도록 되어 있다. 이것들이 수변 유보도로 연결되어 각각 경관의 시퀀스를 매우 잘 연출하고 있다.

---

5) 볼티모어 이너하버 HP
http://www.tbrpc.org/waterfront/baltimore.htm

● 볼티모어 이너하버

[사진 62] 하버플레이스 앞 광장

[사진 63] 월드 트레이드센터와
선박

[그림 6] 마스터플랜 1985년경
(출전: 현지 수령자료)

[사진 64] 부두 3의 풍경

[사진 65] 부두 7과 배경으로 보
이는 집합주택

[사진 66] 페데럴 언덕에서 보는
인너하버

지금은 연간 수천만 명의 관광객으로 붐비는 마을로 되살아났다. 하버플레이스는 1981년 최초 1년 동안 1,800만 명이 다녀간 기록을 세웠다. 또 주택지 개발은 계획 초기부터 수백 호의 타운하우스와 고령자 주택이 건설되어 도시에 있는 100호 이상의 중고주택을 중심부의 주택지가의 정책하에 1달러에 매각하였다. 구입조건으로써 거주와 기준에 따른 재생이 의무 시행되었다. 그 결과로써 신규주택 약 2천 호, 재생주택 8천 호, 합계 1만 호의 주택이 탄생하였다. 그리고 2000년까지 20년 동안 시내의 재개발로 90동 이상의 오피스빌딩이 건설되는 등의 큰 경제효과를 낳았다. 그 후 수변개방은 동쪽과 남쪽에도 확산되어 지금은 길이 11km(7마일)에 이르는 유보도나 자전거 도로가 완성되었다. 그리고 역사적인 마을경관을 자랑하는 인접한 펠스 포인트Fell's Point와의 사이에 관광선이 운항하고 있다.

2. 바르셀로나 옛 항구의 재생

스페인 지중해 도시인 바르셀로나 구시가의 서쪽에서 조금 벗어난, 녹음이 무성한 랜브라스 거리, 이곳은 중세 성벽을 해체한 후에 만들어진 넓은 가로이다.

남쪽으로 내려오면 콜롬부스 탑이 있는 포르타르 데 라 파우 광장, 그 앞이 바르셀로나의 발전을 지탱해온 옛 항구의 내수면인데, 여기도 근대화로 남겨져 '바르셀로네타'는 마약이나 밀수입에 관계하는 빈민층의 소굴로 여겨졌던 시기도 있었다.

옛 항구에서 동쪽으로 펼쳐지는 공장지대를 대상으로 한 워터프런트 재생계

[사진 67] 보존된 펌프장이나 공장(볼티모어 이너하버)
새로운 고층 주택이나 오피스가 워터프런트 지구에 공존하고 있다.

• 바르셀로나 옛 항구

[사진 68] 몬주익 언덕에서 바라본 옛 항구

[사진 69] 바다의 란브라(가동식 다리)

[사진 70] 워터프런트 공원

[사진 71] 인공해변

[사진 72] 바르셀로네타 녹지

[사진 73] 옛 항구의 마린 포트

[그림 7] 바르셀로나 옛 항구 지도[출전 : 가이드 맵(바르셀로나)]

획이 1992년 올림픽을 목표로 1980년대에 시작되었다. 옛 항구의 하역장인 푸스타 부두Moll de ka Fusta는 워터프런트 공원이 완성되었고 임항 간선도로는 인공지반으로 덮여져 반지하 구조가 되었으며 그 지반 위에는 유명한 시푸드 레스토랑이 오픈하였다.

본래 물류기반 구 에스파냐 부두는 국제회의장, 해양박물관, 시네콘이나 쇼핑몰, 수족관의 폴트 벨 그리고 항구의 녹지로 변모하였고 이 모두 바다의 가동식 다리로 연결되어 있다.

에스파냐 부두 근처는 리키텐슈타인의 모뉴멘트가 놓여진 안토니 로페스 광장이 되어 남쪽 부두의 전면은 시민을 위한 요트나 보트의 마린항구로, 그 배후는 녹지로 조성되어 있었다. 남쪽 바르셀로네타 시가를 벗어나면 인공해변이 펼쳐지고 모래사장은 동측으로 쭉 이어져 있다. 그 뒷면은 바르셀로나의 새로운 집합주택지가 들어서 있는데, 이는 본래 공장지대가 올림픽을 계기로 변모한 것이다. 올림픽 시기에는 선수촌으로 사용되었는데 그 수변 일각은 호텔과 오피스의 고층 건물을 거느린 올림픽 포트의 상업지구가 되어, 여기에도 시푸드 레스토랑 거리가 조성되어 있어 시푸드를 풍족하게 사용한 지중해 요리 전문점이 줄지어 서 있다.

이처럼 불과 30년 동안 바르셀로나의 워터프런트는 크게 변모되었고 실로 매력적인 도시가 되어갔다.

3. 세계의 추천할 만한 워터프런트

세계로 눈을 돌리면 앞에서 소개한 사례에 덧붙여 미국의 샌프란시스코, 샌디에이고, 시애틀·캐나다·로테르담, 독일의 함부르크, 오스트레일리아의 시드니 등, 다채로운 항만의 재생 사례들이 있다. 이 항만도시들은 꼭 한 번 방문해볼 만한 곳들이다.

[사진 74] 피셔먼스워프의 레스토랑 거리(바르셀로나의 워터프런트 지구)

[사진 75] 시애틀항의 워터프런트

[사진 76] 토론토항

[사진 77] 리버풀의 알버트항

[사진 78] 로테르담항

[사진 79] 시드니의 서큐러키 주변

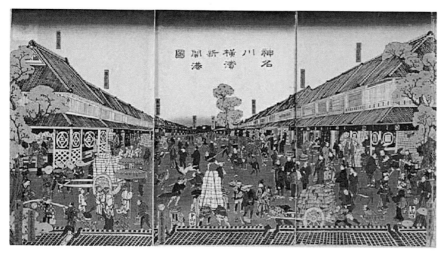

[그림 8] 요코하마 신개항도
(출전 : 港町横浜都市形成史)

4. 일본에 있어서 항만지구의 재생

일본에 있어서 근대의 항만은 에도 말기 1858년 일미 수호통상 조약체결에서 시작되었다. 이 시기에 막부는 하코다테, 가나가와(요코하마), 나가사키, 효고(고베), 니가타의 개항, 그리고 에도(동경), 오오사카의 해외 무역을 결정하였다. 그 후 메이지 신정부는 각지 항구를 주요항만으로 개항하고 다이세이, 쇼와에 걸쳐 각지의 항구에서 해외 교역이나 국내 물자 운송량을 늘려 점차 항만기능이 충실해져 갔다. 그러나 1960년 이후의 세계적인 선박의 대형화, 하역의 콘테이너화, 고속 운송에 대응하여 수심이 보다 깊은 부두와 옹벽, 고속도로와의 근접성이 요구되어 항만기능의 완비에 박차를 가하게 되었다. 그와 더불어 오랫동안 일본의 경제발전을 지탱해 온 역사적 항만이 그 모습을 크게 바꾸어가게 된다.

1970년대가 되면 앞에서 말한 것처럼 해외 항만재생의 성공사례가 줄지어 보고되었다.

모지항 레트로의 환경디자인(기타큐슈 시)

기타큐슈 최북단의 미나토마치, 모지항은 국제무역항으로 번화한 곳이었는데, 전쟁 후 대륙 무역이 두절되고 관문을 연결하는 선박이 폐지되는 등 마을이 쇠퇴해져 갔다. 쇼와 말기, 시의 '기타큐슈 르네상스 구상'의 중점사업의 하나로써 '모지항 레트로'를 키워드로 한 재생계획이 시작되었다. 그 사업은 1989년부터 시작되어 현재까지 계속되고 있다. 그 기본적인 테마는 지구에 남아 있는 역사적 건물 등의 보존, 관문해협 경관의 조망 스포트 만들기, 수변 녹지나 프롬나드 등의 시민을 위한 휴식장 정비였다. 당초 매입하기로 예정되었던 역사적 항만 제1선박 보전에서 시작하여 임항도로의 재검토, 보행자 전용 다리를 가동식 다리로 변경, 구 모지세관 등의 건물 개보수, 그리고 수변의 환경디자인 등으로 전개되어 갔다. 그중에서도 제1선박을 둘러싼 약 500m에 걸쳐 고저차를 포함한 경관을 풍요롭게 한 수변의 시퀀스가 연출되었고 건물군의 신구조화, 가동식 다리, 돌로 마감된 바닥, 보트 데크 등이 이어져 몬시항 매력의 핵심을 이루고 있다.

지금은 수변에 유보도나 친수광장, 해협을 바라보는 녹지 등 많은 시민이나 방문자의 휴식장소가 준비되어 있다. 선착장을 따라 모지항 호텔이나 상점, 역사적 건물을 활용한 레스토랑 등이 오픈하였고 미리 시에서 준비한 테이블과 벤치, 관광협회에서 준비한 파라솔 그늘에서 사람들이 환담을 나누며 여름에서 가을까지 오픈카페가 운영되고 있다.

[사진 80] 수변의 파라솔 아래 테이블에서 휴식하고 있는 사람들

[사진 81] 제2선착장의 이벤트 풍경

[사진 82] 구 모지세관 앞 녹지에 모여 있는 젊은이들

[사진 83] 구 모지세관 가동식 다리와 항만의 녹지(다이세이 로만 거리)

[사진 84] 관문해협을 바라보는 서해안 녹지 A

불꽃놀이 대회 때에는 절호의 조망 스폿이 된다.

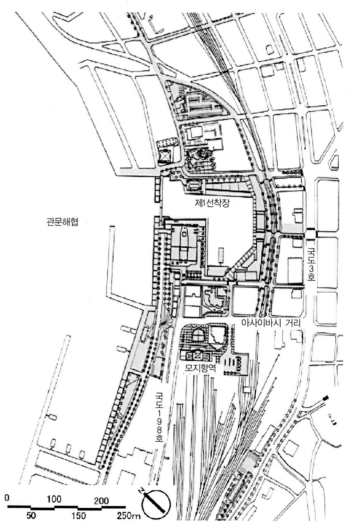

관문해협

제1선착장

국도3호

아사이바시 거리

모지항역

국도198호

0   100   200
50   150   250m

[그림 9] 제1선착장 주변정비계획 평면도

각 개소에서 시민들이 참가하는 야외 콘서트나 프리마켓, 비어가든 등이 열린다. 이러한 수변 이벤트 등은 지역의 매니지먼트 조직인 시, 지역기업, 상점가, 시민 등으로 구성된 '모지항 레트로 클럽'이 운영하고, 시민의 관광자원가에 의한 가이드 등 마을단체의 활성화를 위한 노력이 축적되어 왔다.

개개의 환경개선사업은 오랜 기간에 걸쳐 축적되어 지역의 큰 재산이 되고 큐슈 북부의 관광지가 되었을 뿐 아니라 살고 싶은 도시의 상위랭킹에 오르는 성과를 올리고 있다.

- 수상 : 2002년도 토목학회경관디자인상 최우수상, 콘크리트 조명, 기둥, 1996년도 굿디자인상 경관상 수상, 가동식 다리(블루윙 모지) (사)일본항만협회기획상 수상
- 사업주체 : 기타큐슈 시 / 정비대상 지역 : 약 100ha
- 사업기간 : 1989~2007년(일부 계속 진행 중)
- 항만녹지, 가로, 광장 등설계 : APL
- 조명디자인 협력 : 나구모디자인사무소
- 가동식 다리 설계 : 일본항만컨설턴트＋APL
- 제1선착장 야간경관디자인 : 石井幹子디자인사무소＋APL

[사진 85] 가동식 다리 블루윙 모지(설계 : 알도 로시)

[사진 86] 가동식 다리 블루윙 모지(열린 상태)
관문해협과 제1선착장 사이의 수면을 연결함

[사진 87] 제1선착장의 오리지널 디자인의 콘크리트 기둥의 가스등과 목재벤치

[사진 88] 제1선착장의 친수광장 자락

관문해협은 간만의 차가 2m 이상이나 되어 조석에 의해 해수가 출입한다.

[사진 89] 친수광장에서 놀고 있는 어린이와 부모들

[사진 90] 구 모지세관과 모지항 호텔

[사진 91] 구 모지세관의 수변 휴게시설

[사진 92] 보존된 오타루 운하
여기는 전형적인 항만운하였다.

[사진 93] 하코다테의 가네모리
창고 주변

[사진 94] 고베 항의 메리켄 공원

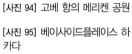

[사진 95] 베이사이드플레이스 하
카다

[사진 96] 나가사키 항의 데지마
워프

[사진 97] 모지항지구의 제1선착
장 주변
정비된 유보도

그로부터 각지에서는 항구의 재생사업이 진행되어 갔다. 그 배경에는 정부
(당시 운수성)의 항만 환경정비사업(1973년), 포트르네상스21계획(1985년) 등
의 지원제도가 마련된 것 등을 들 수 있다. 예를 들어 오타루항이나 하코다
테항, 요코하마항, 고베항, 오오사카항, 다카마츠항, 하카다항, 나가사키항
등에서는 관광을 키워드로 한 정비계획이 진행되었다. 여객선 터미널이나 관
광, 컨베이전을 중심으로 한 시설정비를 주축으로 하고 있다. 그 이유는 일

본의 경우, 옛 항구를 포함한 그 일대가 임항지구로 지정되어 주택의 입지가 규제되어 있었기 때문이다. 이 점은 서구에 있어서 워터프런트 지구에 정주하는 인구를 적극적으로 확보하였다는 점과 근본적으로 다른 점이다. 그중에서도 필자가 오랫동안 관계해온 기타큐슈 모지항지구(231페이지 컬럼 참고), 이곳은 운좋게도 임항지구가 협소하고 그 경계부에 맨션 등이 입지해 거주인구가 증가하고 있다는 것이 특징이다. 그 성공의 요인은 계획 당초부터 시민을 위한 환경 만들기에 주안점을 두었고 그에 총력을 다했다는 점이다.

도시의 그린 – 랜드스케이프

뉴욕 하이라인 공중공원의 풍경

제6장
도시의 그린 – 랜드스케이프

제1절 도시재생을 위한 그린, 랜드스케이프

1. 랜드스케이프가 의미하는 것

유럽 도시의 중심시가에는 가로수나 플라워 포트의 꽃들이 넘쳐나고 주말에는 공원녹지에서 유유자적 쉬고 있는 가족들의 모습을 볼 수 있다. 그것이 도심거주의 쾌적성을 보장하고 있다는 증거라고 할 수 있다. 실제로 도심부의 재개발계획의 경우, 대부분 중앙에 특징적인 공원이나 녹지를 두고 그것을 에워싸듯 오피스나 상점, 집합주택이 배치되는 경우가 많다. 공원의 녹음이야말로 도시에서 근무하고 거주하는 사람들의 활력소가 된다. 한쪽은 근대도시계획의 여명기에 탄생한 전원도시, 이쪽은 쨍쨍 내리쬐는 태양빛과 풍요로운 그린으로 에워싸인 독립적인 생활환경이 구축되어 있다.

그린공간, 즉 양질의 오픈스페이스에 사람들을 불러 모으기 위한 필수적인 요소를 만드는 랜드스케이프 아키텍트Landscape Architect의 전문가들은 건축가, 도시디자이너와 함께 각지의 환경창조 프로젝트를 추진해왔다. 이러한 직무를 목표로 하는 재능이 많은 젊은이들이 그 문호를 두드리고 도시공간

[사진 1] 베르시 공원(파리)
원래 와인 저장지의 재개발계획의 일환으로 만들어진 대규모공원. 지금은 그 주위의 집합주택에 입주한 가족들이 휴식을 취하는 장소가 되고 있다.

[사진 2] 전원도시 레치워스의 공원(런던 근교)

의 풍요로움을 만드는 일에 지속적으로 종사하는 것이야말로 도시를 매력적으로 만드는 데 연결된다고 할 수 있다.

일본 정부에서도 근세 마을 만들기에 있어서 사찰 경내의 수목이나 도시의 정원, 저택의 정원, 서민들의 분재, 꽃놀이 문화 등 그린은 극히 중요한 존재였다. 그 유지관리에는 전통적 기술을 계승하는 정원사라고 불리는 직무가 깊이 관여해왔다. 메이지 이후 근대화 과정을 거치는 가운데 서양식 공원제도가 도입되었으나 대부분의 전통적인 그린문화는 지켜져 왔다.

일본 정부 최초의 서양식 근대공원의 제1호로 알려진 동경 히비야 공원(1903년 개설)의 설계자인 혼다 세이로쿠가 최초의 랜드스케이프 아키텍트였다. 독일로 유학하여 임학을 수학하였고 귀국하자마자 조원 설계를 맡아 고심한 나머지 현재의 형태가 완성되었다고 한다. 그것은 조원 세계의 문명 개화 그 자체였다. 이후, 국내 대학에 조원 교육이 보급되었고 랜드스케이프 아키텍트가 활약하는 세상이 되었다. 관동대지진 이후의 부흥공원, 전재 부흥기의 기반정리에 맞추어 공원정비, 대규모 공원 개설, 그리고 경제 고도성장기에는 교외의 풍요로운 자연에 둘러싸인 이상적인 주거생활과 공원이 대량 공급되었다. 그리고 도시에서는 전쟁 후의 도시계획이나 그 후의 도시방재계획으로 지정된 대규모 녹지가 정비되어 주말에는 다양한 이벤트나 휴식공간의 기능을 다하였다. 또 대도시에서는 재개발 계획이 시행되어 토지의 고도이용을 담보로 공개 공지를 확보하고 그곳에 최첨단 랜드스케이프 기술이 공헌하여 높은 평가를 받았다. 특히 여러 동의 건축물이 연결되어 있는 대형 프로젝트의 경우에는 이들을 연결하는 오픈스페이스의 디자인이 중요한 의미를 갖는다. 이처럼 일본 정부도 랜드스케이프 디자인이 이상적인 도시 만들기에 크게 공헌하고 있다는 것을 인정해야 할 것이다.

그러나 전국 도시의 중심시가에는 토지의 고도이용이 진행되어 상점가의 후면이었던 주택가까지 빌딩이나 주차장으로 전용되는 등 환경은 크게 변화되어 갔다. 그것은 도시계획 제도의 도입을 계기로 시행된 상업업무지로의 특화, 생활공간의 형식화, 도시 내 거주자가 교외로 전출하는 결과로 이어져 지방의 중심시가는 도시계획이 목표로 한 활기찬 도시와는 거의 거리가 먼 푸른하늘 아래 주차장이 점점 자리매김하는 삭막한 도시가 되어버렸다.

사실 해외에서는 조밀한 시가지의 생활환경 개선을 위해 일부러 건축물을 없애고 거기에 환경디자인의 수법이 전개되고 있다. 그 의미에서는 살고 싶은 마을, 사람들이 돌아가고 싶은 환경을 위해서는 그린, 녹원, 랜드스케이프의 전개가 반드시 필요하다고 확신한다. 실제로 가쿠노다테武家屋敷의 무사 주택지 거리武家屋敷, 오미하치만近江八幡의 상가 거리 등 그러한 일본 지방도시에 잠재하는 소나무, 그 풍경이 존재하는 곳에는 엄연히 거주지가 존재한다. 그 가까운 곳에는 역사적 사찰이나 강, 물길 등의 오픈스페이스가 있다. 또 최근 인기를 모으고 있는 관광 숙박지, 구마모토의 구로가와 온천 주위에 풍부한 그린이 있으면서도 부지 내 녹화에 힘써왔다는 것이 마을의 가치를 높이는 데 크게 공헌했다고 알려져 있다.

20세기가 건축물의 시대, 즉 건축상자나 토목구조물 등의 기술혁신의 시대였다는 것에 반해, 21세기는 환경, 즉 오픈스페이스의 시대라고도 할 수 있는 것이다. 그 의미에서는 랜드스케이프 디자인이 도시를 재생하는 힘이 될 수 있는 것이다. 이 시점에서 새롭게 랜드스케이프를 향한 기대를 설명해두고자 한다.

[사진 3] 오오아리 재개발지구를 가로지르는 녹음이 우거진 마루노우치나까 거리

[사진 4] 동경 미드타운과 함께 정비된 에노키쵸 공원

[사진 5] 가쿠노다테角館의 무사거리武家屋敷街(아키타)
정원의 녹음이 풍경을 완성하고 있다.

[사진 6] 구로가와 온천의 여관건물과 도로의 사이에 식재되어 있는 수목(구마모토)

2. 동서양의 랜드스케이프

랜드스케이프는 글자 그대로 랜드Land 대지, 즉 자연이 부여한 토지나 국토, 그리고 스케이프Scape 풍경의 합성어로 그 설계 행위를 랜드스케이프 디자인이라고 한다.[1] 이것을 직무로 하는 사람을 랜드스케이프 아키텍트라고 부르는데, 일본어로는 조원가, 조경가, 조경설계가 등 사람에 따라 각각 다르게 사용되고 있다. 원래 랜드스케이프 세계에서 서양의 동서 문화가 별개의 진화를 이루어온 고로, 그 의미하는 것의 차이는 도시의 모습에 그대로 반영되고 있다고 할 수 있다.

해외 랜드스케이프 기법

서구의 정원은 자연 대지를 인간의 힘으로 '정복'하여 기하학적인 도형을 이용해 분절하고 거기에 산책로나 연못, 수로, 숲, 화단 등을 배치하고 있다. 특히, 정형식 정원에서는 극히 인공적인 수법으로 전혀 새로운 소우주(마이크로 코스모스)를 조성해왔다. 그 대표적인 사례가 프랑스 파리 교외의 보르비콘트 성이나 베르사유 정원으로 그것을 도시스케일로 발전시킨 것이 파리의 마을이라고 전해진다. 오스만의 도시계획에 의해 만들어진 직선가로와 넓

---

1) 『日本の庭園－造園の技とこころ』, 進士五八著, 中央公論新社.

은 가로수길의 시선이 도달하는 지점은 인공적인 모뉴멘트가 배치되어 몇 개의 가로가 하나의 정점으로 모인다. 에트워르 개선문은 그 상징이기도 하다. 그 사이에 왕후 귀족의 수렵지가 설치되어 있는데 그곳은 지금은 시민을 위한 공원으로 사용되고 있다.

● 베르사유 궁전의 정원(프랑스)

[사진 7] 대운하의 축선
베르사유 궁전 옆 광장에서 대운하를 조망함

[그림 2] 정원평면도
〈범례〉
1. 베르사유 시가
2. 베르사유 궁전
3. 스위스인의 연못
4. 오랑제리
5. 파르테일
6. 라튼느의 분수
7. 타비 베르
8. 아폴론의 연못
9. 보스크
10. 대운하
11. 쁘치 빠르크
12. 호안 도 뷰
(출전: 『庭園·虛.構仕掛のワンダーランド』SD 編集部, 鹿島出版会)

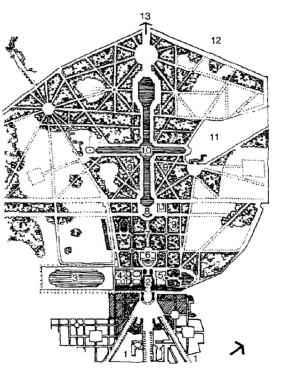

[사진 8] 방사형으로 뻗어있는 넓은 가로수길

[그림 1] 파리의 가로망과 녹지
[출전 : 파리 가이드 맵(1994)]

[사진 9] 12세기 작품으로 알려져 있는 모월사毛越寺의 정토식 정원(히라이즈미쵸)

[사진 10] 무라마치시대의 셋슈雪舟의 작품으로 알려진 쇼에이지常栄寺의 정원(야마구치 시)

[사진 11] 시온미나오테부케야시카塩見縄手武家屋敷의 정원(마츠에 시)

[사진 12] 민가의 정원(오부세 쵸)

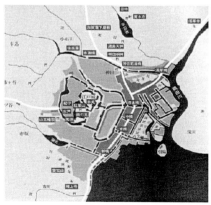

[그림 3] 에도·관영기의 토지분할(출전 : 『図説江戸屏風をよむ』小沢弘著、河出書房新社)

[그림 4] 토비도리야마의 사쿠라
(출전: 「江戸名所図会」 『緑の東京
史』 東京都造園建設業協同組合著,
思考社)

동양의 정원기법

동양에서는 특히 중국이나 한국, 일본의 동아시아에 있어서, 몬순 기후의 영
향으로 인해 신선사상을 반영하여 자연과 융화하는 형태의 정원 즉, 나무들
이나 물, 돌 등을 되도록 자연 그대로의 모습으로 보여주는 데 중점을 두어
왔다. 도시에 있어서도 자연지형을 있는 그대로 살려서 경사지의 그린을 보
존하였다. 또한, 신이 머무는 서지로서의 진수림이 있다. 그 최고의 장소로
알려진 곳이 일본의 수도인 동경이라고 전해지는데 옛 도시 에도의 골격을
이루는 것이 방위를 위해 '노の'의 글자형태로 배열된 참호로써 그 수맥을 따
라 이어진 가로가 지역마다 놓이고 그 사이에는 수림의 오픈스페이스가 배
치되었다. 시가지도 넓은 영토를 소유한 무사나 일반인들의 거주지가 모자이
크 형태로 혼재되어 무사 집안에는 정원을 만들고 서민들의 집에도 조그마
한 정원이나 분재문화가 있었다. 또 시나가와의 고텐야마나 오우지의 토비도
리야마의 녹음이 있다. 즉, 생활 가운데 '자연'이 녹아 있었다. 그것이 에도
를 '정원도시'라고 하는 이유이다.

이 정원문화는 지방도시에도 뿌리내리고 있었다. 성곽 내의 넓은 정원, 그리
고 전쟁 시 방어선을 축조하기 위한 사원배치와 그 경계림, 주위 무사들의
거주지나 상인들의 호화저택에는 실로 훌륭한 정원이 있다. 그 가운데에서도
전통 도시에 있어서 귀중한 유산으로 이름 있는 정원들을 잘 보전할 수 있
었던 것은 재해나 기근 등 서민이 곤궁해졌을 때 실업대책으로써 큰 장사꾼
이나 재력 있는 대농들이 솔선하여 축재해온 부를 문화적 활동의 일환인 정

원 만들기에 투자해온 결과라고 할 수 있다. 또 서민문화 가운데서도 분재문화가 일반화되고 좁은 도로에도 사계절마다 화초나 그린이 충만했다.
이러한 기본골격은 지금은 벌레 먹은 것 같은 형태로 전락해버린 중심시가 가운데에서도 지켜졌다. 상업지는 녹슬었어도 그 가운데 도매 상업가, 간장이나 일본 된장의 제조업, 일본 과자 판매자 등 지역에서 입지를 굳힌 가게 점주들이 솔선하여 인접한 빈집을 정비하고 새로운 정원을 만들어 공개하는 등, 아직까지도 원기를 받을 수 있는 사례들이 각지에 존재한다.

정원문화와 동서 교류

정원문화로 이야기를 돌려보자. 지금 '환경'에 대한 관심이 높아지는 가운데, 옥외 환경, 특히 '가드닝'이 트렌드가 되고 있다. 게다가 정원이 있는 단독주택에 국한하지 않고 공동주택의 베란다, 그리고 공공시설이나 오피스빌딩의 옥상 정원까지 확대되고 있다. 전통적인 일본식 정원과는 다른 단독주택의 정원 가드닝, 이것은 영국식의 '잉글리시 가든'의 흐름을 이은 것이라고 할 수 있다.
18세기에 시작한 영국 풍경식 정원, 거기에는 넓은 잔디에 수림, 그리고 장원정원이 배치되었다. 그 평면은 곡선을 많이 사용하였다. 윌리엄 켄트의 '자연은 직선을 싫어한다'에서 대변하는 것과 같이 자연의 풍경처럼 부드럽게 굽이치는 지형에 잘 어울리는 곡선을 많이 사용하는 수법을 선호하였다. 원래는 목가적인 자연풍경을 모방한 정원이었으나 그 후 란슬롯 브라운에 의한 물과 잔디, 수목과 언덕만으로 구성한 사실주의 그리고 험프리 레프톤이 그 사고를 이어받아 보다 세련된 풍경을 완성하였다.

● 스토아헤드 공원(영국)

[사진 14~16] 스토아헤드 가든 (윌트셔 주, Stourhead House and Garden / Stourton, Wiltshire)

설계 : H. 호어. 18세기 영국풍경식 정원의 대표적인 작품. 전원풍경을 그대로 살린 자연그대로의 모습에 가까운 풍경식 정원. 이곳은 영국 National Trust에 의해 보전 관리되고 있다.

● 큐 가든(영국)

[사진 17~18] 큐 가든Royal Botanic Gardens, Kew

런던 남서부의 큐에 있는 왕립식물원. 1759년에 궁전병설 정원으로 시작해 지금은 방대한 자료를 소유하고 있는 세계에서 가장 유명한 식물원. 2003년 유네스코 세계문화유산으로 등록

[그림 6] 전형적인 독일국민공원 쾰른의 폭스가든의 평면 (출전 : 『近代公園史の研究-欧化の系譜』 白幡洋三郎著、思文閣出版)

그리고 '랜드스케이프 가드닝'이라는 개념을 내세우고 정원의 경계를 넘는 랜드스케이프 디자인의 전통적 초석을 다졌다.

그 수법은 그때까지는 이집트 메소포타미아, 고대 로마에 기원한 서구의 정형식 정원에 일대 변혁을 가져온 것이다. 앞에서 이야기한 것처럼 정형식이란 자연과 다른 독립적인 세계, 어떤 의미에서는 한 공간을 기하학적인 형태를 이용하여 지배하는 수법을 양식으로 확립한 것이라고 할 수 있다. 그 전형이 15세기 이탈리아식 정원, 그리고 프랑스식 정원이다. 7세기 이후에 발달한 이슬람 정원에 등장하는 십자형이나 4개의 정원과 상징적인 기하학도 실로 특징적이다.

한편, 자연풍경식 정원은 명백히 일본이나 중국 등 동양의 영향을 받았다. 대항해 시대 그리고 18세기 '자포니즘Japonism'의 시대, 일본 속세의 그림이나 이마리야끼가 서구에서 동양 붐을 일으켰다.

왕정이 무너지고 시민혁명 시대로 이행하면서 그때까지의 권력주의적인 자연정복사상 자체를 기피하게 되었다는 것도 생각해볼 수 있다. 그것도 포함해서 정원세계에도 동서문화의 조우가 크게 영향을 미쳤다.

자연풍경을 중시했던 영국식 정원이 19세기에는 구미제국으로 확산되어 독일의 국민공원을 거쳐 당시 유학하고 있었던 혼다 세이로쿠本多静六에게 큰 영향을 주었다. 미국 대륙에서는 프레데릭 로 옴스테드의 뉴욕 센트럴 파크나 보스턴의 에메랄드 네크리스가 조성되었는데 이곳에서도 곡선적인 산책로를 배치하고 있다. 그것은 미국식 랜드스케이프 발전기를 거쳐서 지금의 랜드스케이프 디자이너의 활약으로 연결된다. 즉 동양의 조원사상이 그 형태를 변화시켜 역수입되었다고 볼 수 있다. 본고장인 영국의 전원도시를 지탱해온 정원문화의 연계, 그 조류를 보면 실로 랜드스케이프 세계의 흥미로운 점을 알 수 있다.

[사진 19] 센트럴 파크(뉴욕)

설계: 프레더릭 로 옴스테드, 1858년 개설

[사진 20] 보스턴 코몬

1630년경에 정비되어 미국 최고의 도시공원으로 알려져 있음

[사진 21, 22] 동경 도심의 오아시스, 히비야 공원

혼다 세이로쿠의 설계에 의해 조성된 서양식 공원. 일부 일본식 정원이 조성되어 있다(아래 사진).

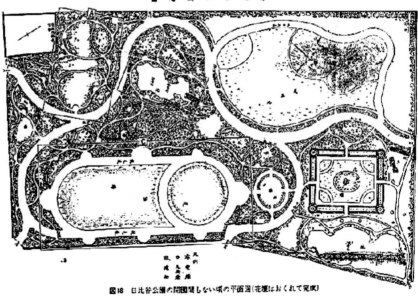

[그림 7] 히비야 공원의 개원 직후 평면도
(출전: 『近代公園史の研究-欧化の系譜』 白幡洋三郎著、思文閣出版)

3. 포켓 파크의 효용성

한편 일본 죠카(역자 : 상가와 집이 일체화된 일본의 주거형태)의 좁은 부지 안에는 아담한 정원이 있는데, 그 한 평 공원에서 격자를 사이에 두고 집 앞 큰길로 시원한 바람이 통한다. 이처럼 작은 공간도 도시 안에서는 귀중한 환경이 된다. 이것을 거대한 도시에 적용하면 1960년대에 미국에서 유행했던 베스트포켓 공원 같은 그린으로 둘러싸인 소광장이 된다. 베스트란 팔 없는 니트 조끼의 포켓이란 의미인데 유명한 랜드스케이프 아키텍트인 로버트 자이온Robert L. Zion, 1921~2000이 당시 뉴욕 시에 제안하여 마천루 가운데 페이리즈 파크로써 실현한 것이다. 또 계속해서 만들어진 히데오 사사키Hideo Sasaki, 1919~2000의 그린에이커 파크도 뉴욕을 대표하는 포켓파크의 명작이다. 인공폭포의 물소리가 주위의 소음을 없애고 오픈카페가 있어서 항상 사람들을 위한 배려를 느낄 수 있는 휴식처가 되고 있다. 그 공간은 반세기경이 지난 지금까지도 도심의 오아시스로 기능하고 있다.

해외의 번화함을 재생한 도시에서는 오픈스페이스의 존재가 중요한 포인트가 된다고 할 수 있다. 예를 들면, 남유럽 스페인 바르셀로나의 구시가 재생에 활용된 황폐하고 조밀한 시가지에서의 틈새공간 조성을 스펀지 효과라고 하는데 이 환경개선 수법도 실로 흥미롭다.

또 일본에서도 가로의 방재를 위해 공지를 겸한 소광장을 조성하는 것이 환경의 향상에 크게 기여하고 있다. 그 의미에서는 도시의 그린재생은 일본의 전통적인 정원도시 문화를 다시 부흥시키는 것이며 그로 인해 도시의 환경가치를 새롭게 높여가는 것이라고 할 수 있겠다. 그 연쇄작용을 기대하고 싶다.

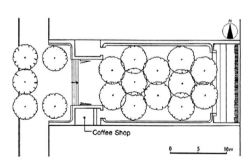

[그림 8] 페이리즈 파크(뉴욕)
(출전:『プロセスアーキテクチュア NO.78(1988.07) 特集·ポケットパーク』)

[사진 23] 페이리즈 파크
설계 : 로버트 자이온

제2절 도시의 공지에 그린과 광장을

여기에서는 '공지가 도시를 재생한다'라는 키워드로 해외 사례를 소개하고자 한다.

1. 바르셀로나의 공지와 광장정비

앞에서 서술한 서구 지중해 도시의 사례에서 가장 유명한 것이 바르셀로나일 것이다. 여기서는 근세부터 지속되어 온 성벽 안에 조밀한 시가가 형성되어 왔다. 그 빈 공간 중에서 가장 두드러진 곳이 유명한 람블라스 거리라고 해도 좋을 것이다. 이곳은 많은 사람들이 왕래하는 길이 1.2km 정도인 가로인데, 18세기에 본래의 성벽이 무너진 자리에 조성된 곳으로 양쪽 건물 쪽으로 자동차가 지나다니는 도로가 있고 넓은 중앙분리대가 보행자를 위한 공간으로써 양쪽으로는 근사한 가로수가 식재되어 있다.

이 도로는 현대사를 장식할 만한 많은 사건의 무대가 되었던 곳으로, 지금은 그린으로 에워싸인 중앙보도에 플라워 숍이나 서점의 키오스크, 오픈카페 등이 늘어서 즐겁고 명랑한 거리가 되었다.

사실 '공공공간의 바르셀로나 모델'이라고 불리는 재생수법은 현대판으로써 구시가 환경개선을 위해 계획적이면서 전략적으로 전개되고 있다. 구시가에 인접해 있던 공장부지는 공원으로 변화하였다. 또 조밀한 구시가의 넓은 범위를 조성하여 사람들이 살지 않는 노후화된 주택 등을 철거하고 소광장이나 녹지를 조성하였다. 그 프로젝트는 수백 건에 달했는데 설계자는 지역건축가나 디자이너를 대상으로 한 현상설계로 선정하였고, 이 모든 과정을 착실하게 실현해나감으로써 지역주민에게 환경개선 효과를 체감하도록 하는 방법론으로 진행되었다.

조밀한 시가를 의도적으로 보이드한 공간으로 만든다. 즉 건축물을 제거하고 그곳을 녹음이 우거진 가로나 소광장으로 조성하여 주위 시민들의 휴식장소로 만든다. 거기에는 수목이 식재되고 돌로 바닥을 포장하여 벤치를 배치한다. 소광장에 면한 건축물 1층에는 작은 발코니를 만들고 옥외에 테이블과

의자, 파라솔이 설치되어 항상 스트리트 와쳐가 되는 상인들이나 시민이 있다. 소광장에 면한 건축물이 개장하면서 주택의 가치가 높아지는 효과도 있었다. 기존의 빈번했던 범죄도 격감하고 몰라볼 정도로 아름다우면서 활기 넘치는 도시가 되었다.

[사진 24] 람블라스 거리
넓은 중앙분리대에 가로수, 키오스크 등이 나열되어 있다.

[사진 25, 26] 산츠 역 근처의 에우바냐 인더스트리얼 공원(바르셀로나)
원래 섬유공장 자리였다.

[사진 27, 28] 크로트 공원
원래 국철의 차량공장이 있었다. 공장의 건물유적이 일부 남아 있고 랜드스케이프에 어우러져 있다.

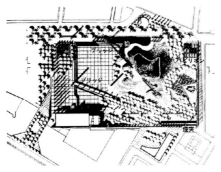

[그림 9] 크로트 공원 평면도
(출전:Kukan·90年 1月号/ No.6
特集:バルセロナ 1990 都市·建
築·インテリア 学習研究社)

[사진 29, 30] 발메라 광장(바르
셀로나)

여기도 공장이 있던 부지의 공
원 광장이다. 길이 52m의 콘크
리트 벽이 상징적임. 벽을 사이
에 두고 그린공간과 플레이공간
이 나뉘어져 있다.

[사진 31] 크레웨타 델 코이 공원

기존에 석조장이던 곳에 만들
어진 분수의 공중에 체리더의
조각이 매달려 있다.

[사진 32] 시내의 통칭삼각공원

길모퉁이의 작은 공간도 디자인
대상이 된다.

[사진 33] 미로공원

원래 도살장이던 곳을 공원화
하였다.

[사진 34] 바르셀로나 시내의 프
리아 거리 Via Julia

시가의 도로도 랜드스케이프
디자인의무대가 된다.

이처럼 광장조성에 의한 효능을 스폰지 효과라고 부르며 그 수법을 바르셀로나 모델이라고 한다. 필자도 1980년대, 1990년대, 2000년대에 몇 번인가 바르셀로나를 방문하였는데 도시의 변천에 매우 놀랐었다. 특히 환경개선으로 시가지의 인상이 매우 밝아졌다는 느낌을 받았다.

2. 쿠리치바의 공원녹지정책

3량 연속의 버스, 플랫폼 방식의 버스정류장으로 소개했던 브라질의 쿠리치바. 여기는 여러 가지 점에서 도시 만들기의 우수성이 알려져 일본에서도 많은 시찰단이 방문하였는데 공원녹지정책도 매우 본받을 만하다.

시내의 공원녹지면적을 보아도 지금은 오슬로에 이어 세계 2위의 면적을 보유하고 있는데 한사람당 255m² 2005년 시점, 시 인구 170만 명, 이와 관련하여 일본의 평균은 9.3m², 동경 6.5m²이라고 한다. 그러나 지금으로부터 약 40년 전인 1971년의 쿠리치바 시민 한 사람당 녹지 면적은 0.6m²에 불과했다. 이 변화는 새로운 도시 만들기 정책이 시작했던 1970년대 초기의 도시 마스터플랜 가운데 녹지정비를 전략적으로 세워 확대해온 것에서 유래한다. 여기서는 ① 하천변 공원녹지, ② 도시계획과의 연동에 의한 공원용지의 무상취득, ③ 남은 도로의 공원화에 대한 상세한 내용을 소개하고자 한다.

[사진 35] 구시가 일각에 위치한 소광장
어린이들의 플레이 그라운드가 된다(바르셀로나).

하천변의 공원녹지

쿠리치바에는 베른 강, 바리구이 강이 있는데 하천변의 저지대는 빈번하게 범람하였다. 특히 쿠리치바는 선진국처럼 호안정비에 들일 예산이 없었다. 더욱이 여기는 불법침입자의 파베라(일종의 불법점거 슬럼)가 되기 쉽다. 그래서 하천변을 공원으로 하고 홍수 때에는 유수지가 되도록 하여 일상적으로 시민의 여가를 위한 장소가 되도록 활용하였다. 더불어 불법점거를 방지하도록 하였다. 당시는 공원정비의 지원예산이 연방정부에 없었기 때문에 범람원의 토지를 방재용지라는 명목으로 취득해나간다는 묘안이었던 것이다. 이로 인해 하천변에 자연의 그린벨트 조성을 실현하게 된 것이다.

도시계획과의 연동에 의한 공원용지의 무상취득

단기간에 공원을 정비할 수 있었던 것은 석조장 부지, 공장 부지, 쓰레기 처리장부지, 불법점거지 등 방치되었던 공간을 재이용하였다는 점, 특히 잘 이용하지 않는 대지의 주인에게 약 3%의 토지를 시에 기부하도록 하는 방식을 채용하였다는 점에 기인한다. 그러한 구조는 우선 시가 기부받은 토지에 공원을 정비하여 주변 토지의 주택지 개발을 가능하도록 영역을 할당해준다. 공원이 정비되면 그 주위는 고급주택지가 되고 지가가 상승하여 지주에게도 이득이 된다. 계속해서 시에 기부하는 지주가 출현하는 효과도 낳았다. 때로는 간선 축의 토지에 개발권 이전이라는 조치도 유연하게 이루어졌다고 한다.

시내에는 28개소로 정비된 공원이 있고 총 면적이 1,880ha에 이른다. 원래 쓰레기 처리장이었던 자리가 정비되어 식물원이 되었고 시내 유일의 관광명소가 되었다. 또 세계 각국으로부터의 이주자들을 기념하는 공원도 정비되었다. 이탈리아, 독일, 우크라이나, 폴란드, 일본, 레바논 등 실로 글로벌하다.

도로공원

넓은 도로의 일부를 공원으로 조성하는 흥미로운 정책이 1980년대에 실행되었다. 원래 들판을 개척해서 만든 도시이므로 도로가 넓다. '인간중심의 도시 만들기'의 일환으로, 장소에 따라서는 차로를 좁게 하고 중앙분리대나 교차점에 소공원을 만들었다. 이는 주민에게 매우 큰 호평을 받았다. 원래 도로 내에 만들었던 농구장이나 테니스장, 축구장은 어린이들의 플레이 그라운드가 되었다. 특히, 축구는 브라질의 국기이므로 어린이들의 모습은 더욱 활기찼다. 다음 3가지 방법으로 이루어졌다.

- 4모퉁이 공원 : 주택지에 있는 주요도로가 아닌 교차점에 4개 모퉁이를 대각선으로 차단하고 통과할 수 없도록 하여 소공원을 확보한다.
- 분리대공원 : 통행량이 많지 않은데 도로 폭이 넓은 도로는 자동차가 스피드를 내기 쉽다. 또, 부근에 여가를 위한 광장이 없는 이유로 중앙분리대를 일부러 폭을 넓게 만들어 공원을 확보한다.
- 노지공원 : 주택지 내 도로에서 각 주택으로 접근하는 4m의 통로를 확보하여 남는 공간을 공원으로 만든다. 녹원주택의 풍경이 되어 그 주택지의 환경도 격상한다.

이와 같은 형태로 도시 안에 많은 공원녹지가 확보되었다. 남미 브라질 안에서도 가장 안전하게 생활할 수 있는 곳으로 세계적 자동차 메이커인 모회사에서 이 도시로 진출하는 등 경제적으로도 활력을 띠고 있다. 역시 도시계획의 근본사상이 제대로 적용되고 있는 지자체가 통치하는 도시에서는 다양한 형태로 시민들이 은혜를 받고 있다는 것을 입증하고 있는 것이다.

[사진 36] 원래 하천변을 범람했던 팅구이 공원(쿠리치바)

[사진 37] 석조장 공원의 노천극장

● 도로의 일부를 공원화하는 수법(쿠리치바)

[사진 38] 시내의 도로공원

[그림 10] 구조
(출전 : 2006 도시환경디자인회의,
IPUCCI 방문 때 수령한 레포트에
서 발췌)

4모퉁이 공원	분리대 공원	노지 공원

  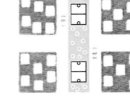 

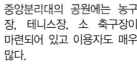

주택지에 있는 주요도로가 아 닌 넓은 교차점의 중앙에 소 공원을 만들어 주민의 요구에 대응하고 있다.

중앙분리대의 공원에는 농구 장, 테니스장, 소 축구장이 마련되어 있고 이용자도 매우 많다.

공원 안에 주택이 있고 그 일 부에만 자동차가 들어가도 좋 도록 한 것 같은 느낌이다.

제3절 녹지가 도시를 변화시킨다

여기서는 도시 내 선상에 연결된 녹지가 도시공간을 재생시킨 프로젝트를 소개하고자 한다. 녹화에 의해 주위 시가지의 환경변화를 가져왔다는 좋은 사례가 있다.

1. 뉴욕의 하이라인 공중공원

2010년 5월 필자는 뉴욕에서 가장 화제가 된 랜드스케이프 작품이라고 알려진 '하이라인 공중공원'을 방문하고 충격을 받았다. 장소는 맨해튼 웨스트사이드, 로우어 첼시지구의 허드슨 강변의 녹슨 공장, 창고가 줄지어 서있는 장소이다. 1934년에 화물철도로 완성된 고가철도 하이라인은 1950년대부터 물류의 주역을 트럭운송에게 빼앗겨 반세기도 넘기지 못하고 1980년대에 폐지되었다. 그와 더불어 지역 일대의 제조업이나 창고업도 쇄퇴해갔다. 철도 자리는 진입금지로 잡초가 무성해진 폐허가 되었고 주위는 쓰레기가 쌓이고 불법행위가 만연한 우범지대가 되어갔다.

1990년대 환경정화와 재개발을 위한 방도가 검토되던 중, 고가도로를 상부를 공원으로 재생하자는 제안이 시민층으로부터 흘러나왔다.

그 제안에 동조하는 사람들이 하이라인 친우회를 결성하고 공원화를 위한 독자적인 설계플랜을 만들어 입에서 입으로 전해지면서 인터넷과 각종 미디

[그림 11] 하이라인 보존, 공원계획의 CG
(출전 : http://www.thehighline.org)

어를 이용하여 '보존과 재생'의 목소리가 높아갔다. 그 대중운동은 점차 환경의식이 높은 문화인과 예능인, 음악가, 시장선거 입후보자, 대통령선거 출마예정의 유력한 정치가들의 응원을 받았다. 2002년 시장선거에서 당선한 불룸버그 신 시장의 지휘하에 해체의 방침이 철회되고 운동가들과 협동하여 공원화계획에 착수하게 되었다.

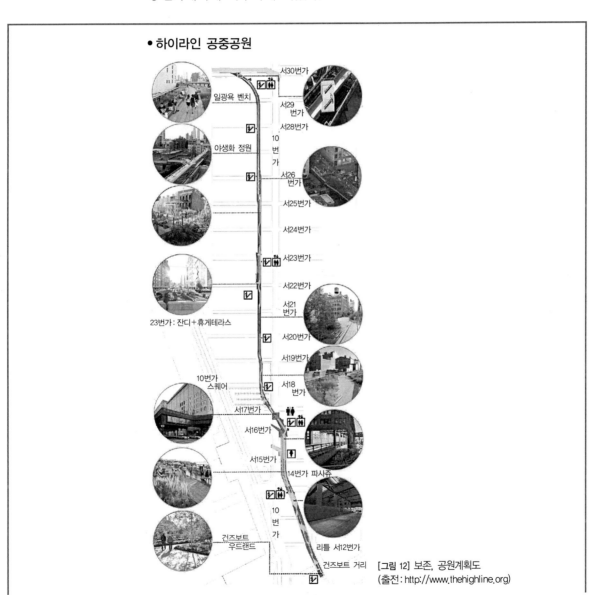

● 하이라인 공중공원

일광욕 벤치

야생화 정원

23번가: 잔디＋휴게테라스

10번가 스퀘어

건즈보트 우드랜드

서30번가
서29번가
서28번가
서26번가
서25번가
서24번가
서23번가
서22번가
서21번가
서20번가
서19번가
서18번가
서17번가
서16번가
서15번가
14번가 파사쥬
리틀 서12번가
건즈보트 거리

10번가

10번가

[그림 12] 보존, 공원계획도
(출전 : http://www.thehighline.org)

[사진 39~44] 1단계 계획상황
많은 사람으로 붐비고 있다.
주위의 토지이용은 이 녹지로
인해 크게 변하였다(위, 아래
사진).

다음 해 2003년에는 공모형 디자인 현상설계 공모로 36개국, 720개 제안
가운데 당선된 뉴욕 랜드스케이프 도시디자이너와 건축가 공동 팀[2]이 선정
되었다. 한편, 비어 있는 상태로 있던 창고 거리의 아틀리에나 이벤트 스페

[사진 45] 이후 연장공사 예정인 하이라인의 구 간(뉴욕)

2011년 여름 현재

이스 이용에 착목한 것은 젊은 아티스트들이었다. 싸게 임대할 수 있는 창고를 스스로 사용하기 시작했던 것이다. 그것을 시작으로 소호나 매디슨 애버뉴 지구의 높은 임대료에 힘들어하던 미술품 거래인들도 이곳에서 적극적으로 화랑을 열기 시작하였다. 지금은 이곳의 화랑이 수백 호에 이른다. 이 공중공원계획이 매스컴에 등장한 것이 계기가 된 것일까, 주위에는 고급 공동주택, 호텔, 젊은이들을 타깃으로 한 부티크나 레스토랑, 트렌디한 상점이 속속 진출하고 있다.

총 길이 약 2.3km의 공중공원공사 2006년 4월에 착수하여 2011년 6월, 총 길이의 3분의 2인 약 1.5km 구간Gansevoort Street~30th Street을 완성하였다. 그 후로도 계속 공사가 예정되어 있다. 지상으로부터 공중공원까지는 새롭게 만들어진 계단과 유리 마감의 엘리베이터로 진입할 수 있다. 많은 사람들이 공원에서 걷고 휴식하고 도시를 조망하는 요령을 다채롭게 고안해 연출하고 있어서 랜드스케이프가 이렇게까지 사람들의 매력을 이끄는가 하고 감탄할 정도이다.

구 철도의 흔적을 남기려고 PC콘크리트판의 바닥면이나 식재공간에 레일이

2) 랜드스케이프 / 도시디자이너(James Corner / Field Operations)와 건축가(Diller Scofidio+Renfro)의 공동팀

그대로 노출되어 있고 100여 종이 넘는 다양한 식물을 심어 원래 그곳에서 풀이 자라고 있었던 것과 같은 자연스러운 이미지를 유지하고 있다. 또 그곳에 나무로 만든 벤치나 의자, 일광욕 데크가 놓이고 도로를 조망할 수 있는 전망테라스 등 매우 섬세한 랜드스케이프 디자인이 전개되었다.

고가다리를 넘는 2개의 빌딩은 한 개는 유리 마감 파사드의 20층 건물의 신축호텔이고, 또 하나는 역사적인 건축물 지정의 구 육류창고를 개축한 15층 오피스빌딩이다. 이것이 바로 랜드스케이프가 도시를 재생하는 실천이라고 할 수 있다.

2. 보스턴 고속도로 지하화 그린웨이 계획

자동차 사회가 가장 진보한 나라인 미국에서 또 하나 눈여겨 볼만한 프로젝트는 도시의 중심부를 관통하는 고속도로를 지상에서 제거해가는 보스턴 시의 통칭 '빅 딕(거대한 구덩이파기라는 의미)' 센트럴 아트리 코리더 녹지화 계획이다. 이것을 본래 중심시가와 워터프런트 지구와의 사이에 존재하던 고속도로(센트럴 아트리 : 남북으로 종단하는 고가고속도로, 1959년 개통) 약 2.5km 구간을 완전히 지하화하고 그 자리에 약 120ha의 반을 공원녹지, 광장으로 연결되는 유보도로 조성하는 획기적인 사업이다.

그 경위는 1970년대 보스턴 시민운동에서 비롯되었다. 1980년대에는 시당국이 주체가 되어 교통기능을 검토하고 환경영향평가 등을 포함해서 지하화 계획을 책정하였다. 그리고 미연방 의회에 의한 사업계획 승인을 거쳐 1988년 보스턴 건축가협회 주최로 아이디어 현상설계 경기를 실시, 1998년 '보스턴2000플랜'으로 착실히 실현해나갔다. 거기에는 ① 공공공간을 확장·개선할 것, ② 경제성장을 촉진할 것, ③ 환경의 질을 보전할 것, ④ 역사적 유산의 보전·재생을 장려할 것, ⑤ 커뮤니티를 기반으로 하는 시스템을 통해 근린지구주민의 요구를 충족시킬 것, 이것들을 계획의 목적으로써 시민, 전문가, 행정이 함께 공유해나갔다.

거액의 사업비를 필요로 하는 지하화 계획이었으나 이를 달성함으로써 얻는 효과와 이익이 사업비를 상회할 만큼의 가치가 있다는 것이 관계자의 동일

[사진 46] 빅 딕(모형사진) (보스턴)
(출전 : http://www.bigdig.com/)

[사진 47] 완성된 센트럴 아트리
코리더 노스엔드 파크

한 의견이었다. 1991년에 공사에 착수하여 2004년에는 지하도로의 개통과 고가구조물의 철거가 완성되었다. 상부 이용계획은 2001년에 '보스턴 센트럴 아트리 코리더 마스터플랜'으로 책정되어 7년 후인 2008년에 거의 완성되었다. 총 사업비는 약 146억 달러로 산정된다. 완성된 센트럴 아트리 코리더는 자유로운 구성의 공원, 광장으로 그곳에서 휴식하는 시민, 젊은이, 노인, 어린이의 모습을 볼 수 있다.

그 풍경은 이전의 고가도로가 존재하던 시대에 필자가 보았던 것과는 전혀 다른 모습이었다. 드넓은 하늘, 주변 건축물들의 밝은 모습, 싱그러운 녹음, 아기자기한 식재들, 잔디, 광장 등. 그리고 오픈스페이스를 따라 연속적으로 줄지어 건설되고 있는 고층 주택이나 재개발 빌딩, 낡은 창고의 리노베이션 등 새로운 트렌드가 발 빠르게 전개되어 가고 있었다. 공원의 정식명칭은 로즈 F 케네디 그린웨이The Rose Fitzgerald Kennedy Greenway, 그 이름은 보스턴 그 지역에서 태어나고 자란 J. F. 케네디(미합중국 제35대 대통령) 친모의 이름에서 유래하였다.

도시의 유해한 유산을 제거하고 그것을 플러스로 전환하는 긍정적인 발상이 지역주민들로부터 제기되고 행정으로 착실히 수행하고 있는 모습이다. 이것을 실현하기까지의 과정과 성과야말로 어느 의미에서는 시대의 전환을 시사하고 있다고 해도 과언이 아닐 것이다.

[그림 13] 빅 딕 프로젝트의 로즈 F. 케네디 그린웨이 평면도(보스턴)
(출전 : http://www.bigdig.com/)

[사진 48] 완성된 센트럴 아트리 코리더 노스엔드파크

[사진 49] 그린웨이의 중앙부 워프 디스트릭트 파크의 광장

[사진 50] 그린웨이의 남측 듀이 스퀘어 파크 구간의 녹지

[사진 51] 완성된 센트럴 아트리 코리더 듀이 스퀘어 파크 녹지
광장에서 휴식을 취하고 있는 시민들

3. 파리의 비어듁 드 잘－센 강 좌측 강변지구의 녹지띠

비어듁 드 잘 고가다리

파리에 길이 약 4km의 고가철도 폐선부지인 '비어듁 드 잘'의 상부공원이 1994년에 모습을 드러냈다. 구 반센느 철도, 바스티유 광장 앞 파리 반센느 역(현재 오페라극장 부근)에서 반센느 숲Bois de vincennes까지 1859년에 파리 최초로 벽돌조 아치의 고가철도로 개통하여 1969년 폐지될 때까지 110년간 운행했던 곳이다. 폐선 후 오랫동안 방치되어 오다가 1987년 파리 시 주도로 재이용계획을 세워 아치의 아랫부분은 상점과 공방으로, 상부는 유보도로 다시 태어나게 되었다. 고가 부분이기 하지만 식재를 할 수 있는 기초를 고려한 결과 매우 훌륭한 녹지공간이 완성되었다. 지금은 주민들의 휴식장소가 되어 하루 종일 많은 사람들이 그곳을 찾는다. 고가 아랫부분의 상점에서 엘리베이터로 올라갈 수도 있다. 근처 센 강 우측 호안의 재개발지구의 베르시 빌라쥬Bercy Village, 와인창고를 활용한 상점군, 센 강 건너편에 신국립도서관이 있는 센 강 좌측 호안 재개발지구에는 두단식 보행자 전용다리 시몬느 드 보보아르 다리로 연결된다.

베르시 공원과 옛 와인저장고 베르시 빌라쥬

베르시 공원은 파리 리옹 역의 동쪽에 있다. 1990년 이후 재개발계획에 의해 본래 철도주차장과 와인 창고지대였던 광대한 토지의 중앙에 베르시 공원을 조성하고 주위에는 집합주택이나 오피스, 상업시설군이 에워싸는 형태를 띠게 되었다.

당시 미테랑 대통령이 추진하던 파리혁명 200주년 사업으로 그랑 프로제의 핵심 프로젝트로 센 강에 불쑥 솟은 형태의 신정부청사, 베리스 공원, 그 가운데에 설치된 다목적 종합체육관(주위가 잔디 경사면), 집합주택군과 오피스, 베르시 빌라쥬와 각 명소가 연결된다.

중심을 점유하는 공원은 폭 300m, 길이 900m의 넓이로 잔디광장과 수목, 화단, 수로 등으로 구성된 참신한 공원으로 알려져 있다.

[사진 52] 고가철도의 폐선부지 비어둑 드 잘의 외관(파리)

[사진 53] 비어둑 드 잘의 상부 공원

[사진 54] 베르시 공원의 다목적 종합체육관(파리)

[사진 55] 베르시 공원과 잔디, 풍부한 수목들

[사진 56] 베르시 공원의 작은 폭포

[사진 57] 베르시 공원 후면에 보이는 집합주택지와 채소밭

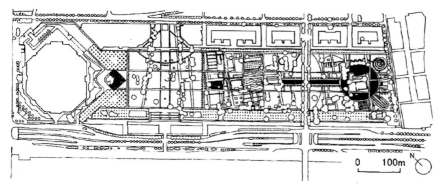

[그림 14] 베르시 공원평면도
(출전: Great City Park, 2001)

센 강 좌측 강변지구와 신국립도서관

센 강 좌측은 오스텔리츠 역을 포함하여 약 130ha에 달하는 파리 최대의 재개발지구이다. 중앙에 프랑소와 미테랑 신국립도서관이 있고 주위는 데크로 마감된 인공지반이 펼쳐진다. 영상문화시설, 상업, 업무시설 그리고 주택지의 복합도시를 목표로 하여 그 기본 테마는 '에코로지를 향한 어프로치'로, 지상은 보행자가 주역이고 하천변은 친수공간으로 정비되어 있다. 강변의 자동차 도로는 인공지반 아래에 설치되어 지상에서는 그 존재를 인식할 수 없게 하였다.

센 강변 녹지공원

센 강변에는 많은 공원녹지가 연결되어 있다. 동쪽으로부터 베르시와 리브고슈 공원, 산마르탕 운하의 복개공원, 튈리 공원, 에펠탑 주변의 샹 드 마르스 공원과 트라카델로 공원, 그리고 안드레 시트로엥 공원, 이 모두 완곡한 센 강의 흐름에 직교하는 것처럼 곡선이 만들어져 있어 수면과 공원 그리고 양쪽 강변을 연결하는 다리의 경관이 매우 잘 어우러진다.

이와 더불어 동과 서의 브로뉴Bois de Boulogne, 빈센느의 두 개의 숲이 도시의 프린지를 구성하고 있다. 이는 루이 왕조 시대, 황제 나폴레옹 시대, 그리고 공화정 시대로부터 현대에 이르기까지 항상 녹지가 도시계획의 중요한 부분을 차지하고 있었다는 것을 보여주고 있다.

자동차 공장 자리에 건설된 안드레 시트로엥 공원, 그것도 국제 현상설계 경기를 거쳐 건축가와 조원가, 두 개 팀이 1등으로 선발되어 두 팀의 협동으로 실현된 것으로, 센 강에 직교하는 축선과 쌍을 이루는 유리 마감의 온실과 분수광장, 넓은 잔디광장과 수반이 펼쳐지고 그곳에 경사면의 통로가 놓여있다. 그 앞에는 집합주택군이 배치되어 있다.

파리에서는 재개발지구 안의 공원과 집합주택을 동시에 개발하는 것을 적극적으로 추진하고 있는데 이는 도심거주의 기초로써 공원에 접해 있는 집합주택군은 항상 인기가 많다.

[사진 58] 와인창고를 개조한 레스토랑가(베르시 빌라쥬)

[사진 59] 시몬느 드 보부아르 다리
반대편은 센 강 좌측 강변지구

[사진 60] 데크마감의 거대한 계단(센 강 좌측 강변지구)

[사진 61] 안드레 시트로엥 공원의 잔디광장과 직선통로

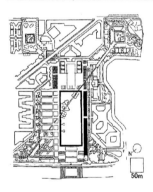

[그림 15] 안드레 시트로엥 공원평면도(출전 : Great Park, 2001)

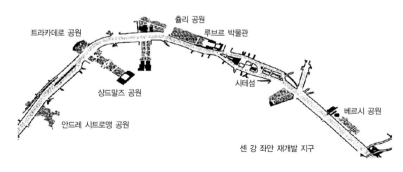

[그림 16] 센 강변의 공원배치

신주쿠 히가시구치에 느티나무 숲을 만들다 – 신주쿠 모아거리(동경도 신주쿠 구)

신주쿠 히가시구치 역 앞에 폭 4~22m까지의 총 13개의 거리로 이루어진 상점가, 그 전역에 보행자 우선구역의 정비를 목적으로 한 프로젝트. 지역사람들과 함께 선택한 아이디어는 보차도를 포함해 단차를 최소한으로 하고 일체화된 자연석 바닥포장 마감의 채용, 도심 속 그린의 오아시스로 만들기 위한 느티나무 교목의 식재였다. 그것을 비추는 야간조명과 돌 재질의 오브제 등 몇 가지 새로운 시도에 도전하였다.

1단계에서 4단계 공사까지 지하상가 상부식재를 포함해 느티나무 교목의 10그루는 후쿠시마, 토치기, 사이타마 등의 산지 교목을 현지 확인하에 반입하고 교목 20여 그루를 포함해 인공건조물이 넘쳐나는 신주쿠에 '그린의 오아시스'를 제공해왔다(오후 3시~오전 6시까지 자동차 통행규제).

식재전문가, 조명 및 사인디자이너, 조각가와의 협동, 그리고 행정, 지역주민과의 마을 만들기 협정 등의 조정역할도 함께 수행해왔다. 완성 후 20여 년을 경과하여 그 후 노후된 포장의 유지보수, 4번가의 오픈카페 사회실험, 신주쿠히가시 지구 마을 만들기 협의회나 신주쿠연구회와 마을 만들기 가이드라인 만들기에 참가하는 등 관련전문가들이 많은 활동을 지속해오고 있다.

- 사업주체 : 신주쿠 역 앞 상점가진흥조합, 신주쿠 구
- 대상면적 : 약 6,000m²
- 설계 : APL, 설계협력 : 道標디자인 – 藤江和子, 사인 – 矢萩喜従郎, 조명 – 南雲勝志, 조각 – 內田和孝
- 공사기간 : 1986년~1991년
- 개보수공사 : 2000년~수시 대응
- 사업비 : 약 8억 엔
- 사진 62, 63, 64, 66 : 촬영·安川千秋

[사진 62] 2번가 개수 후

[사진 63] 4번가의 느티나무

[사진 64] 5번가의 느티나무와 수목보호판

[사진 65] 개수 전

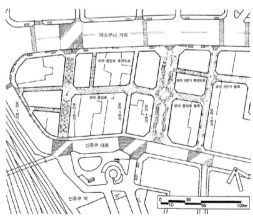

[사진 66] 2번가 역 입구의 느티나무 교목

[그림 17] 전체계획도

제7장

옛것을 소중히 생각하는 마을 만들기

런던 밀레니엄 브릿지에서 본
뱅크사이드발전소. 개조되어
트 모던 아트갤러리가 되었다.

제7장
옛것을 소중히 생각하는 마을 만들기

제1절 역사를 되살리는 마을 만들기 시대

1. '도시가 지닌 다양성의 매력' – 오래된 역사적 건물의 존재

제1장에서 제인 제이콥스의 '도시가 지닌 다양성'을 위한 조건의 세번째로서, '오래된 건물의 필요성'을 소개했다. 지금 주변을 둘러보면 앞에서 언급한 요코하마나 고베, 하코다테 등을 필두로 하여 각지에서 역사적인 건물의 보존 활용이 적극적으로 이루어져 오고 있다. 또 역사적 건물로 높은 평가를 받는 건물에 국한하지 않고 마을 곳곳에 오래된 건물을 활용하고 재생하는 새로운 움직임도 정착되어가고 있다. 그 배경에는 '환경'의 시대를 맞아 아직 사용할 수 있는 건물을 허무는 것에 대하여 '아깝다'라고 하는 감상을 불러온다는 것, 현대의 기능적인 공간 안에서 역사적 시간을 거쳐 온 건물로부터 받을 수 있는 안도감, 노스텔지어 등 인간의 감성을 자극하는 그 무언가가 존재한다.

이전에 해외에 거주하는 지인이 '일본은 왜 오래된 건물을 그렇게 간단히 허

[사진 1] 미국 최고의 마을이라고 불리는 필라델피아의 엘프레스 골목길
이곳을 방문하는 관광객 수는 매우 많다.

[사진 2] 구 거류지의 역사적 건물 '카페 드 고베 구거류지 15번관'(고베)

물까? 자기나라에서는 건설할 당시의 심사보다 허물 때의 심사가 더 엄격해서 그것을 승인받지 못하면 신축도 인정받지 못하는 시스템이라고 한다. 그때 주위 시민들의 목소리도 당연히 존중된다고 한다. 일본에서는 건축확인 신청에 있어서 개별의 성능, 구조평가 등은 절차가 복잡하지만, 해체처분은 소유자 한사람의 의견으로 결정된다. 이것이 과연 문화의 차이라고밖에 할 수 없는 부분인가?' 그것을 단적으로 나타내는 것이 제2차 세계대전 후의 유럽 독일이나 폴란드 등에서 보는 마을의 부흥계획일 것이다. 많은 도시에서 수년에 걸쳐 마을경관이 전쟁 전의 모습으로 되돌아가고 있다. '도시의 경관은 옛 선인들이 축적해온 문화 그 자체로, 이것을 허무는 것은 그 나름대로의 논리가 필요'하다는 것이다.

주위가 바다로 에워싸여 매립 처분할 땅을 확보하기 쉬운 나라와는 달리, 유럽에서는 환경의식이 높고, 건설폐자재의 처분장소가 극히 한정되어 있다는 점, 해체처분비용이 비싼 점을 이유로 하여, 원래 오래된 것에 더 가치를 두는 문화가 뿌리 깊게 존재한다.

일본에서도 최근 환경의식이 고양됨에 따라 건설폐자재의 분별, 운송과 처분장소의 확보, 해체처분비용을 인상하는 등 이전과는 크게 다른 양상을 보이고 있다. 더불어 일반시민이 역사적인 건물의 문화적 가치를 다시 생각하기 시작하였다는 점도 클 것이다. 그리고 지금은 거대한 재개발 프로젝트 가운데, 역사적 건물의 보존수복뿐 아니라 재현되는 사례도 출현하고 있다. 최근 건축 세계에서 보는 '컨버전' 붐이 있다. 수도권에서 대형 재개발에 의한 오피스 등의 대량공급이 진행된 결과, 도심의 오래된 빌딩에 빈 공간들이 늘어났다. 이것을 주택 등으로 전용하고 도심거주로 전용하는 아이디어다. 그에 호응하는 형태로 건물의 컨서베이션, 리노베이션, 그리고 컨버전, 리폼[1] 등이 주목받고 있다. 이것들이 매스컴에 소개되어 전문가뿐만 아니라 일반 시민층에까지 침투되고 있다. 이와 관련하여 유럽 등지에서는 건축투자 중 재생사업이 점유하는 비율이 신규사업보다 높고 그것을 전문으로 하는 설계 및 시공회사가 많다.

2. 역사적 건조물의 보존 활용 – 역사를 살린 마을 만들기

요코하마의 역사를 살린 마을 만들기

제1장에서 1970년대 샌프란시스코의 역사적 건물과 경관보존을 목적으로 한 도시디자인 계획이 스타트한 것을 소개했다(25페이지).

같은 해, 이보다 조금 빠르게 착목한 것이 일본의 요코하마 시 도시 디자인 행정이었다. 1977년부터 시작된 '미나토마치 요코하마의 도시형성사'의 조사연구는 막부 말기의 개항 이후 토목, 건축, 도시계획에 관계하는 역사적 유산의 보전정책의 계기가 되었고 그 후 1983년부터 이듬해까지 '역사적 환경 보존구상'을 위한 역사적 건축물의 소재확인, 1988년의 '역사를 되살린 마을 만들기 요강'으로 이어졌다.

요코하마의 역사는 막부말기의 개항 이후, 외국인 거주지가 마련되어 있던 간나이關內・야마시다 마치를 중심으로 일본 최초의 철도역인 사쿠라기쵸桜木町

---

1) 건물보존, 전용의 용어해설

① 컨서베이션(conservation) : 건물을 허물지 않고 보존하는 것

② 리노베이션(renovation) : 수복, 건물 초기의 성능 이상의 새로운 부가가치를 추가하여 재생시키는 것

③ 컨버전(conversion) : 건물의 용도를 전환하는 것. 어떤 용도를 위한 건물을 별도의 용도를 갖도록 하기 위하여 부분적으로 개보수하는 기술을 가리킴

④ 리폼(reform) : 노후화된 건물을 초기의 성능으로 되살리는 것. 주로 건축물내외의 개장을 가리킴. 리뉴얼(renewal)도 거의 동의어

[사진 3] 브레멘의 역사적 시가
전쟁재해 부흥으로 좁은 골목의 경관이 재생
되었다.

역 주변, 또 하나의 외국인 거주지, 야마시다 지구 등 그 보존대상은 실로
다양하다. 그 도시 디자인 접근으로 본 보존 활용의 실천수법은 다음과 같이
크게 분류된다.

① 간나이關內·사쿠라기쵸桜木町 지구의 항만도시로서 당시 건물군의 보존 활용

항구발상지, 죠노하나象の鼻공원으로부터 서쪽으로 곧게 뻗은 일본 대로는 거
류지 시대의 메이지 3년에 축조된 일본 최초의 서양식 가로이다. 그 도로변
에는 옛날모습 그대로 보존 개조된 가나가와현 청사, 요코하마 지방재판소,
요코하마 우편국, 구 요코하마 상공장려관, 관동재무국 빌딩, 미츠이물산 빌
딩이 있다. 그리고 주위의 요코하마세관, 개항기념회관과 연속된 3개의 탑을
포함해 이것이 미나토마치 요코하마를 대표하는 경관을 구성하고 있다.

또, 간나이關內·사쿠라기쵸桜木町에는 본래 번화했던 은행과 상업빌딩군, 미나
토미라이21, 신미나토 지구의 빨간벽돌 창고가 있고 메이지와 다이쇼기의 빨
간벽돌조부터 쇼와 초기의 RC조까지, 그 보존된 건물동수, 질을 포함해 일
본에서도 귀중한 근대 역사적 도시경관을 간직하고 있다고 높이 평가되고
있다. 그 가운데 주요한 건물은 야간에는 라이트업되어 매력적인 야간경관을
연출하고 있다. 그 역사적 건물의 각 동별로 보존을 위한 행정담당자의 눈물
겨운 노력이 있었다고 전해진다.

[사진 4] 요코하마 항구 발상지·
조노하나像の鼻공원

개항 150주년을 맞이한 2009년
에 정비완료

[사진 5] 미나토미라이21·신항구
의 빨간벽돌창고 2호의 외관

상업시설로 활용되고 있다.

② 개항 이후 근대 토목·산업유산의 보존 활용

건축뿐 아니라 토목유산이나 산업유산도 적극적으로 보존 활용을 위해 노력해왔다. 미나토미라이 21지구의 구 미츠비시 부두의 보존, 기찻길의 보행자 프롬나드화, 그 외 항만시설이나 교량, 운하호안, 수도시설, 하수도시설, 공원, 도로의 노면이나 경계석, 맨홀뚜껑, 크레인까지 실로 다채로운 역사적 유산의 보존이 이루어지고 있다.

③ 야마노테 언덕을 중심으로 한 서양관의 보존

야마노테 지구는 항구가 보이는 언덕공원으로 대표될 만큼 고지대의 조망이 펼쳐지는 절호의 주택지로써 원래는 외국인 거류지의 주택가였다. 그 연유로 예로부터 서양관이 세워져 대대로 전해져 내려오는 다수의 건물 보존과 주위의 경관보전을 위해 노력해온 것으로 알려져 있다. 1972년에는 야마노테 지구의 경관보전 요강을 제정하고 모토마치의 초입에서 올라가는 몇 개의 경사도로의 돌마감 정비 등이 이루어졌다. 야마노테 지구의 서양관 건축이나 학교 등의 인정 건조물은 지금은 총 15건에 이르며 야마노테 111번관, 야마노테 234번관, 브라프 18번관, 에리스만저택, 베리크 홀, 외교관의 집(구 우치다주택) 등이 시민들에게 공개되었다. 그 야마노테의 서양관 순회는 요코하마관광의 큰 매력 코스가 되고 있다.

[사진 6] 미나토미라이 21지구 내의 구 미츠비시 조선소의 드라이부두

[사진 7] 원래 임항철도였던 기찻길
보행자 프롬나드화되었다.

[사진 8] 보전된 야마노테 235번관
쇼와 초기昭和 (2년경) 축조되었다.

[사진 9] 에리스만 저택 1926년 건축
1990년 개축

[그림 1] 베리크 홀의 입면도
(출전:『横浜山手洋館群保存対策調査』横浜市教育委員会)

④ 지하에 잠들어있는 유구의 보존전시

토목, 건축공사와 더불어 지중에서 출토되어 발견된 옛 유구, 예를 들면 빨간벽돌의 지중벽이나 건물기초, 배관류도 적극적으로 보존되어 그것을 공개하는 등 구체적인 방법들이 적극적으로 강구되었다. 간나이, 야마노테의 구거류지에서 발굴된 메이지 초기의 영국인기사 브랜튼이 설계한 자기관부터, 그 이후 벽돌조의 하수 도랑, 주철제 가스관, 석조로 된 도랑, 그리고 유리박스 안에 놓인 식기나 타일, 병류에 이르기까지 다양한 유물이 현립 가나가와예술극장 부지 내에 전시되어 있다(340페이지, 칼럼 참조).

⑤ 그 외 시내에 잔존해 있는 역사유산의 보존

요코하마 시는 주변지역이나 교외에 전해 내려오는 서양풍 근대건축이나 옛 민가, 나가야몬長屋門 등의 역사적 자산의 보존에도 힘을 기울이고 있다. 예를 들면, 미나토북구, 오오쿠라야마大倉山의 구 오오쿠라 정신문화연구소(1932년 건축), 세야瀨谷구, 나가야몬長屋門 공원, 도즈카戸塚구, 마이오카舞岡 공원, 이즈미泉구, 텐노모리이즈미天王森泉 공원에서는 옛 민가나 구 실공장의 건물 등이 보존되어 있어 마을곳곳에서 역사를 느낄 수 있도록 한 것이 요코하마의 숨겨진 매력이라고 할 수 있을 것이다.

시카고의 랜드마크 건축물의 보존

또 하나 해외에서 근대건축 초창기의 건물군을 적극적으로 보존하고 있는 시카고를 소개하고자 한다. 오대호 지역의 대도시 시카고, 이곳은 1800년대 말에서 1900년대 초기 시카고파[2]로 불리는 건축가 루이스 설리반이나 번햄, 프랭크로이드 라이트, 미스 반데로에 등 미국 근대건축거장들의 작품이 다수 존재하는 곳이다.

이러한 건물의 대다수는 1871년 시카고 대화재로 흔적도 없이 모두 타버린 시카고의 부흥과 번영을 목표로 하는 당시로서는 획기적인 철골조 고층 오피스빌딩이 세워져 있다. 미합중국 독립 이후의 공업발전과 더불어 도시로의 인구집중, 그리고 토지의 집약적이고 효율적인 이용을 위한 구체적인 방법으로 등장한 고층 건축, 철과 콘크리트기술의 진화가 그를 가능하게 한 것이다. 당시 최첨단 기술에 의한 고층 경관에 연속해 1920년대 이후의 아르데코 그리고 모던 건축물, 전쟁으로 유럽에서 이주해온 건축가들의 바우하우스 건축

---

2) 시카고파의 주요 건축가(Chicago School)
- 헨리 리차드슨(Henry Hobson Richardson, 1838~1886)
- 루이스 설리반(Louis Henry Sullivan, 1856~1924)
- 다니엘 번햄(Daniel Hudson Burnham, 1846~1912)

[사진 10] 다카시마高島쵸의 지하유구(요코하마)
맨션 건설현장에서 발굴된 2대째 요코하마 역의 유구

스타일 등 근현대건축의 건축물도 이 시카고에서 꽃피웠다.

사실 기념할 만한 19세기 말부터 20세기의 역사적 건축, 그리고 대화재로부터 건재한 건축이나 구조물, 그 보존이야말로 '시카고의 아이덴티티로써 매력 만들기에 연결된다'라고 하는 지역건축전문가, 시민층의 보존운동이 1960년대에 전개되었다. 그 결과 1968년에 시카고 시의회에 의한 '랜드마크 건축 보존조례'가 제정되어 이를 기반으로 전문가로 구성된 랜드마크 위원회가 설립되었다. 그로부터 반세기 가까이 지난 지금, 시내에 등록된 역사적 건물이나 토목구조물은 9,000건에 이른다고 한다. 중심부에는 거장들의 건축물이 시카고의 랜드마크로 지정되어 300여 건에 이르는 건물 모두 현재 오피스빌딩이나 극장, 공공시설로 사용되고 있다. 특히 고가철도로 둘러싸인 중심지구 주변, 노스루프와 사우스루프 일대는 거장들이 설계한 오피스빌딩이나 은행, 극장 등이 나열되어 있어 메인 스트리트는 마치 그 시대로 돌아간 듯한 느낌이 든다.

[사진 11] 거리 한쪽에 놓인 랜드마크 건축의 안내도(시카고 중심부)

[사진 12] 연방정부 빌딩 앞 광장의 콜더 조각 '플라밍고'(시카고 중심부)

뒤쪽으로 보이는 빌딩은 마키트 빌딩(1895년 건축)

[사진 13] 랜드마크 건축군(시카고 시내)

시내에는 수많은 역사적인 고층오피스빌딩이 지금까지 사용되고 있다.

[사진 14] 1921년 건축된 시카고 극장

원 설계 : Rapp & Rapp, 1986년에 전면 개수

[사진 15] 미시건 거리의 고층 건축군의 거리경관

오른쪽 건물은 시카고 트리뷴 타워(1925년 건축)

[사진 16] 시카고 고가철도루프

귀중한 랜드마크로써 현재 다시 크게 활약하고 있다.

또 주변 녹지에는 프랑크 로이드 라이트나 미스 반 데어 로에의 주택과 대학시설 등 수많은 건축작품이 존재한다.

어떤 의미에서는 마을 전체가 건축박물관이라고 할 수 있어서 세계의 건축가나 건축에 흥미가 있는 학생들, 여행자들이 견학차 방문하러 오는 경우가 많다. 이 부분도 시민들의 자긍심이 되어 역사적 유산의 보존이 마을의 활성화에 크게 활약하고 있다고 볼 수 있다. 그에 반해 일본에서는 동경이나 지방도시에 수많은 근대건축의 명작들이 재개발이나 고도화된 이용을 위해 지속적으로 개축되고 있는 모습을 볼 수 있는데, 이러한 상반되는 두 모습을 대비시켜 볼 필요가 있다.

3. 모지항 레트로門司港レトロ - 필자의 역사유산 보존의 원점

필자도 역사적 건물의 보존과 재생에 관여했던 한 사람으로써 '시간축의 도시환경디자인'으로 4반세기 동참했던 기타큐슈, 모지항 레트로 프로젝트를 소개하고자 한다.

모지항지구의 역사적 건물, 토목유산의 보존 활용

기타큐슈 모지항지구의 '레트로'를 키워드로 한 재생 프로젝트에서는 1980년대부터 전체계획 마스터플랜의 일부 건물보존 수복설계, 또 역사적 토목유산이라고 할 수 있는 제1선착장(1889년)의 수면보존, 그 외 몇 개의 역사적 건물의 해체 회피, 또 보존 활용을 위한 과정 등에 관여해왔다. 그리고 이러한 활동이 지금의 마을의 활기찬 모습으로 이어졌다고 생각하면 감개무량하다.

한편, 그 성과가 '살고 싶은 마을, 모지항'이라고 평가되어, 원래 남겨져야 할 역사적 유산의 은행건물이나 창고 등 몇 개의 시설이 해체되어 맨션으로 변화되는 등 감당해야 할 부분이 없었던 것은 아니다. 그러나 이 마을 시민들의 보존에 대한 에너지는 타운 매니지먼트 조직 모지항 레트로 클럽인 '레트로 기금'이라는 형태로 착실히 확산되어 서민상가나 목조 3층 건물의 요정 등의 보존으로 결실을 맺었다.

그리고 시민의 관광 자원봉사자 활동, 클럽 회원들의 물가나 오픈스페이스의 활용 등, 마을을 활성화하기 위한 프로그램들이 많은 방문객들을 맞이하는 마을로 변화시킨 원동력이 되고 있다.

① 토목유산·제1선착장의 수면보존

원래 일본에서 3대 국제 무역항으로 '요코하마, 고베, 모지'가 손꼽히던 시대의 기반을 다진 1889년은 개항의 원점이다. 불과 100m×150m의 제1선착장은 당시계획에서는 매립과 4차선의 임항도로의 설계가 예정되어 이를 전제로 한 항만계획이 이미 승인이 완료되어 있었다. 그러나 지역주민과 전문가들의 의문의 목소리가 높아지고 당시 막 취임한 스에요시 고우이치未吉興— 신시장이 중지를 결정하고 전면적인 재검토가 이루어지게 되었다. 지금은 선착장을 따라 보행자 프롬나드가 만들어지고 내수면과 해협을 연결하기 위하여 가동식 다리(블루윙 모지)가 놓여 물가에 많은 관광객과 지역시민들이 모여 있는 모습을 볼 수 있다.

② 구 모지세관 – 벽돌조 2층 건물

오쿠라성大蔵省(한국의 기획재정부에 해당) 임시건축부가 설계(원 설계, 감수 : 츠마키 요리나카妻木頼黄, 담당 : 사키에이이치咲寿米)에 의한 빨간벽돌 건물(1912년 건축)이 있다. 전쟁 후에 민간에게 불하하여 2층 바닥이 제거된 창고로 쓰였고 임항도로가 예정되었던 구역 내에 위치했기 때문에 보존되기 어려웠으나, 그 계획의 재검토 결과, 항만녹지의 휴게소 활용을 위해 시에서 사들여

1994년 현재의 모습으로 개수 완성되었다(288페이지, 칼럼 참조).

③ 구 모지 미츠이 클럽(구 모철 회관) – 목조 2층 건물, 중요문화재

거대상사 미츠이 물산의 사교 클럽으로써 1921년에 야마노테의 타니마치에 건설되었다(원 설계 : 마츠다쇼헤이松田昌平). 전쟁 후 국철로 옮겨져, 쇼와 말기 국철이 민영화로 됨에 따른 자산매각의 대상이 되었는데 시민들의 보존운동에 힘입어 시가 사들여 현재위치로 이전되었다. 목조건물의 상업 방화지역 내로의 이전은 중요문화재 지정에 의한 건축기준법 제3조를 적용하여 가능하게 되었다. 1995년에 개수공사가 완료되었다.

[사진 18] 원래 제1선착장의 수면과 구 모지항 세관

[사진 19] 보존된 제1선착장의 수면과 가동식 다리
오른쪽은 구 모지세관, 왼쪽은 알도로시 설계의 모지항 호텔

[사진 20] 이전된 구 미츠이 클럽
후면의 건물도 문화재로 지정

[사진 21] 모지항 역과 전면의 레트로광장

[사진 22] 구 큐슈철도본사 빌딩
(현, JR큐슈철도기념관본관)

[사진 23] 구 창고의 빨간 벽돌
벽을 보존한 공공주차장

[사진 24] 구 다이렌 루트 카미
야旧大連航路上屋

[사진 25] 타니마치에 있던 시기
의 구모지미츠이 클럽

④ 모지항 역사 – 목조 2층 건물·중요문화재

1914년에 건축된 두단식頭端式, end-loading platform : 동일한 평면에 입체적으로 두 개 이상의 플랫폼이 있는 방식-역자 목조역사로 철도역사건축물로써는 전국 최초로 중요문화재로 지정되었다. 네오 르네상스 양식을 기조로 한 좌우대칭형의 특징적인 외관으로 목조외관도장과 석재로 마감되었다. JR큐슈에 의해 보존재수공사가 이루어져 개수완료는 1989년, 그 후 4반세기가 흐르고 현재 재개수계획이 진행되고 있다. 또 역사 정면에 있는 광장은 1993년 자동차 교통기능이 산 쪽으로 이설되면서 보행자 광장3)이 되었다.

---

3) 193페이지 참조

⑤ 구 큐슈 철도본사 빌딩(현, JR큐슈 철도기념관 본관)

1891년 건축된 벽돌조 2층 건물로, 같은 해 개통한 큐슈 철도의 본 사옥 건물이다. 국도 3호선의 도로확장 예정선 내에 일부가 포함되어 보존을 위한 예가공법曳家工法(건축물을 해체하지 않고 그대로 수평 이동시켜 옮겨 놓는 공법 - 역자)의 검토와 더불어 도로선 형태를 미묘하게 재검토하는 안이 만들어져서 최종적으로 현재 위치에 보존하기에 이르렀다고 한다.

당시에는 국철 청산 사업단의 사무소로 사용되었으나 그 이후 JR큐슈의 철도기념관 본관으로써 2003년에 개수되었다.

⑥ 구 다이렌 루트 카미야(구 다이렌 루트 카미야旧大連航路上屋 - 서해안 제1호 카미야 : RC 조 단층, 일부 2층 건물

1929년에 건축된 원래 다이렌 루트카미야의 국가 소유시설로 원 설계는 오쿠라성大蔵省의 오오쿠라 요시쿠니大熊喜邦이다. 항로 폐지 후 오랜 기간 창고로 사용되고 있다. 이것도 일부가 일항도로 확장 예정선에 걸려있었으나 확장계획이 재검토되고 보존하기로 결정된 것이다. 그 이후 시간을 들여 활용방법이나 구조보강의 검토가 이루어져 항만 녹지 내의 휴식, 학습전시설로서 오픈이 기대되고 있다.

⑦ 구 창고의 벽돌외벽 보존의 주차장

증가하는 관광객에 대응하기 위해 시가 주차장을 정비하면서 창고를 사들인 후, 주차장을 조성하기로 계획되어 있었으나 벽돌벽의 보존과 주차대수확보, 예산비교, 경관평가 등을 거친 결과, 최종적으로 외벽 구조를 보강한 형태로 주차장을 정비하기로 확정되었다. 1995년에 레트로 주차장이 오픈했다.

⑧ 구 JR큐슈본사빌딩(미츠이 고층 오피스빌딩) - RC조 지상 6층, 지하 1층 건물

1937년 건축. 큐슈 최초의 '미국식 고층 오피스빌딩'이라고 하는 마츠다 군페이松田軍平의 설계로 지어졌다. 전쟁 후 1949년에 구 국철이 사들여 민영화한 이후에는 JR큐슈가 본사빌딩으로 사용하였으나 2001년 본사인 후쿠오카로 이전하면서 폐쇄되었다. 시가 입수하여 건물 일부를 구조보강하여 저층부를 갤러리, 모지항 역사자료실, 카페로 2011년에 오픈하였다.

⑨ 그 외 역사적 자산의 보존

지금까지 주요한 역사적 건물의 보존 활용 사례를 소개하였는데 모지항 역 주변에는 역사가 깃든 건물이 아직 많이 존재하고 현재의 시설로 활용되어 오고 있다. 또 야마노테의 원래 요정 거리나 국도를 따라 은행건물, 상점 등 시간이 축적되어 온 건물들이 다수 존재한다. 이것이 지역의 매력이 되어 지금은 북부 큐슈를 대표하는 관광지가 되어 많은 상점이나 레스토랑이 입지하고 있다.

[사진 26] 다카다이高台에 남아 있는 구 요정의 목조 3층 건물의 산키로우三宜樓(1930년 건축)
(출전 : 모지항 레트로 기금보존운동 팸플릿)

구 모지세관의 보존 활용(기타큐슈 시)

1909년에 현재 위치로 모지세관이 나가사키세관에서 독립, 이듬해 1910년에 초대 모지세관청사가 건축되었으나 화재로 소실되었다. 1912년 같은 장소에 2대째 모지세관청사로 완성되었다. 오쿠라성 임시건축부의 설계(감수 : 츠마키 요리나카妻木賴黃, 담당 : 사키에이이치咲衣米一), 서해안의 제3대 청사로 이전한 1927년까지 사용되었다. 그 이후 민간에게 불하하여 창고로 전용, 2층 바닥이 제거되어 제1선착장 측의 건물이 해체되는 등의 개조가 이루어졌다.

항만기능의 외연화가 진행된 1970년대 이후부터 방치되었으나 레트로 계획의 일환으로 정부의 역사적 항만환경창조사업의 지원을 받아 시에서 항만녹지휴게소로 취득, 구조조사에서부터 보존공법, 복원활용 검토에서 기본설계, 실시설계, 감수에 이르기까지 5년에 걸쳐 개수과정이 이루어졌다. 공법검토에 있어서는 위원회를 설치(좌장 :

[사진 27] 개수 후의 구 모지세관

[사진 28] 개수 전

[사진 29] 개수 후의 내관

가타노 히로시片野博, 큐슈예술공과대학 교수 – 당시), 기존에 존재했던 빨간벽돌의 양쪽 날개 부분을 복원하기로 결정하여 현재의 모습이 탄생하였다. 그러나 선착장 쪽에 존재해 있던 단층 부분은 장래 복원의 가능성을 남겨두고 외부 구조에 그 흔적을 남겨놓았다.

현재는 모지항지구를 방문하는 많은 관광객들의 휴게, 전망대, 정기적으로 개최되는 이벤트 회장으로 활용되어 지역주민들로부터 지금까지 '구 세관'으로 불리고 있다.

- 구조 : 조석조(벽돌) 지상 2층, 옥탑 1층 / 일부목조, RC조(신설 내부는 가구구조)
- 연면적 : 898m² / 주요 용도 : 휴게소, 전망대, 전시 스페이스
- 원 설계 : 오쿠라성임시건축부(담당 – 사키에이이치咲寿栄一, 감수 – 츠마키 요리나카妻木賴黃)
- 개수설계 : 오오노 히데토시大野秀敏+APL
- 협력 : 보존공법검토위원회(좌장 – 가타노 히로시片野博)
- 구조설계 : TIS & PARTNERS
- 설비 : 신일본설비계획

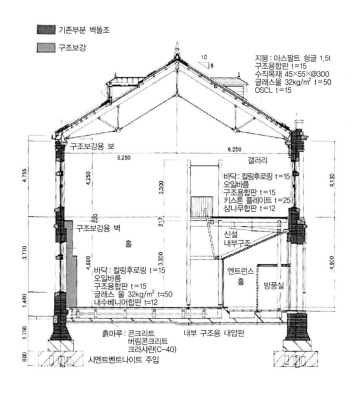

[그림 3] 개수의 단면도
(출전 : 環境西海岸旧門司税関保存工法検討委託調査報告書 : 92年、北九州市、担当 : アプル総合計画事務所)

제2절 건물의 보존, 수복, 컨버전

1. 건물보존 관련 법제도

역사적 시간을 축적해온 건물의 보존 활용도 일본에서는 점차 시민권을 획득해가고 있다. 유명한 사례가 「문화재보호법」에 의한 '중요문화재' 그리고 '등록문화재' 제도인데, 반드시 그것만으로 모든 역사적 건물이 보존되는 것은 아니고, 그것을 보완하는 형태로 지자체의 독자적인 조례를 적용하여 보존하는 움직임이 진행되고 있다. 또 마을 만들기 가운데에서도 그것을 지원하는 제도가 정비되어 가고 있다.

「문화재보호법」에 의한 보존, 수복

① 중요문화재

「문화재보호법」(1950년 제정)은 '문화재를 보존하고, 그 활용방안을 고려함으로써 국민의 문화적 향상에 이바지함과 동시에 세계문화의 진보에 공헌하는 것을 목적으로 한다(제1조·총칙)'의 내용을 목적으로 하여 제정되었다. 그 가운데 역사적인 건물 등은 '중요문화재'로 지정할 수 있는 시스템이 구축되어 건축물, 토목건조물 및 그 외 시설물 등 가운데[4] 주 4에 제시한 항목에 해당하는 것이 그 지정 대상이 되는데, 중요문화재로 지정되면 정부의 지원으로 수복 공사가 이루어진다. 그러나 원칙적으로, 창건될 당시의 모습으로

---

4) 중요문화재

건축물, 토목건조물 및 그 외 시설물 가운데, 다음 각호 중 하나에 해당하고 각 시대 또는 유형의 전형이 되는 것
- 의장적으로 우수한 것
- 기술적으로 우수한 것
- 역사적 가치가 높은 것
- 학술적 가치가 높은 것
- 유파적 또는 지방적 특색이 현저한 것

그 가운데 국보는 '중요문화재 가운데 극히 우수하고 문화사적인 의의가 특히 깊은 것'으로 정의되어 있다.
(출전 : 文化財保護法第27~29条)

복원할 것을 조건으로 붙이거나 이용상의 제약을 두는 사례가 많다보니, 그 부분을 싫어하는 소유자가 지정 대상이 되는 것을 거부하는 경우도 적지 않다고 한다.

한편으로, 원칙적으로 건축물의 건전한 보존이 이루어지는 범위에서는 승인되는 경우도 있다. 예를 들면, 앞에서 설명한 구 모지미쯔이 클럽은 1층이 프랑스 요리 레스토랑으로 활용되고 있다. 이는 문화재임에도 불구하고 살아 있는 건축물로 사용되는 것이 건전한 건축의 모습이라는 주장이 문화재청으로부터 인정받은 결과인 것이다.

② 등록문화재

1996년 문화재보호법 개정에 의해 새롭게 '등록문화재' 제도가 창설되었다.[5] 이 등록문화제도가 다중다양하면서 대량의 문화재건조물을 후세에 폭넓게 계승하기 위해 소정의 평가를 받은 것을 문화재로 등록하고 신고제와 지도·조언 등 비교적 느슨한 보호조치를 강구하는 등 종래의 지정제도를 보완하는 것으로 되어 있다. 이는 중요문화재와 비교해볼 때 사용상의 제약이 적고 자유도를 부여한다는 점이 특징으로, 각지에서 그 지정이 점차 늘어나고 있다. 그 대상은 각 단독주택, 점포, 사무소, 사찰, 공장, 역사 등의 건축물, 다리, 터널, 댐·수문 등의 토목시설, 축벽, 굴뚝, 화재감시대, 철탑 등의 시설물 등 폭넓게 지정되고 있다.

---

5) 등록문화재의 지정기준

건축물, 토목구조물 등 그 외 시설물(중요문화재 및 「문화재보호법」 제182조 제2항에 규정하는 지정을 지방공공단체가 수행하는 것을 제외함)의 가운데, 원칙으로 건설 후 50년을 경과하고 다음의 각호 중 1에 해당하는 것
• 국토의 역사적 경관에 기여하고 있는 것
• 조형적 규범이 되는 것
• 재현하는 것이 용이하지 않은 것이라고 정해진 것
(출전 : 文化財保護法第 57~59条)

[사진 30] 등록문화재의 동경대학 야스다 강당과 법문십자로

③ 조례에 의한 문화재지정

국가의 중요문화재, 등록문화재의 2종류의 등록 지정 외에 각 지자체의 독자적인 문화재 지정의 제도가 만들어져 2011년 시점에 문화재청이 장악하고 있는 건조물 건수는 1만 1,276건이 넘는다고 보고되고 있다. 이는 나라의 지정기준에는 도달하지 못하지만 지역에 따라 보존해야 할 가치가 있다는 독자적인 판단기준에 기본한 것으로 그 지원조치 방법을 조례로 정하고 있다.

④ 건축기준법의 적용 제외규정

건축기준법 제3조에 적용의 제외대상이 규정되고 있다. 나라의 중요문화재에 대해서는 기본적으로 대상 외가 되지만, 지자체 조례에 기본하는 지정건축물도 소정의 절차에 따라서는 대상 외가 되기도 한다. 그것은 어디까지나 법규에 관계되는 절차와 그것을 담당하는 지정 행정청의 판단에 의한다.

도시계획 등에 의한 활용제도

① 특례용적률 적용구역제도

2000년 건축기준법과 도시계획법 개정에 의한 '특례용적률 적용구역제도'의 적용 제1호는 다츠노 긴고辰野金吾설계 '동경역 마루노우치 역사'의 복원공사이다(2012년 완성). 그때까지 저용적률의 역사적 건축물이 토지의 유효한 활용을 위해 해체되는 사례가 끊임이 없었기 때문에 잔여 용적을 주변대지로 이전하여 그 토지의 경제적인 가치를 유효하게 이용하고, 건물을 보전하는 두

가지 이득을 획득하는 획기적인 수법이었던 것이다. 앞에서 소개한 뉴욕 '랜드마크 보존조례'의 일본판이라고 할 수 있는데, 미국에서는 '공중권'이 매매나 임대의 대상이 되지만 일본에서는 재산제도의 차이 때문에 인정되지 않는다. 이 점은 유의해야 할 부분이다.

② 중요문화재 특별형 특정구역제도(도쿄)

1999년에 도쿄에서 창설한 '중요문화재 특별형 특정 구역제도'는 중요문화재를 보존하는 보상으로 동일 구역 내에 건설되는 빌딩에 용적률의 할증(상한은 500%)을 인정해 역사적인 건조물의 보존을 촉구하는 것을 목적으로 한 것이다.

적용 제1호는 동경 니혼바시의 미쯔이 본관거리(츄오구 니혼바시 무로마치 2쵸메, 면적 약 1.4ha)의 재개발계획으로, 중요문화재 건축물로 지정된 '미쯔이 본관'의 바닥면적에 상당하는 부분을 할증용적으로 활용하고 '미쯔이 본관'을 보존하여 지상 39층 건축의 초고층 복합 빌딩인 '니혼바시 미쯔이 타워'가 2005년에 완성하였다.

또, 2004년에 완성한 '마루노우치 MY PLAZA'도 같은 제도가 활용된 사례로 중요문화재 '메이지 생명관'(1934년 건축, 설계 : 오카다 신이치로_{岡田信一郎})과 후면에 새롭게 건설된 30층 건축물인 메이지 야스다 생명빌딩을 들 수 있다. 메이지 생명관은 전후 1시기, 미국 극동 공군사령부가 사용했던 건물

[사진 31] 도쿄역 마루노우치 역사 이미지(복원공사 완성 후)

1945년 제2차 세계대전의 공습에 의해 파괴되어 오랜 기간 가복구 상태였던 지붕을 포함한 외관이 개수복원되었다.
(출전 : JR日本HP)

[사진 32] 니혼바시 본관과 미쯔이 타워

설계 : 시저 페리 & 어소시에이츠

로써 중요문화재로 지정될 당시, 하천에 면한 외관, 1층 영업실, 2층 회랑, 회의실, 임원식당, 7층 강당이 '현상유지' 또는 '가능한 한 보존'하는 방향으로 지정되어 수복이 거의 완벽한 형태로 이루어졌다.

③ 역사적 건축물 등 활용형의 재개발사업

이는 통칭 메모리얼 재개발사업이라고 불리며 1989년 「도시재개발법」 개정에 의해 창설된 제도로 종래의 스크랩 앤드 빌딩 방식이 아닌 '시행지구 내에 지역 경관에 도움이 되는 역사적 건축물 등이 있어서 일체 정비를 행함으로써 적정한 거리형성이 기대되는 시가지 재개발사업으로 그에 대하여 각 지자체가 역사적 건축물 활용형 재개발계획을 세워 통상 시가지 재개발사업의 조성 조치에 덧붙여 역사적 건축물 등의 재생과 활용을 위해 필요한 비용의 보조'를 시행하는 것이다.

동일한 사업의 적용사례는 아니지만, 그 취지에 앞선 건축물이 요코하마 시에 1992년에 등장했다. 시의 '역사를 살린 마을 만들기' 인정 제1호, 마차도로의 가나가와 현립역사박물관 근처에 세워진 구 일본화재 요코하마 빌딩(구 가와사키은행 요코하마 지점, 1922년 건축)으로 야베 마타기치矢部又吉(츠마키 요리나카妻木賴黄의 제자)가 설계한 역사적 건물을 보존하면서 상층부가 새롭게 증축되었다.

그 후 요코하마의 마차도로에 인접한 기타나카 거리지구 재개발사업(제2종 시가지재개발사업)에 의해 구 제일은행 요코하마 지점(1929년 건축)의 건물을 그대로 이전한 보존수복이 완성되었다. 후면부에 요코하마 아일랜드 타워의 고층 건물이 있고, 그 전면에는 역사적인 파사드가 보존되어 Bankart 1929의 활동거점이 되고 있다. 또, 1911년에 완성한 야마시타쵸 재개발지구에 보존된 구 로아은행露亞銀行(요코하마 시 지정문화재, 1921년 건축)도 재개발에 의한 계획의 일환으로 시의 문화재 지원을 받아 결혼식장으로 활용되고 있다.

[사진 33] 마루노우치 MY PLAZA
설계 : 미츠비시 설계

[사진 34] 요코하마 칸나이의 구
일본화재 요코하마 빌딩
설계 : 日建設計

④ 재개발지구계획

이 제도는 위에서 언급했듯이 재개발사업에 연동하여 책정되는 경우가 대부분이지만, 동일한 사업에 따르지 않으면서 여러 구역의 거리에 걸쳐 있는 경우 재개발지구계획에 의해 거리구역 간 용적률 조정이나 완화조치가 이루어지는 경우가 있다. 1993년에 완성한 삿포로 시의 삿포로팩토리는 구 빌딩 공장의 컨버전에 의한 상업시설로 이 제도를 활용하고 있다.

⑤ 종합설계제도, 1단지의 종합적 설계

역사적 건물의 잔여 용적률을 활용함으로써 지역의 심볼적인 개발을 겨냥한 사례들은 종합설계제도(건축기본법 59조 2항), 1단지의 종합적 설계(건축기본법 86조 1항), 연단 건축물 설계제도(건축기본법 86조 2항[6]) 등을 활용하고 있는 예도 있다. 이 경우, 역사적 건물을 포함하는 일체의 개발계획으로써, 부지 간 용적률을 융통적으로 적용하거나 동일 부지 내의 건물로 하는 등 잔여 용적률의 활용이 다양하게 시도되고 있다.

---

6) 기존의 건물을 포함하는 복수의 부지와 건물을 일체로 하여 합리적인 설계를 수행하기 위해 특정행정청의 인정에 의해 해당 부지군을 하나의 부지로 관리하여 근도의무, 용적률제한, 건폐율제한, 사선제한, 일조제한 등을 적용할 수 있는 제도를 가리킴－역자 설명

⑥ 역사적 항만 환경창조사업, 마을 만들기 교부금 등에 의한 지원 등

그 외, 국토교통성의 역사적 항만 환경창조사업이나 2005년에 창설된 '마을 만들기 교부금' 제도를 활용하는 사례도 증가하고 있다. 모지항의 구 모지세 관의 수복사업에 있어서는 전자를, 모지 아카렌가 플레이스의 비어 뮤지엄은 후자의 지원을 받았다. 또 지자체의 독자적인 조례를 활용하여 지원하는 경 우도 적지 않다. 이처럼 각지에서 역사적 건물의 보존 활용이 다각적으로 진 행되고 있다.

[사진 35] 모지 아카렌가 플레이스 비어 뮤지엄(기타큐슈 시)

오른쪽은 구 삿포로 비어 큐슈 공장과 공장동(구조보강), 왼쪽 은 사무소기념시설. 개수설계 : APL

[사진 36] 요코하마 기타나카 Bankart 1929

개수설계 : 도시기반정비공단＋ 마카椥종합계획사무소

[사진 37] 보존된 구 제일은행 요코하마지점 내부

현 Bankart 1929

[사진 38] 요코하마 로아은행

원 설계 : 버나드 M. 워드, 개수설 계 : 사토佐藤종합계획

[사진 39] 요코하마 구 로아은행의 내부 보이드 공간

[사진 40] 삿포로 팩토리(삿포로 시)

2. 세계의 컨버전 건축

컨버전이란 오래된 빌딩이나 상업시설, 창고, 공장 등을 다른 용도로 전환하여 활용하는 수법을 말한다. 건축물의 구조는 수십 년에서 수백 년은 유지할 수 있다. 서구에서는 사회적 변화나 수명이 짧은 설비의 정비에 맞추어 활용 방향을 전환하여 지속적인 이용이 가능하도록 하고 있다. 고대 로마 시대의 궁전이나 콜로세움이 주택으로, 중세의 왕궁이나 저택이 호텔 등의 숙박시설로 전용되는 경우와 같은 컨버전은 극히 일반적인 수법으로 시민들에게 받아들여지고 있다.

예를 들면, 화력발전소의 건물을 미술관으로 재생시킨 런던 템스 강변의 '테이트 모던'은 현재 화제의 대형 컨버전 사례라고 할 수 있다. 또 비인의 '가소메타'는 그 이름 그대로 19세기에 세워진 도시가스의 가스탱크를 상업시설이나 주택, 콘서트 홀 등으로 용도 전환한 극히 유니크한 사례이다.

그 외 공장을 상업시설로 전용한 사례로 이탈리아 토리노의 린고토, 미국 샌프란시스코의 기라델리 스퀘어, 더 개너리, 오스트레일리아 멜버른의 잼 팩토리 등 각지에 다양한 사례가 있다. 창고를 주택이나 오피스, 상업시설로 전용한 사례는 제5장 항만도시에서 소개하였다.

● 테이트 모던(Tate Modern London)

런던의 템스 강변, 사우스 뱅크 지구에 있는 국립현대미술관, 1947년 전쟁재해부흥 당시 런던의 전력 부족의 해소를 위해 건설된 뱅크사이드발전소는 1981년에 폐쇄되었다. 2000년 밀레니엄을 기념하는 신시설의 하나로 오픈하여 런던의 새로운 명소가 되었다.

[사진 41] 밀레니엄 브릿지에서 본 외관

[사진 42] 내부 전시 공간

[사진 43] 1층의 엔트런스 홀

• 가소메타(Gasometer, 빈)

1896년에 건설된 가스탱크로써 1986년에 소명을 다해 2001년에 상업시설, 영화관, 레스토랑, 콘서트홀, 오피스, 집합주택, 학생기숙사가 일체화된 복합시설이 되었다. 각 동마다 다른 건축가가 담당하였다.

설계 : 가소메타 A – Jean Nouvel, 가소메타 B – Team Coop Hmmelbl며(Wolf D. Prix), 가소메타 C – Manfred Wehdorm, 가소메타 D – William Holzbauer

[사진 44] 외관

[사진 45] 집합주택 증축동

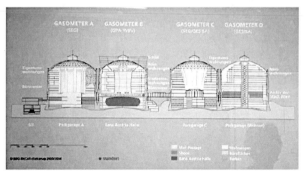

[사진 46] 점포 부분

[그림 4] 단면도
(출전 : 현지 안내판을 사진촬영
한 것임)

● 린고토(Lingotto, 토리노)

1916년에 건설이 개시되어 1923년에 조업한 이탈리아의 자동차 메이커 피아트사의
당시 세계 최대의 자동차 공장. 1982년에 공장은 폐쇄되었고 국제 현상설계 경기에
의해 렌조 피아노Renzo Piano의 안이 결정되었다. 1989년에 쇼핑센터, 대학, 컨벤션 홀,
호텔, 콘서트 홀 등의 복합시설로 재탄생하였다. 옥상에 헬리포트장이 있는 국제 회
의장이 설치되어 있다.

[사진 47] 원래 공장기능의 라선
형 경사면

[사진 48] 외관

[사진 49] 쇼핑센터 부분

• 기라델리 스퀘어(Ghiradelli Square, 샌프란시스코)

워터프런트 지구에 있던 초콜릿 공장(1893년 건축)을 개조한 쇼핑센터. 7개의 건축물 내에는 100년 전후의 상점이나 레스토랑이 있다. 1964년에 오픈하여 1982년 합중국 역사적 건조물로 지정되었다.

[사진 50] 외관

• 잼 팩토리(The Jam Factory, 멜버른)

멜버른의 중심지에 있는 벽돌조의 잼공장(1858년 건축)을 개조한 복합 상업시설. 50여 개의 점포, 음식점 외, 16개의 영화관이 있고, 시설 내 곳곳에 당시의 기계류가 오브제로 놓여 있다. 1979년에 오픈하였다.

[사진 51] 내부 통로

재미있는 사례로 앞장에서 소개한 프랑스 파리의 비어듀 드 잘Viaduc des Arts, 공예의 고가다리이 있다. 19세기에 만들어진 돌과 벽돌의 아치형태의 연속 고가다리의 토목 구조물로, 그 폐선부지를 프롬나드 프랑떼Pronemade Plantée, 그린의 산책로라는 의미로 조성하여 고가다리 하부는 아티스트의 아틀리에나 상점으로 재생시킨 사례로, 지금은 아트 관련 이벤트를 실시하여 많은 사람들이 왕래하는 명소가 되고 있다.

또 오피스 주택으로의 컨버전 사례도 많이 볼 수 있다. 미국 시카고에서는 1900년대 초기에 세워진 도심 오피스빌딩이나 창고가 계속해서 주택으로 컨버전되고 있는데 입지조건의 장점을 살려 도심거주의 담보가 되고 있다. 필자가 시카고를 방문했을 때 시 담당자로부터 들은 바로는 새로운 초고층 오피스빌딩에 대응하여 설비 면에서 노후화된 오래된 빌딩은 비어 있는 실들이 늘어나 이것을 컨버전하여 주택으로 전용하는 것이 건축물의 유용한 활용뿐 아니라 사람이 생활하는 도심＝도시재생으로 연결된다고 주장하고 있다. 채광조건 등의 건축법규의 완화나 세금제도 면에서 다양한 지원책이 강구되어 컨버전 주택구입자에게 있어 도심거주의 편리성뿐 아니라 역사적인 가치가 큰 매력이 된다는 점도 이를 지원하고 있다고 할 수 있을 것이다.

업무에 편중된 종래의 도심부를 지속가능한 '거주도시'로 바꾸어나가는데 있어서, 역사적 가치가 있는 빌딩은 특히 구조 스팬이 짧고 공간의 휴먼 스케일이 주택에 잘 맞아 더욱 유용하다고 한다. 그 컨버전을 정책적으로 유도하는 수법, 그것은 활기찬 재생을 겨냥한 세계 선진도시의 공통적인 화제가 되고 있다.

[사진 52] 비어듀 드 잘Viaduc des Arts(파리)

[사진 53] 주택이나 아틀리에로 컨버전된 창고빌딩(시카고)

3. 일본에 있어서 건축물의 컨버전

일본에서도 공장이나 창고를 박물관 등의 기념시설이나 상업시설, 오피스, 호텔로 전용한 사례나 학교를 커뮤니티 시설이나 고령자를 위한 복지시설로, 은행을 상점이나 시민 갤러리 등으로 전용한 사례가 증가하고 있다. 그 가운데에는 상업시설이나 오피스의 비어 있는 공간을 그대로 청사 등의 공공시설이나 병원건축으로 컨버전하는 등의 다양한 사례가 소개되고 있다.

일본의 전통 목조공법은 예로부터 모듈화를 꾀하여 기능의 이전이나 재이용, 특히 구조재나 건축자재 등의 활용이 이루어져 온 역사적 사례가 있다. 그러나 1960년대 이후 경제의 고도성장으로 토지의 고도이용과 함께 스크랩 앤드 빌딩이 일반적으로 이루어져 왔다. 지금까지 기존 건축물을 용도 전환하는 발상은 서구에 비해 뒤떨어져 있다고 할 수 있다. 그러나 앞에서 말했듯이 환경부하의 절감에 대한 의식이 높아지고 이에 덧붙여 내진보강이나 보존 활용 기술의 진보 등 새롭게 컨버전하는 방향이 재인식되는 시대가 되어가고 있다. 정부는 2002년경부터 '사용하지 않는 건축물의 활용형 재생 임대주택제도'를 개시하여 일부 지자체에서는 사업소 빌딩을 주택으로 전용할 때 조성금제도를 준비하는 사례도 나오고 있다. 구로가베의 이름은 이 은행의 외벽색에서 유래한 것이다.

[사진 54] 아이비 스퀘어의 게이트
본래 벽돌조 공장을 호텔로 재생한 사례. 1973년 개수. 설계:우라베 시즈타로浦辺鎮太郎

[사진 55] 구로가베-구 호코쿠 은행 앞에 세워진 사인탑(나가하마)

• **구로가베 1호관 글래스 관(나가하마)**

[사진 56] 구 은행=구로가베가 있는 거리풍경

[사진 57] 내부 상점

[사진 58] 구 은행의 보이드 공간

• 소재지 : 시가현나가하마시 하마마치

• 건축주 : (주) 구로가베

• 개수 완성연도 : 1989년

• 용도 : 점포, 공장, 레스토랑

• 구조 : 목조 2층 건축물

• 건축면적 : 169플랫폼m^2

• 비고 : 1988년에 지역유지에 의해 글래스 공예 등을 취급하는 점포 겸 공방, 갤러
리로 보존·활용되어 정부의 등록문화재로 지정되었다.

• 연극연습관 아크테논(나고야)

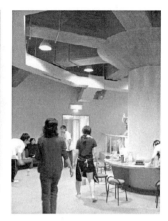

[사진 59] 외관

[사진 60] 내부 공간

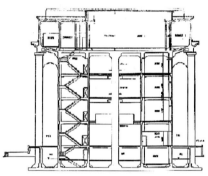

[그림 5] 단면도
(출전: 現地見学時受領資料より)

• 소재지 : 名古屋市中村区稲葉地町

• 건축주 : 나고야 시

• 설계 : (주) 河合松永건축사무소

• 개수 완성연도 : 1995년

• 용도 : 연극연습관 '아크테논'[이전에는 稲葉地배수탑(1937년) → 中村도서관(1965년)
   → 연극연습관]

• 구조 : 철근콘크리트 조, 지하 1층, 지상 5층

• 건축면적 : 937m^2

• 연면적 : 2,996m^2

• 가나자와 시민예술촌

[사진 61] 외관

[사진 62] 벽돌벽

[사진 63] 내부 공간

- 소재지 : 石川県金沢市大和町
- 건축주 : 金沢市
- 설계 : 미즈노이치로水野一郎＋가나자와金沢계획연구소
- 용도 : 연극, 음악연습장, 아틀리에, 레스토랑
- 구조 : 목조, 일부철골조·RC조·벽돌조, 창고 6동, 지상 2층
- 부지면적 : 97,289m²
- 연면적 : 4,017m²
- 준공연도 : 1996년. 원 건물은 대정 말기부터 쇼와 초기에 건축됨

① 나가하마 구로가베長浜黒壁 1호관 글래스 관

주식회사 구로가베黒壁로 유명한 시가현 나가하마, 지금은 마을재생의 성공사례로 알려져 있는데 그 활동의 원점이라고 할 수 있는 존재가 구 호코쿠은행(1900년 건축) 나가하마 지점의 보존 활용 사례이다. 은행이 폐점되고 해체설이 발단이 되어 지역유지에 의한 보존활동이 회사 설립과 수복공사, 구로가베 글래스 관으로 연결되었다. 그리고 주위의 비어 있는 점포의 임대, 유리 등을 테마로 한 새로운 점포의 전개가 지속적으로 이루어지고 있다.

② 연극연습관 아크테논

일본에서는 보기 드문 배수탑(1937년 건축)의 컨버전 사례이다. 1965년에 그 역할을 다하고 나고야 시립나카무라 도서관으로 전용되어 사용되다가 1995년 제2의 컨버전으로 연극연습관으로 재생되었다. 최상층부의 원형 수조는 리허설 공간이 되었고 1층의 무대예술 자료 코너도 공개되었으며 새롭게 건설된 노천극장도 적극적으로 시민들이 이용하고 있어 지역의 예술, 문화발신 장소로 새롭게 활약하고 있다. 원통형 건물로 수조를 지탱하고 있는 내력구조기 등인 16개의 열주가 에워싸고 있는 외관은 건축적으로도 실로 흥미로운 작품이다.

③ 가나자와金沢 시민예술촌

구 방적공장을 연극 또는 음악연습장, 아틀리에, 레스토랑 등의 시민예술촌으로 1996년에 재생한 사례이다. 현재는 7개의 내부시설과 외부 대광장, 그리고 가가전통공예를 전승하는 '가나자와 쇼쿠닌대학교金沢職人大学校'를 병설한 다목적 아트스페이스로써 365일 / 년, 24시간 / 일 오픈으로 90% 이상의 높은 가동률을 자랑한다. 연면적 4만㎡에 이르는 시설군을 개조하면서 계획 초기단계에서 기획운영을 담당하는 민간 디렉터가 참가하고 건축가와 연계하면서 설계가 진행된 점이 특징적이다.

④ 고베, 기타노 공방

고베의 구 외국인 거류지에 인접한 기타노 소학교(1931년 건축)는 아동 수의 감소와 지진 피해로 폐교(1996년)되었으나, 시민의 노력에 의해 1998년에 '기타노 공방마을'로 재생된 교사건축은 지역주민과 관광객, 일반시민을 타깃으로 한 '고베 브랜드와 만나는 체험형 공방'이 되어 24개의 임대점포를 내고 원래 교정이었던 곳은 관광버스의 주차장으로 활용되고 있다.

• 기타노 공방(고베)

[사진 65] 외관

[사진 66] 입구 사인

[사진 67] 내부 공간

- 소재지 : 神戸市中央区中山手通
- 건축주 : 神戸市
- 설계 : 구로다黑田건축설계사무소
- 개수 완성연도 : 1998년
- 용도 : 핸드메이드 공방
- 구조 : 철근콘크리트조 3층 건축물
- 부지면적 : 5,135m^2
- 연면적 : 1,950m^2(점포면적 : 690m^2, 24개 점포)

• 카라코로 공방(마츠에)

[사진 68] 호리가와에서 본 외관

[사진 69] 내부

[그림 6] 1층 평면도
(출전: 현지 안내도 사진을
스캔한 것)

- 소재지 : 島根県松江市殿町
- 건축주 : 松江市
- 설계 : 협동조합 건축기술센터
- 개수 완성연도 : 2000년
- 용도 : 공방, 점포, 레스토랑
- 구조 : 철근콘크리트조
- 규모 : 지하 1층, 지하 3층
- 부지면적 : 2,941m^2
- 연면적 : 2,515m^2

• 노리다케의 숲(나고야)

[사진 70] 기념관 전경

[사진 71] 왼쪽이 아카렌가 관, 정면이 레스토랑, 갤러리

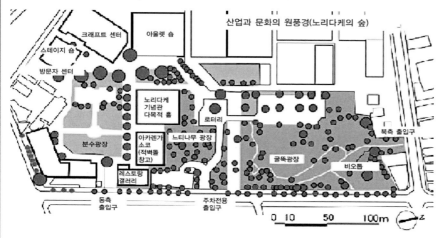

[그림 7] 배치도
(출전: 현지 안내도를 스캔한 것)

• 소재지 : 名古屋市西区則武新町

• 건축주 : 노리타케 컴퍼니

• 설계 : 大成建設

• 개수 완성연도 : 2001년

• 용도 : 뮤지엄, 크래프트센터, 상점

• 구조 : 철근콘크리트조, 일부 벽돌조

• 규모 : 뮤지엄 – 지상 2층, 크래프트센터 – 지상 5층, 레스토랑동 – 지상 2층, 기념 관 – 지상 3층, 상점 – 지상 3층

• 부지면적 : 44,960m²

• 연면적 : 1,483m²

[사진 64] 카라코로 공방의 외부테라스(마츠에)

⑤ 마츠에 카라코로 공방

마츠에에서는 구 일본은행 지점(1938년 건축)을 상업시설과 공방을 일체화한 '카라코로 공방'으로 2000년에 오픈했다.

이 건물의 원 설계자인 나가노 우헤이지는 다츠오 긴고의 후계자로, 당시 고전양식의 제1인자로 알려져 그 장식적인 의장에 덧붙여 마츠에의 호리가와에 면한 입지성을 포함해 시민들에게 오랫동안 사랑받았다. 1988년 일본은행이 폐쇄된 이후에는 현과 시로 이관되어 시민의 '재이용 아이디어' 공모를 거쳐 2층 건축의 건물 내부를 갤러리, 크래프트 숍, 레스토랑, 카페, 공방으로 활용되었다.

⑥ 나고야 노리다케의 숲

1904년 창업 이래, 나고야의 중심부에 가까운 지역에 있었던 도자기 공장이 시설의 노후화로 구 공장 부분을 폐쇄하고 부지 약 11ha 중 약 4.5ha가 '노리다케의 숲'으로 아카렌가 건물군의 절반을 보존, 보강, 개장한 뮤지엄, 공장, 갤러리 등의 복합시설로 다시 태어났다(2001년 완성). 부지 안에 구 제토공장(1904년, 벽돌조 3층 건물), 구 도자기 센터(1927년, RC조 3층 건물), 구 사무관 본관(1937년, RC조)의 3개 건물이 등록문화재 건물로 보존 활용되고 있다.

제3절 역사적 거리의 보존, 수복

1. 일본의 역사적 거리의 보존운동

현대에는 역사적 거리가 문화유산으로 가치를 인정받아 많은 관광객을 불러모으는 등 지역에 다양한 경제효과를 가져오고 있다. 일본에서는 1897년의 「고사찰보존법」, 1919년에는 「사적명승천연기념물보존법」, 1950년에는 「문화재보호법」이 제정되었다. 그러나 거리경관의 보존지정은 1975년 「문화재보호법」의 개정에 의해 창설된 '전통적 건조물군 보존지구(통칭, 전건지구)'를 적용하기로 되어있다.

[사진 72] 기소 츠마고쥬쿠木曽 妻
籠宿

일본의 거리경관 보존운동의 파
이오니아적 존재

[사진 73] 산네이자카 産寧坂(교토 시)

[사진 74] 나가마치 부케야시키長
町武家屋敷(가나자와 시)

[사진 75] 산노쵸三之町(다카야마 시)

[사진 76] 가쿠노다테 부케야시
키 거리(角館武家屋敷 거리, 센보
쿠시)

[사진 77] 호리우치 지구(하기 시)

[사진 78] 구라시키 천변倉敷川(구라시키 시)

이 법 개정의 단서가 된 것이 1960년대부터 교토京都, 가나자와金沢, 츠마고妻籠, 다카야마高山, 구라시키倉敷, 하기萩 등지에서 실행되어 온 각지의 거리경관 보존운동이다. 1974년에는 '전국 마을경관 보존연맹'이 창설되고 '전국 마을경관 세미나' 등의 모임이 활발히 이루어지게 된다.

마을경관 보존의 파이오니아적인 존재로서 유명한 기소의 츠마고에서는 1968년부터 주민이 주체가 된 '츠마고를 사랑하는 모임'을 결성하고 보존의 주민헌장을 제정하는 등 착실한 운동을 수행하여 거리경관을 구성하는 건물군을 수복하고 슈쿠바마치宿場町의 부흥을 실현하였다. 이는 당시 마을의 소외화 문제에 대응하여 거리경관 보존수경과 그 결과로써 관광을 잘 연결시킨 성공사례라고 할 수 있다.

또 문화적 마을 만들기에 일찍이 움직여왔던 구라시키에서는 1968년에 미관지구제도를 활용하여 구라시키 하천변의 마치야군을 보존 수복하는 한편, 아카렌가의 방적공장을 '구라시키 아이비 스퀘어(전게 [사진 54])'로 수복 재생하였다.

이처럼 보존운동을 계기로 각지에서 그를 위한 조례제정이 이루어져 왔다. 예를 들면, 가나자와시의 「전통환경보존조례」(1968년), 교토시의 「시가지경관조례」(1972년), 「전통적 건조물군 보존지구 보존조례」(1976년) 등의 조례이다. 그 정점을 기록한 것이 앞에서 소개한 「전건지구제도」의 발족이었다.

2. 역사적 거리경관 보전에서 생활환경의 개선으로

그 이후 역사적 환경의 보존운동은 전국적으로 파급되어 당초 문화재로써 건조물 보존뿐 아니라, 지구의 생활환경을 포함한 역사적 거리경관의 보존이나 도시 전체의 경관형성 사업의 상징적인 시설로써 역사적 자산의 계승에까지 폭넓게 전개되고 있다. 또 역사적 환경의 범주는 근세 죠카마치의 부케야시키군, 마치야군에서부터 메이지 이후의 건축양식군의 보존에 이르기까지 확대되고 있다. 그리고 거리경관의 보존수복과 함께, 역사적 행로의 정비를 포함해 일체적으로 진행되는 사례도 늘어나고 있다.

이는 역사적 환경의 보존이 단순히 문화재로써의 건물이나 거리경관 보존으

[그림 8] 산네이자카産寧坂의 거리경관 파사드 그림(교토)
(출전:『京都市の町なみ』産寧坂伝統的建造物群保存地区編、京都市)

[사진 79] 츠마고쥬쿠의 수복된 거리경관

로 끝나는 것이 아니라 생활환경을 포함한 총체로써 지역 환경형성이 이루어지지 않고서는 존재할 수 없다는 사고방식이 정착되고 있는 것을 의미한다. 거리경관의 보존과 그것을 지원해온 지역주민의 생활, 교통망 등의 문제가 서로 강하게 묶여있고 제한된 구역의 연결보존으로 끝나는 것이 아니라, 주위 경관개선과 생활도로망 등의 정비를 통해 지역의 생활화를 도모하는 것이 중요한 과제가 된다.

기소·츠마고쥬쿠木曽·妻籠宿의 거리경관 보존사업

그 가운데 거리경관 보존의 파이오니아라고 할 수 있는 기소·츠마고쥬쿠에서는 1968년 츠마고쥬쿠 계획 기본 구상이 책정되었다.

여기에서 큰 맥락은 ① 관광을 목적으로 하지만 어디까지나 역사적 경관의 보전을 제1의의로 한다, ② 지역주민의 생활환경의 정비유지를 충분히 고려한다, ③ 기소 도로계획의 일부로써 구상한다,[7]를 주요 골자로 하여 주민의 생활을 지켜주면서 경관보전에 힘쓰고 안이한 관광개발을 제지하는 것을 들

---

7) 기소(木曽)도로 계획

마고메(馬籠宿, 岐阜県中津川市)로부터 기소로 쥬이치로 슈쿠(木曽路十一宿, 마고메슈쿠 / 츠마고쥬쿠 / 노시리슈쿠(野尻宿) / 스하라슈쿠(須原宿) / 아게마츠슈쿠(上松宿) / 후쿠시마슈쿠(福島宿) / 미야노고시슈쿠(宮ノ越宿) / 야부하라슈쿠(藪原宿) / 나라이슈쿠(奈良井宿) / 니에가와슈쿠(贄川宿)로 예로부터 일체화된 지역으로 전체적인 보전 이미지를 공유하고 있다.

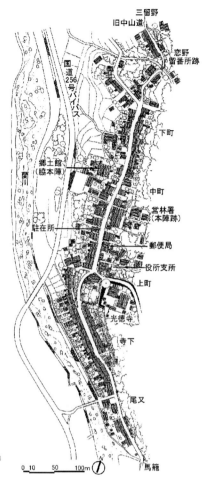

三留野
旧中山道

恋野
留番所跡

国道256号バイパス

下町

郷土館
脇本陣

蘭川

中町

営林署
(本陣跡)

駐在所

郵便局

役所支所

上町

光徳寺

寺下

尾又

馬籠

0 10 50 100m

[그림 9] 츠마고쥬쿠 평면도
[출전: 『妻籠宿保存·再生のあゆみ』
太田博太郎地著, 南木曾町 (1984)]

고 있다.

그리고 1971년에 '츠마고쥬쿠를 지키는 주민헌장'을 제정하여 지역의 자산을 '매각하지 않는다', '임대하지 않는다', '허물지 않는다'의 3원칙과 환경정비, 교통안전(쥬쿠바 내의 노상주차금지 등) 등을 규정하고 있다. 이것이 2년 후에 제정된 '츠마고쥬쿠보존조례'로 이어져 '츠마고쥬쿠보존지구보존조례', 그리고 같은 해 「문화재보호법」의 '중요전통적건조물군 보존지구'로 연결된다.

이로 인해 각 건축물의 개수가 진행되고 거리경관의 보존정비와 함께 지구전체의 교통 동선계획도 주민들이 정돈해 틈새 주차장의 확보와 구 도로의 교통규제안이 실현된다. 그 배경에는 초기단계부터 오오타 히로타로太田 博太郎 박사(당시, 동경대학 교수)를 중심으로 하는 학식 있는 전문가 그룹의 지원이 있었던 것도 큰 힘이 되었다. 지금은 관광객이 방문하는 시간대에는 자동차가 구 도로에 진입하지 않고 마치 시간이 멈춘 것 같은 안도감이 느껴지는 산책로가 조성되어 있다.

역사적 지구환경 정비가로사업

역사적 거리경관지구의 생활환경 정비와 관련된 지원사업으로써 1982년부터 시작된 '역사적 지구환경 정비가로사업'이 있다. 이는 구 가도 등 역사적 도로를 본래의 평온한 거리가 되도록 후면으로 우회도로를 정비함과 동시에 역사적 풍경 조성을 위한 환경정비를 지원하는 가로사업으로, 주요한 사례로는 센보쿠시 가쿠다테우치마치지구仙北市 角館町内町地区, 아키다(秋田), 토치기시 우즈마가와 츠나테미치·쿠라노마치栃木市 巴波川綱手道. 蔵の町, 토치기(栃木), 아시카가시 반나지足利市ばんな寺, 토치기(栃木)주변지구, 가와고에시 구죠카마치川越市旧城下町, 사이타마(埼玉), 세끼마치도카이도세끼쥬쿠지구関町東海道関宿地区, 미에(三重), 하기시호리우찌지구萩市堀内地区, 야마구치(山口), 미나미큐슈시 지란나이쵸 츄군지구南九州市知覧町中郡地区, 가고시마(鹿児島), 나하시 슈리 가나구수쿠지구那覇市首里金城地区, 오키나와(沖縄)가 있다.

옛날극장의 재생
역사지구에는 본래 번성했던 시기에 그 당시 최고의 기술과 자재를 사용한 건물이 세워져 대부분이 귀중한 자산으로 남아 있다.

[사진 80] 쿠라노마치蔵の町(토치기시栃木市)

[사진 81] 구 도카이도 세끼쥬쿠지구旧東海道関宿地区(카메야마시亀山市)

[사진 82] 이즈시 죠카마치 지구出石城下町地区(토요오카시豊岡市)

[사진 83] 다케하라 지구竹原地区(다케하라시竹原市)

[사진 84] 지란나이쵸 츄군지구知覽町中郡地区(미나미큐슈시南九州市)

그 대표적인 예로 각지에 남아 있는 목조 옛날극장(시바이고야 芝居小屋)이 있다. 아키다秋田·고사카小坂의 고라쿠간康楽館, 시코쿠四国의 고토히라琴平, 가가와(香川)에는 구콘피라가부키金毘羅大芝居, 카나마루자(金丸座), 우치코內子, 애히메(愛媛)의 우치코자內子座, 큐슈九州·이츠카飯塚의 가호嘉穂극장, 구마모토熊本의 야마가山鹿에는 야치요자八千代座가 있다. 사실 이 목조의 옛날극장은 시대의 흐름과 더불어 점차 쓰이지 않게 되면서 해체설까지 언급되는 시기가 있었다고 한다. 이것을 지역주민들의 보존운동, 그리고 마을의 유형문화재 지정, 보존복원사업이 이루어지면서 지금은 지역의 기념비적인 시설로 큰 역할을 하고 있다.

이렇게 국내에 잔존하는 목조 옛날극장에 대해서 1993년 '전국 옛극장회의'의 개최를 계기로 그 응원단체가 늘어나 행정지원 등을 포함한 보존수복과 활용으로 이어져왔던 것이다. 그리고 전국판 가부키나 예능 특별공연, 지역의 독자적인 공연이나 이벤트 등이 개최되어 지역의 주민들이나 관광객의 교류의 장이 되는 등 지역 활성화에 큰 역할을 하고 있다.

지역의 전통기술의 계승과 마을의 활성화

단순히 관광진흥이라는 입장과는 별도로 역사적 거리경관 보존수복사업에 의해 지역에 남아 있는 목수와 미장, 창호 등 장인들의 귀중한 전통기술이 계승되는 것도 잊어서는 안 된다. 그러한 건설투자가 장인들의 의지를 북돋아주어 젊은이들이 장인이 되어 지역에 남고, 이로 인해 지역인구가 조금이라도 유지된다. 또 거리경관의 매력 향상으로 방문객들이 늘어나고 지역의

[사진 85] 고라쿠간康樂館(고사카小坂)
324페이지에 관련 해설

[사진 86] 구콘피라가부키旧金毘羅大芝居(카나마루자金丸座)의 내부
(고토히라琴平)

특산품인 일본 전통과자나 일본 된장, 간장, 주류의 소비를 촉진시킨다. 실제 지역의 전통적인 제례에서 중심이 되는 것은 건설이나 제조업의 장인들의 모임이라는 것을 잊어서는 안 된다. 지역의 상점주는 그 시간대에는 종업원을 두고 있는 대형 점주 이외에는 방문객의 대응에 임한다. 그렇듯 지역의 전통적인 마을은 각각의 직종에 종사하는 사람들의 연계로 조성되어 있다고 할 수 있다. 그것이 단절되어 온 것이 지역의 쇠퇴로 이어졌다고 필자는 생각한다. 그 연계를 재구축하는 것이 옛 거리의 보존인 것이다.

3. 거리경관 보존수경과 도시계획사업

각지를 방문하면서 느낀 것은, 쇠퇴한 현재의 모습에 고민하던 지방도시 대부분이 이미 결정했던 도로확장의 도시계획과 전통적 거리경관 보전의 가운데에서 갈등을 지속해오고 있다는 현실이다. 도로확장에 맞추어 거리경관 가이드라인을 책정하고 그에 기반하여 새로운 거리경관을 조성한 사례도 있다. 한편 이미 도로확장에 착수하였으나 주민의 반대나 재정난으로 도중에 동결된 사례도 있다.

도시계획의 개발에는 지금까지 시가지 재개발사업이나 토지 내 구획정리사업과 같은 면적인 정비계획의 수순밖에 존재하지 않았다. 그러한 상황에 대응하여 1999년 가와고에川越 일번가에 있어서 '전통적 건조물군 보존지구'의 지정과 함께 도시계획 도로의 재검토가 최초의 사례가 되어 그 이후 아이치의 다이잔大山, 기후岐阜의 다지미多治見 등 도시에서도 같은 유형의 경로로 계획

[사진 87] 유메夢캐슬 로드(히코 네시彦根市)

도로 폭에 맞추어 전통적 거리 를 새롭게 재구축하였다.

[사진 88] 오오사와케주택大沢家住 宅(가와고에시川越市)

도로가 재검토되어 왔다.

가와고에川越 일번가의 '마을 만들기 규범'과 도로확장재검토

① 가와고에川越 일번가의 거리경관 보존의 경위

가와고에川越는 1457년에 관동령[8]이었던 우에스기上杉 씨의 성으로 축조되어 에도기에는 야나기사와 요시야스柳沢吉保가 거처하는 성이었고 북관동의 배편 의 거점으로 번영하였으며 가와고에 죠카쵸시몬젠마치川越十ヵ町四門前町라고 불리 는 중심시가의 토지 분할이 이루어져 왔다. 그 중심축을 이루는 일번가는 1893년 가와고에川越 대화재의 재건을 위한 쿠라즈꾸리蔵造り가 채용되어 에도 에서 온 장인들이 에도양식으로 만들었다. 현존하는 가장 오래된 도죠土蔵[9] 는 대화재에서 유일하게 살아 남은 오오사와케 주택大沢家住宅(에도 시대 후기 1729년 건축)으로 상인들이 방화건축인 도죠土蔵를 채용하는 계기가 되었다. 그 이후, 쇼와 시대에 도로계획이 진행되어 도죠土蔵의 거리경관을 관통하는 중앙로(폭 9.5~11m)를 1936년에 폭 11m로, 또한 1962년에는 서측을 확장하 여 도로폭 20m로 조성하기로 결정하였다. 계획대로라면 서측 거리는 삭감되

---

8) 간토간레이(関東管領) : 무로마치막부가 관동을 다스리기 위해 둔 벼슬

9) 도죠(土蔵) : 일본의 전통적인 건축양식 중 하나로 외벽을 토벽으로써 외반죽 등으로 마감하여 만든 건물

는 것이었으나 착수되지 않은 채 현재에 이르고 있다.

그러나 1950년대 후반에는 상업의 중심이 남쪽 가와고에 역 주변으로 이동하여 교외 쇼핑센터 입지의 영향을 받아 상점가가 쇠퇴하고 몇몇 도죠는 허물어졌다.

② 거리경관 보존운동으로

보존운동의 시작은 오오사와께 주택大沢家住宅이 중요문화재로 지정된 1971년이었다. 견고한 도죠土蔵의 '만분萬文'(구고야마께旧小山家)가 부동산회사의 손에 넘어가거나 상공회의소나 시민들이 보존운동을 전개하기도 했다. 최종적으로 시 개발공사가 취득한 후, 개수되고 있다(현재 도죠土蔵자료관). 한편 1960년대 이후 역사적 거리경관 보존이 전국적으로 전개되면서 학식 있는 사람들에 의한 도죠의 보존에 대한 제언이 거듭되고 1970년대 건축학회의 제안을 거쳐 시민들 사이에서 보존에 대한 관심이 높아졌다.

이 가운데 1975년 문화청의 '전통적 건조물군 보존대책조사'가 실시되었으나 지구 지정에까지는 이르지 못했다. 그 시기에 1번가 가까운 곳에서 2개의 고층 맨션 계획이 세워졌으나 주민의 반대에도 불구하고 건설이 강행되었다. 그로 인해 위기감과 상업지로서의 쇠퇴를 맞이하게 된다.

시는 1981년에 도죠 16건을 시의 문화재로 지정하였다(현재 22건). 또한 지역의 시민단체(가와고에 구라 모임川越蔵の会)가 1983년에 설립되어, 문화재 우선의 거리경관 보존에 대응하여 '상업활성화'에 의한 경관보전을 들어 '자기 상업능력을 없애고는 역사적 건축물의 유지는 있을 수 없다, 현대의 점포 전

[사진 89] 가와고에川越 일번가의 거리경관

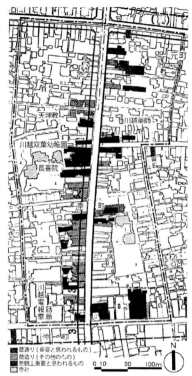

[그림 10] 재검토하기 전 도시계
획도로와 도죠土蔵의 건물
(출전:『都市住宅 7502·特集·川
越 保存から計画へ』鹿島出版会)

개에 역사적 건축물을 최대한 이용하지 않으면 거리경관보존은 성립하지 않는다'라고 하여 동시에 주환경의 향상을 내걸어 거리경관 보전정비의 중심적인 역할을 하기에 이르고 있다.

③ 마을 만들기 규범

1986년 국가의 중소기업청 지원에 의한 커뮤니티 마트 구상이 책정되어 가와고에 일번가 상업협동조합의 '가와고에 일번가활성화모델사업조사'가 움직이기 시작한다. 여기서부터 상점가 자체적으로 마을 만들기의 주도적 역할을 하게 되고 이듬해 1987년 4월에는 '가와고에 1번가 마을 만들기 규범에 관한 협정서'를 체결하였으며 '마을경관위원회'를 조직하였다. 위원회는 상점가 구성원에 덧붙여 자치모임, 연구회, 전문가, 행정으로 구성되어 1988년 '마을 만들기 규범'을 책정하여 개점의 개장에 대한 규칙을 정하였다. 규범에 기반한 협정서에는 ① 역사적 건물은 보존한다, ② 신축의 경우, 역사적 양식으로 건축할 때에는 엄격하게 역사적인 양식에 따른다, ③ 그렇지 않으면 제대로 된 디자인을 고안하여 안이한 모방은 피한다는 대원칙이 정해졌다.[10]

---

10) 마을 만들기 규범

크리스토퍼 알렉산더의 패턴랭귀지를 기본으로 하여 거주자 입장의 원칙을 67의 항목 – 도시(1~40), 건축 (41~67)에 관한 광범위한 패턴으로 제시하고 있다. 종래의 규제가 '~해서는 안 된다'라는 형태를 띠는데 반하여, 규범에서는 '~하자'라는 적극적인 제안의 형태를 택하였다는 점이 특징적이다. 즉, 전통적인 거리 경관은 획일적인 기준에 그치지 않고 다양한 건물이 있는 거리경관의 장점을 이끌어내는 것이 보다 의미 있다는 사고방식으로 마을 만들기 규범이 만들어졌다.

④ '가와고에시 경관조례' 제정과 '전통적 건조물군 보존지구' 지정

가와고에 1번가 상업협동조합이나 '가와고에 구라 모임'의 활동과 병행하여 시에서도 거리경관 보존을 향해 1985년 정부의 '역사적 지구 환경정비 가로사업' 모델 조사의 대상으로써 도시계획 도로인 중앙노선의 1번가 상점가 부분의 계획변경을 포함한 보행자 네트워크 만들기와 경관보전을 위한 조례제정을 위한 준비를 진행하게 된다. 4년 후 1989년에는 '가와고에시 도시경관 조례'가 제정된다. 그 이후 1991년부터 역사도로 사업에서는 카시야요코쵸거리나 다이쇼로만유메거리 등이 정비대상이 되어 1992년부터 현안으로 1번가 상점가의 전선 지중화가 실시되었다.

1999년 1번가 상점가를 중심으로 한 7.8ha가 염원의 '전통적인 건조물군 보존지구'로 지정되어 이것을 계기로 도시계획 도로가 재검토되고 결국 폐지가 결정되었다. 이것을 실현한 행정, 그리고 그것을 지지한 지역주민들, 전문가들의 노력이 낳은 결과이며 그리고 이러한 생각이 지금의 가와고에 거리경관의 모습이라고 해도 좋을 것이다.

2000년에는 도시경관 중요건축물 지정(신토미마치) 상점가 7건, 다이쇼로만유메거리) 상점가 7건, 카시야요코쵸가이 2건이 이루어져 2004년 가와고에 죠카쵸川越十ヵ町 지구 도시경관 형성지역 지정으로 이어져 간다. 2012년 도시경관 중요건축물 지정이 11건, 도시경관 중요건축물 등이 70건에 이른다. 그 사이 가가미야마주조지鏡山酒造跡地의 메이지쿠라明治蔵·다이쇼쿠라大正蔵·쇼와쿠라昭

[사진 90] 가와고에의 심볼, 토끼노가네時の鐘

和蔵(현재, 고에도쿠라리小江戸蔵里 산업관광관), 구 가와고에 직물시장의 보존으로 이어지고 있다.

제4절 산업유산의 보존과 활용

1. 토목유산, 산업유산의 보존과 세계유산

서구에서 가속화되고 있는 역사적 건물 등의 보존운동은 그 대상이 산업혁명 이후에 급속한 기술혁신을 가져왔던 토목시설이나 산업시설들이 대부분으로, 영국을 시작으로 세계 선진국에서 폭넓게 전개되고 있다. 이는 문화재 측면에서의 보존뿐 아니라 생생한 형태로의 보존, 그리고 새로운 기능을 부여한 형태로 활용하는 방향 등 다양한 양태로 진행되어 왔다.

일본에서도 각 지역에서 사용되지 않거나 가동 중인 공장시설, 그리고 근대화를 지탱해온 토목시설을 포함한 보존이 유네스코 세계문화유산의 지정운동과 연동되어 점차 관심이 달아오르고 있다. 시마네현島根県의 '이와미긴잔石見銀山 유적과 그 문화적 경관'의 유네스코 세계문화유산의 등록이 2007년에 결정되었다. 또 그에 이은 형태로 군마현群馬県의 '토미오카세이시쇼富岡製糸場와 비단산업유산군絹産業遺産群', 나가노현長野県의 '일본제 실산업근대화유산 – 오카다니岡谷의 제사製糸자산', 그리고 큐슈 야마구치의 6현, 8개 시에 의한 '큐슈九州·야마구치山口의 근대화 산업유산군'의 세계유산 등록 추진운동이 진행되고 있다. 그 외 근대화를 뒷받침해온 공장들도 그 문화적 가치를 인정받아 산업 기계 등을 포함해 보존대상이 되고 있다. 각 지역의 공장 또는 원래 공장이었던 곳의 공원이나 건물을 컨버전한 상업시설 등, 당시 기계류 등의 산업유물이 그대로 보존 전시되어 박물관적인 가치를 이끌어내고 있다. 어느 의미에서는 그 도시의 번영을 지원해온 산업유산으로써 지역 전체를 보존하고 있다는 느낌이 있다.

필자도 1999년부터 부터 근대화 산업유산활용연구회[11]에 소속되어 홋카이도, 큐슈, 북관동 지역 등의 산업유산 실태조사에 가담했었다. 국내에서는 매스

[사진 91] 가가미야마 주조지(鏡山酒造跡地)의 고에도 쿠라리(小江戸蔵里)(산업관광관, 가와고에(川越)

컴에도 그 존재가 알려지지 않았던 곳이었다. 그 이후 기타큐슈(北九州)의 구 야와타제철소(八幡製鐵所, 1901년 개설 주변의 기반정비, 산업유산의 보존수복의 계획에 관여했는데 지금은 '큐슈·야마구치의 근대화 산업유산'의 핵심시설로 지정하여 구체적인 보존개수가 검토 중에 있다.

사실 세계도시에 있어서도 근대화를 지탱해온 역사적 산업유산의 보존 활용, 경우에 따라서는 그것을 보전해나가는 새로운 마을 만들기를 전개하는 움직임이 시작되고 있다. 다음 절에서는 일본 사례를 소개하고자 한다.

2. 일본에서의 산업유산보존

고사카고우잔(小坂鉱山) 사무소와 고우라쿠간(康楽館)

고사카고우잔은 1869년 관에서 운영하는 광산이 되어 '일본광업계의 아버지'라고 불리는 오오시마 다카토우(大島高任)가 부임하여 독일인 기사 크루트 아돌프 네트를 초빙하고 최첨단의 용광로 기술을 도입하였다. 그 이후 오오시마 스스로가 새로운 제련법을 도입한 근대적인 생산기술을 확립하고 금·은·동 등의 광산으로 전국 1위에까지 오르게 된다.

---

11) 사무국 : 경제산업성의 외곽단체＝사단법인 여가개발센터(당시)

[사진 92] 세계유산으로 등록된 이와미긴잔石見銀山
오오모리大森지구의 라간지羅漢寺·고햐쿠라간五百羅漢

그 전성기 광산노동자 기숙사의 수세식 화장실 완비에서 볼 수 있듯이 상하수도정비, 병원 복리후생 시설이 구비된 문화적이면서 선진적인 생활환경이 정돈되어 있었다. 그것은 19세기 영국에 있어서 사업가 타이타스 솔티어 경이 노동자의 생활환경을 배려한 이상적인 산업도시를 제창한 것, 그것의 일본판이라고 할 수 있는 사례였다. 영국 중부의 솔티어Saltaire, 웨스트 요크셔 주, 유네스코 유산등록, 산업유산에서는 850호의 노동자 주택과 공민관, 병원 등이 지금도 남아 있다.

이 마을의 중심부에는 당시의 영화를 연상시키는 2개의 중요문화재 건물, 구 고자카 광산小坂鉱山 사무소(1905년 건축, 2001년 현재지로 이전)와 옛극장·고우라쿠간康楽館(1910년 건축, 1986년 개수)가 남아 있다. 광산 사무소는 '일본의 근대 광업을 대표하는 사무소 건축으로써의 역사적 가치, 당시 기술의 윤곽을 결집하여 만들어진 건축학적 가치, 그리고 르세상스풍의 외관과 의장을 갖춘 예술적 가치'[12]가 있다고 평가받고 있다. 또 고우라쿠간康楽館은 대중 가부키의 상설공연이나 나라를 대표하는 배우의 특별강연을 상연하는 귀중한 목조극장으로 잘 알려져 있다. 이처럼 귀중한 시설이 산 깊은 곳에 존재하는 이 마을이야말로 전형적인 산업유산도시라고 해도 과언이 아니다.

---

12) 주 11 참고 URL : http://www.town.kosaka.akita.jp/jimusho/jimusho.htm

토미오카 세이시죠와 기타간토·신슈~요코하마의 실산업시설군

1868년에 성립한 메이치 신정부는 후코쿠교우헤이富国強兵, 쇼쿠산쿄우교우殖産興業 정책을 추진하여 그 당시 외화 획득의 주력 상품이었던 가는 면사의 품질 향상과 안정생산을 위해 프랑스로부터 기술도입을 시도하여(프랑스 인 폴 브류너를 기사장으로 임명함). 토미오카富岡 실 공장(군마현 토미오카시)을 1872년에 건설하였다. 당초 면은 토네가와利根川로부터 배와 육로 그리고 신바시利根川에서 요코하마까지는 철도로 운반되었다. 후에 일본철도현재 JR 高崎線 구마타니熊谷 - 우에노上野 구간이 1883년에 개통하여 이듬해에는 다카사끼와 그 당시 유럽에서 가장 고급비단 산지로 평판이 나 있는 마에바시前橋까지 연장되었다. 그것은 국제무역항, 요코하마까지 비단을 운반하는 수단을 위하여 민간자금을 사용한 철도건설이었다. 다카사키高崎에서 갈라지는 철도는 1893년에 요코가와橫川에서 가루이자와輕井沢 구간의 우스이도게碓氷峠를 아프트식(급경사용 톱니바퀴식 철도)으로 넘어 또 하나의 신슈信州의 비단 명산지인 우에다上田 방면으로 연결되어 있다.

거기서 난신南信의 시모스와下諏訪, 오카다니岡谷의 비단은 일본 최초의 세이간請願 역, 오오야大屋 역(현재 시나노 철도)에 말로 운반되어 후에 중앙선 오카다니岡谷, 신주쿠新宿 구간(2005년), 요코하마 선의 하지오지八王子와 요코하마 구간(2008년)의 개통으로 이어졌다.

[사진 93] 고자카小坂 광산사무소의 외관(고자카쵸)

[사진 94] 고자카小坂 광산사무소의 나선형 계단

기타간토北関東로부터 신슈信州 각지에서 생산된 마유다마繭玉는 토미오카富岡나 각지에 설치된 기계 제사공장에서 생사 또는 비단실, 비단직물로 가공되었다. 그것은 나일론 등의 합성섬유가 등장한 쇼와昭和 중기까지 약 반세기동안 이 지역에 큰 번영을 가져다주었다. 지금도 그 생산과 직물산업 기술의 계승이 지속되고 있으나 번성했던 예전과 비교하면 그 생산액은 급격히 줄어든 상태이다.

현재, 군마群馬, 나가노長野, 토치기栃木, 이바라키茨城, 사이타마埼玉현에서의 비단 관련 산업유산이나 명산품은 주 13)13)에 제시한 것처럼 실로 다양하게 포진되어 있다. 이러한 생사, 비단제품의 대부분은 세계로 수출되어 철도나 교통상 중요한 도로, 항구였던 요코하마로부터 해상길을 거쳐 유럽으로 연결되는 실크로드가 완성되었다. 요코하마에서도 스카프 산업이 뿌리를 내려 구 거류지는 비단장사로 번성해 실로 많은 부를 축적해왔다.

---

13) 기타 간토(北関東)·신슈(信州)의 도시에 남아 있는 비단 관련 시설과 명산품(본문에서는 주 10)
• 군마(群馬)현 : 토미오카(富岡)(실공장), 아마구스리(甘薬)(구 아마구스리 회사), 다카사키(高崎)(신마치보우세키(新町紡績) 비단실공장), 마에바시(前橋)(유럽의 양질의 실크=마에바시), 이세사키(伊勢崎)(메이센(銘仙)), 누마다(沼田)(오오쿠와(大クワ)), 나카노죠(中之条)(양잠, 토미사와케주택(富沢家住宅)), 로쿠고무라(六合村)(아카이와(赤岩)지구 양잠농가군), 후지오카(藤岡)(다카야마사(高山社), 하루야마가(春山家)), 안나카(安中)(우스이(碓氷)회사), 우스이도게(碓氷峠)(철도시설), 시모니타(下仁田)(구 우에노철도관련시설)
• 나가노(長野)현 : 오카다니(岡谷)(실, 누에박물관), 스와(下諏訪)(실), 우에다(上田)(누에알), 도우미(東御)(우미노쥬쿠(海野宿)(양잠), 아즈미노(安曇野)(천잠), 이나(伊那)(이나명주), 이다(飯田)(비단실), 고마가네(駒ケ根)(실크뮤지엄), 스자카(須坂)(실크와 창고의 마을)
• 토치기(栃木)현 : 고야마(小山)(유우키(結城)명주), 아시카가(足利)(메이센 : 거칠게 짠 비단)
• 이바라기(茨城)현 : 유우키(結城)(유우키(結城)명주)
• 사이타마(埼玉)현 : 한노우(飯能)(고려비단), 오고세(越生)(오고세비단), 오가와(小川)(오가와 비단) 외

[사진 95] 토미오카富岡실공장의 누에창고(군마현 비단산업군)

세계문화유산 지정운동의 중심적시설

[사진 96] 야마구스리甘薬회사 오바타小幡組창고(군마현 비단산업군)

[사진 97] 기류桐生시내의 톱날지붕 공장(군마현 비단산업군)

[사진 98] 우스이碓氷제3교량(일명 안경다리)(군마현 비단산업군)

[사진 99] 양잠농가 토미사와주택富沢家住宅(군마현 비단산업군, 나카노죠中之条·중요문화재)

[사진 100] 실·누에 박물관(오카다니岡谷시)

[사진 101] 마루야마 탱크의 유산(오카다니岡谷 시)

[사진 102] 구 가타쿠라구미片倉組본부 사무소(오카다니岡谷 시)

[사진 103] 가타쿠라칸片倉館(스와諏訪 시·중요문화재)

[사진 104] 양잠농가의 흔적(도우미東御 시, 우미노쥬쿠海野宿)

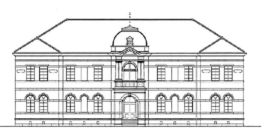

[그림 11] 야와타八幡 제철소 본사 사무소 입면도
(출전:『八幡製鉄所近代産業遺産 (建築物)　保存·利活用検討調査 報告書』)

또 요코하마 재계의 많은 사람들이 이러한 지역출신이라고 한다. 이처럼 기타간토의 신슈와 요코하마와 매우 긴밀한 연계가 있는데 비단관련 산업의 수출에 의해 획득한 외화는 일본 정부의 국력을 신장시켜 단기간에 서구 유럽의 여러 나라와 어깨를 나란히 하게 되었다. 그 의미에서도 이 지역의 비단산업군은 일본에 있어서 실로 가치 있는 산업유산이라고 할 수 있는 것이다. 이러한 유산들을 그 세계관으로 조망하는 것은 실로 흥미 있는 일이다.

쇼쿠산쿄우교우殖産興業 – 야와타八幡 제철소의 산업유산

메이지 신정부의 '후코쿠교우헤이富国強兵, 쇼쿠산쿄우교우殖産興業'의 기반 아래 철은 매우 중요한 의미를 가지고 있다. 그러나 독자적인 생산기술을 확립하는 데는 30년 가까운 세월이 필요했다. 1901년 일본 최초의 근대적인 제철소로써 탄생한 것이 기타큐슈의 야와타 무라에 만들어진 관에서 운영하는 야와타 제철소였다. 제철소의 설계에서 건설까지 독일의 구테호프눙쿠스휴테사GHH사–Gutehoffnungshutte에게 위임하여 공장 구조재의 철골은 동일한 회사로부터 수입하여 사용하였다. 그 각인이 지금도 남아 있다. 지금 현지에 남아 있는 구 본사 사무소(벽돌조, 1899년 건축), 구 카지鍛冶공장(철골조 2층 건물, 1900년 건축), 구 수선공장(철골조 단층건물, 1900년 건축), 조코우条鋼공장(철골조 2층 건물, 1901년 건축)의 4개 건축물이 개업 당시의 시설로, 그 가운데 수선공장은 지금은 사용되고 있다.

본 사무소의 난방에는 높은 용광로의 폐열을 이용한 스팀 난방이 사용된 흔적이 있다. 용광로로부터 쭉 뻗어 내려온 지중배관에 의한 열 공급이 이루어졌다고 한다.

또, 1901년으로 기록된 히가시타東田 제1용광로는 최초로 불을 넣었던 용광로로부터 10대째, 즉 1962년부터 1972년까지 가동했던 시설이었는데 그 아래쪽에는 기초와 옹벽이 그대로 남아 있다. 1996년에는 기타큐슈 시로 이관되어 주변부는 개방된 전시기능이 완비되어 있는 사적 광장이 되었다. 근처의 쿠로가네선 미야타야마宮田山 터널은 1901년에, 주위의 암벽은 1906~1927년 경에 축조되었는데 당시의 철도레일이 그대로 남아 있다. 또 1km 떨어진 직원숙사나 영빈시설, 2~3km 떨어진 저수지의 둑이나 다리 등 토목구조물은 1927년의 작품이다. 이처럼 여기에는 메이지의 쇼쿠산쿄우교우殖産興業의 기념비적인 유산이 집중되어 있다.

[사진 105] 야와타八幡 제철소발상지의 비석

[사진 106] 야와타八幡 제철소 본사 사무소
벽돌 조적조의 2층 건물, 연면적 1,023㎡, 건물높이 28m

[사진 107] 본사 사무소의 바닥 아래 기초와 배관
이후 개수가 예정되어 있다.

[사진 108] 수선공장
1900년 건축의 철골조 공장건물. 현재 공장으로 사용되고 있다.

[사진 109] 수선공장의 철골에 새겨져 있는 각인
Gutehoffnungshutte

[사진 110] 히가시타東田 제용광로 1901
현존하는 용광로는 1962년 건축된 것으로, 지하에 1901년 당시의 유구가 보존되어 있다.

3. 서구에 있어서 산업유산의 보존과 활용

영국의 역사적 산업유산보존

산업혁명의 본고장, 유럽의 산업유산 보존으로써 영국 잉글랜드 중부, 버밍엄 북서 40km 지점에 있는 '아이론브릿지 계곡뮤지엄Ironbridge Gorge'이 그 효시일 것이다. 여기에는 18세기 빅토리아 왕조 시대의 산업혁명기를 지탱해 온 광산이나 공장의 흔적이 그대로 보존전시되어 있다. 이 보전이 시도된 것도 1960년대 이후로 그때까지는 황폐한 상태였는데 야외 박물관으로써 철교의 보존, 그리고 당시 마을경관이나 공장들이 재현됨으로써 박물관 도시로 소생하게 된 것이다. 전시뿐 아니라 당시의 생활을 실현하는 등 철저하게 재현되었는데, 지금은 연간 수십만 명이 방문하고 있다고 한다. 그 외 본래 광산지대인 콘월 지방이나 브래나본의 광공업 지대 등에서 보는 것처럼 각지에서 당시의 번영을 지원했던 폐기된 갱이나 공장, 산업기계 등의 보존이 적

극적으로 진행되고 있다.

또 대도시에도 산업유산으로 자리매김하는 시설들이 곳곳에 전해 내려오고 있다. 예를 들면 수도 런던의 새로운 명소가 된 박물관 '테이트 모던', 이것은 시내에 전력을 공급한 발전소의 컨버전 사례이다. 또 공업화를 지탱해온 기존의 운하나 철도시설, 이것도 산업유산으로 자리매김하여 도시 내 수로나 교량, 고가구조물이 그 대상이 되고 있다. 예를 들면, 런던의 산업혁명의 공업화를 지탱해온 리젠트 운하와 그 수위 조절을 위한 컴덴록이 있다. 후자는 템스 강의 변동하는 수위를 가로지르는 갑문으로 지금도 사용되고 있다. 또 증기기관의 발명과 더불어 철도의 발달, 그 시대의 상징이었던 철도의 역사가 있다. 런던의 킹즈 크로스 역(1853년), 패딩튼 역(1854년, 1999년 개수), 빅토리아 역사(1860년), 챠링 크로스역(1864년), 캐논가 역(1866년), 세인트 팬크로스 역(1867년, 2007년 개수), 리버풀가 역(1875년, 1992년 개수) 등도 예전의 모습이 그대로 남아 있어 지금도 역으로 사용되고 있다. 이처럼 마을 곳곳 가까운 곳에 역사적 산업유산이 그대로 존재하는 나라, 이곳이 바로 영국이다.

독일 루르지방의 엠셔 파크

독일의 산업유산 활용 프로젝트로써 최근 주목받고 있는 곳이 중서부 루르 공장지대의 엠셔 파크이다. 이 일대는 석탄과 철광석의 광산과 운하, 그것을

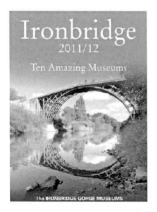

[사진 111] 아이론브릿지계곡의 안내도
(출전: 同 ttp://www.ironbridge.org.uk/)

유네스코에 최초로 등록된 산업유산은 1978년의 폴란드의 비에리치커 암염 갱, 그 후에는 노르웨이의 레이로즈 광산도시(1980년), 프랑스의 아르케 스난의 왕립제염소(1982년), 영국의 아이론브릿지 계곡(1986년)으로 이어진다.

[사진 112] 리젠트 운하의 컴덴록

배경으로 한 제철 관련 공장군이 형성되어 있었으나 세계의 공장지도가 크게 변하는 1960년대 이후, 이러한 산업이 쇠퇴하고 실업과 환경오염 문제를 안고 있는 이 지방에서부터 인구가 급감해간다. 최후의 제철소의 폐쇄는 1980년대였다. 뒤스부르크, 도르트문트, 엣센 등 대도시군으로 확산되어 갔다. 1988년부터 약 10년간 국제건축전람회IBA의 실험 기간을 통해 본래 공장지의 경관을 개수하고 녹지대를 재생하였으며 하천과 운하 등의 환경개선, 역사적 유산의 보전활용을 거쳐 환경을 배려한 새로운 주택지와 산업 거점으로의 재생을 완성하였다.

[사진 113] 킹즈크로스 역(런던)

[사진 114] 패딩튼 역(런던)

[사진 115] 빅토리아 역(런던)

[사진 116] 리버풀가 역(런던)

[사진 117] 라임스테이션 역(리버풀)

[사진 118] 엠셔파크의 뒤스부르 쿠 제철소(루르 공업지대)

[사진 119] 뒤스부르크 제철소 내에 있는 기존의 가스탱 크

잠수훈련소로 활용되고 있다.

[사진 120] 기존의 공장을 개조한 극장

[사진 121] 오버하우젠의 가스탱크

현재는 전망대와 음악홀, 전시 관으로 개수되었다.

[그림 12] 엠셔파크의 범위도 (출전: 현지 안내도를 촬영, 사 진을 스캔한 것, 지명과 범례는 필자 번역)

[사진 122] 오버하우젠의 가스탱 크 전망대에서 본 운하 일대

건강한 마을로 다시 태어났다. 이곳이 일본 야와타八幡 제철소 를 낳은 GHH사의 공장이다.

원래 공장이 지역의 산업박물관, 체험, 학습의 장으로 재생되어 지역의 초등학생들의 견학 그리고 관광장소로, 거대한 공장건물과 부지를 살린 문화시설, 체험, 훈련시설, 전망대, 녹지 등으로 재활용되고 있다. 박물관 등의 가이드로 근무하고 있는 사람들도 본래 공장에서 일하던 사람들로 그 관광수입을 포함해 지역경제에 크게 공헌하고 있다고 한다. 일부에는 첨단기술을 살린 환경형 공장이나 연구기관이 입지하고 있다.

그 성공 배경에는 원래 산업지대의 다양한 자산, 예를 들면 물류를 운반하던 철도, 고속도로 등의 교통 인프라의 존재가 있다.

광대한 공장 부지나 원래 석탄 채굴장이었던 보타산이 녹화되고 아름다운 자연이 회복되었다. 공업용수나 운하 그리고 원래 항만기능을 뒷받침해오던 하천은 공장의 폐쇄와 정화기술에 의해 청정해지고 여기에 시민을 불러 모으는 수변이 재생되었다. 기존의 항구는 프레져 보트 기지를 갖춘 집합주택지가 되었고 각 시설을 연결하는 운하를 따라 유보도나 자전거 도로의 네트워크도 정비되었다. 그리고 교통 인프라 시설도 구 산업지대의 역사 덕분에 충실하게 완비되어 갔다. 당연한 일이지만 새로운 첨단형 산업이 입지하였다. 취업환경뿐 아니라 거기에서 일하는 사람들의 거주환경도 매우 양호하였다. 거기에 역사적 유산인 공장시설군, 이것이 문화, 교양의 발신 거점이 되고 지역의 아이덴티티가 되었다. 이처럼 자연환경, 산업유산, 교통 인프라, 새로운 취업시설, 거주환경, 이 모든 것이 본래 공업지대의 전환과 재생을 위한 큰 힘이 되었다.

그 지역 일대의 재생의 계기가 된 것이 에센시의 졸페라인 탄광시설(1851년 조업 개시, 1986년 폐쇄) 건물의 보존활동이었다. 지역 대학교수를 중심으로 한 조사에서 예상과 반대로 해체가 아닌 보존 활용이 제기되었다고 한다. 이 보존된 시설군은 2001년 유네스코 세계문화유산으로 등록되었다. 지금은 세계유산의 주변에 거주하는 것이 지역의 자랑거리 중 하나라고 한다. '공업지대에서 문화도시권으로의 재생' 이것도 기존의 도시계획을 초월한 도시 그리고 환경디자인의 세계와 다름없다. 덧붙여 엠셔파크의 마을 만들기가 하드·소프트 양면으로 전개되었다는 점이 2010년에 유럽문화 수도로 선발된 큰 이유이다.

[사진 123] 에센시의 졸펜라인 탄광 제12채굴 갱

전시관, 미술관, 이벤트 홀 등을 포함하는 '제12갱' 방문자 센터로 재생되었다.

[사진 124] 미시시피 강의 미르하우스 뮤지엄(미니애폴리스)

기존의 산업유산, 제분공장을 활용한 사례

미국 산업유산 등의 보존운동

미국에서는 전미에 수력발전의 전력을 공급하는 후버 댐, 그리고 뉴욕과 오대호를 연결하는 운하와 수문, 그리고 공장지대에 물을 공급하는 수관다리, 공장시설군, 산업기계 등의 토목, 건축, 기계시설 등을 포함한 지역 전체를 '역사적 산업유산지구'로 등록한 것이 최초의 시도였다. 그 이후 1800년대 개척 시대의 기억을 머금고 있는 다양한 시설들, 예를 들면 치수, 물류를 담당하는 댐이나 둑, 운하, 공장관련시설, 예전의 전함 등을 포함한 유산군이 각지에 보존되었다.

그것을 지원한 것이 제1장에 소개한 미국의회에 의한 1966년의 역사적 건조물보존법이며, 1976년 동일법과 연동한 「세제개정법」14)(주 14)Tax Reform Act 1976의 성립이다. 이는 민간기업에 산업유산 보존을 촉구하는 큰 인센티브가 되었다.

지금은 미국 각지에서 메인스트리트 센터의 활동을 전개하여 개척 시대 목

---

14) (본문 주 11) 세제개정법(Tax Reform Act 1976)

산업유산의 보존을 포함한 역사적 건물 등의 수복 프로젝트에 대해 그 비용에 드는 세금감면 제도를 창설한 것. 같은 해 이것을 지원하기 위해 재무성에 National Historic Preservation Fund 그리고 독립행정기관인 Advisory Council on Historic Preservation을 설립하였다.

참고 홈페이지

http://www.architecturaltrust.org/home
http://www.preservationnation.org/
http://www.siahq.org/

조주택의 보존이나 항만시설, 발전소 등이 공적인 전시시설, 박물관, 그리고 민간 호텔, 상업시설 등으로 전용되고 있다. 1970년대 이후, 특히 2000년대 이후의 시대에 현저하게 나타나고 있다. 거기에는 정신적인 부분, 그리고 역사를 포함한 아이덴티티를 중시하고자 하는 생각의 큰 흐름이 있었다고 한다. 그중 하나의 흐름이 산업유산의 보존이라고 할 수 있을 것이다.

그 외 각 나라에서 볼 수 있는 보존운동

그 역사적 산업유산의 보존운동은 프랑스나 이탈리아, 스페인, 북유럽 등 전 유럽, 그리고 세계로 확산되었다. 세계 각국의 산업유산 보존의 연락 조직은 주 15[15]의 홈페이지에 제시되어 있다.

세계 각지 역사적 자산의 보존과 활용은 전문가뿐 아니라 일반 시민층이 참여한 형태로 폭넓은 전개를 보여주고 있다는 것이 특징이다. 이는 산업혁명에 의한 공업화, 그 진전의 덕택으로 현재 풍요로운 생활이 실현되어 온 것뿐 아니라 당시의 부정적인 요소였던 수질오염, 대기오염 그리고 토양오염 등을 현대기술로 극복하고 환경을 재생하였다는 것, 이러한 경과를 후세에게 전하는 것이야말로 우리들의 역사 그 자체이며 지역의 아이덴티티로 연결된다고 하는 생각에서 비롯된 것이다.

[사진 125] 본래 발전소였던 곳을 민간 상업시설로 활용한 사례(볼티모어)

---

15) (본문 주 12) 세계 각국의 산업유산보존의 연락조직 http://www.mnactec.cat/ticcih/countries.php

요코하마 세관 본관 청사개수(요코하마 시)

요코하마 3대 탑 중 하나인 '퀸'이라는 애칭으로 알려져 있는 역사적 건물, 요코하마 세관 본관 청사의 보존, 증축(약 1.5배의 증축, 내진보강) 설계의 현상설계에 있어서 두 사람의 건축가(코우야마 히사오香山壽夫·오오노 히데토시大野秀敏)와 도시디자이너(필자) 3인의 협동 팀이 참가하여 당선된 작품이다.

요코하마항·공원, 주위 경관에 대한 배려 등 증축 부분의 높이, 위치, 보존해야 할 외관 등에 대하여 초기 단계에서부터 조건부로 진행되었다. 그 결과, ㅁ자형의 구청사의 서측을 해체하고 그곳에 7층 건축물을 건설함과 동시에 남은 ㄷ자형의 구 건물을 보존하도록 하였다. 특히 외관에 있어서는 충실하게 복원하고 내부는 새로운 기능에 맞추어 부분적으로 참신한 개수방법을 채용하였다. 예를 들면, 중정으로 설비공간을 내부로 끌어들이는 유리와 금속판의 다기능 벽을 세워서 외부의 역사적인 중후한 느낌과 대조되는 수법을 사용하였다.

실시설계단계는 두 건축가에게 위임하였는데 사무소는 감리단계까지 JV로써 관여하였다.

[사진 126] 개수된 외관

[사진 127] 1층 전시실

[그림 13] 아카렌가 소코(빨간벽돌 창고), 죠노하나(코끼리코)와 요코하마 세관
(출전:요코하마세관 설계제안 자료)

요코하마세관 본관청사 증축동
적벽돌 창고
改修棟
죠노하나 파크(코끼리코 공원)

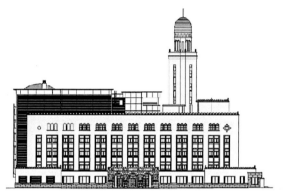

[그림 14] 서측 입면도
(출전:『横浜税関本関事業記録集·生まれ変わるクイーンの塔』国土交通省関東地方整備局営繕部)

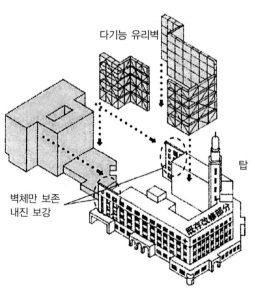

다기능 유리벽

벽체만 보존 내진 보강

탑

旣存改修部分

[그림 15] 기존 개수부분과 증축부분의 구조도

야마시다 거류지山下居留地 유산·구 48번관·산업유산의 보존전시(요코하마 시)

가나가와현립예술극장(KAAT)과 NHK 요코하마 신방송회관의 복합시설의 설계와 도시 디자인의 정비, 역사적 산업유산 보존의 사례. 필자는 주로 도시 디자인에 담당 책임자로써 인접한 구 로아은행(시 문화재) 등의 주변 가구를 포함한 디자인의 조정, 도시 디자인 가이드라인의 책정과 요코하마 시내 최고의 벽돌 건물인 1883년에 건축된 야마시다 거류지山下居留地 구 48번관(현의 문화재), 그 외 역사적 유산의 보존개수와 전시의 중심적 역할을 담당해왔다.

발굴된 유산은 외부에 일시적으로 보관한 후 부지 내로 옮겨져 구 스루가쵸駿河町거리의 가로유산, 하수관(도기관), 가스관(주철관)에 덧붙여 발전기 기초로 추정되는 벽돌덩어리, 우물, 각인벽돌, 건축 페디먼트 등을 거류지 소로라고 명명한 남측 통로 벽면 1층 외관을 원래의 모습으로 수복하여 전시하였다.

그 외 문화재로 지정된 병류, 장식 타일, 식기류는 복합건물 아트리움 내 유리 쇼케이스에 전시되었다. 또 거류지의 역사와 유산의 발굴현장 사진, 해설 등을 전시 패널로 기록하고 있다.

- 발주 : UR도시기구 가나가와지역지사
- 구조 : S조＋RC조＋SRC조
- 층수 : 지하 1층 지상 10층
- 건축면적 : 4,879m², 연면적 : 2만308m²
- 용도 : 극장＋사무소
- 설계 : 고야마香山＋APL 공동체(코우야마 히사오香山壽夫·오노 히데토시大野秀敏)
- 구조 : MUSA연구소＋구조계획연구소
- 설비 : 모리무라森村설계 / 음향 : 나가타永田음향설계 / 조명 : LPA / 유구전시의견교환회, 야마시다 거류지 유적의 가치를 생각하는 모임, 가나가와 고고학재단, 학자 외
- 준공 : 2011년 1월

[사진 128] 구 48번가의 전시 패널

[사진 129] 현지 유구 발굴현장

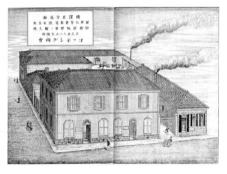

[사진 130] 개수된 구 48번관과 KAAT의 건물의 관계

지붕을 유리 마감으로 하고 야간에는 상층부에서 조명으로 비추고 있다.

[그림 16] 당시의 영국계 상사 코킹상회 건물

굴뚝의 연기는 발전소에서 나오고 있는 것으로 문헌으로부터 추정함

(출전: 『橫浜銅版画』有隣堂)

[사진 131] 유구복원과 설명 패널 (야간)

발굴된 거류지 시대로부터 관동대지진까지의 유물을 외부에 전시하고 있다(거류지 소로).

[사진 132] 구 코킹상회부지에서 출토한 벽돌덩어리

당시 발전기의 기초로 추정됨 (일부 보존전시)

제8장

도시의 매력 만들기
– 생활공간의 디자인 프로듀스

다이칸야마代官山
힐사이드테라스(동경, 시부야)

제1절 도시환경의 연출

1. 도시의 환경장치-스트리트 퍼니처

인간중심의 휴먼 스케일 도시, 그것을 서포트하는 도시의 환경장치로써 도시에 색을 더해주는 다양한 시설들이 있다. 일본어로는 '가구'라고 부르지만 스트리트 퍼니처라고도 하고 용어는 일반화되어 있지는 않다. 왜냐하면 아직 이러한 존재가 도로상으로 인지되지 않은 이유에서이다. 일본에서는 도로상의 통행을 방해하는 것이 법령으로 규제되어 온 현실적인 이유도 있다. 그러나 해외 도시에서는 그 존재가 시민들 사이에서 인지되고 그것이 도시의 매력 만들기에 크게 공헌하고 있다.

[사진 1] 가로수 주변의 써클벤치 (빈의 케른트너 거리)

[사진 2] 주철과 나무로 조합된 벤치(리옹 시내)

[사진 3] 강제다리와 목재의 등받이벤치(치체스터 시내)

[사진 4] pc콘크리트와 목재, 스테인레스로 조합된 세련된 장식의 벤치(뉴욕의 하이라인)

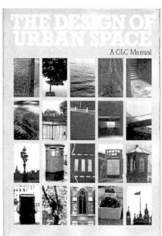

[사진 5] 조명과 트리써클이 일체화된 벤치(프랑크푸르트 시내)

[그림 1] GLC의 디자인매뉴얼의 표지
(출전 : Design of Urban Space, Dept. of Architecture & Civic Design, Greater London Council, Architectural Press, 1980. 10.9)

스트리트 퍼니처의 범주를 나열해보면 보도 위에는 자동차의 진입을 막기 위한 볼라드, 신호기나 가로등, 표지판, 버스정류장에는 사인보드와 쉘터, 공원에는 벤치나 파고라 등 다양한 시설이 있다. 이러한 시설들은 도시의 옥외 공간에 다수 존재하고 다양한 역할을 하고 있다.

특히, 1970년대 이후 서구 도시에서는 일찍이 자동차로 점거된 가로를 보행자 중심의 공간으로 바꾸기 위해 디자인된 벤치나 볼라드류, 식재화분, 조명이나 버너류 등이 적극적으로 공공공간에 전개되었다. 때로는 노상 점포라고 하는 키오스크나 매점, 오픈카페 시설도 인정되어 통행 장해가 되지 않는 범위에서 적극적으로 설치되는 경향으로 전개되었다. 그 시설을 위한 매뉴얼도 각 도시에 있어서 발 빠르게 정비되어 갔다.

스트리트 퍼니처도 연속적으로 다수 설치되어 그 디자인이 도시의 풍경을 구성하는 중요한 존재가 되어 각 지방의 전통 산업을 살린 소재가 활용되는 등 타 도시와의 차별화, 지역 아이덴티티의 표현수단으로서 의미를 갖게 되었다. 그것은 도시생활의 편리와 함께 도시에 색을 더해주는 존재로써 시민들 사이에서 폭넓게 인지되기 시작하였다.

[사진 6] 주철제 구형의 볼라드
(바르셀로나 산츠 역 앞 광장)

[사진 7] 볼라드(세빌리아 시내)
블랙콘크리트에 도장

[사진 8] 볼라드(블루노블 시내)
유압의 가동식

이 제품은 프랑스 각 도시에서
사용되어 IC카드 인지기기와 연
동되어 상하로 가동가능

[사진 9] 클래식한 주철제 볼라드
(르안 시내)

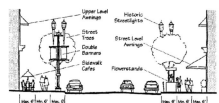

[사진 10] 콘크리트의 볼라드(하
노버 시내)

[그림 2] 노상설치시설의 디자인
매뉴얼 사례
(출전:『海外における都市景観形
成手法』日本建築学会都市計画委
員會)

[사진 11] 지하철 출구(파리 시내)

기마르의 아르노보 의장

[사진 12] 광고탑(파리 샹젤리제
거리)

파리를 물들이는 계절별 이벤트
나 기업광고가 장식되어있음.
그 광고디자인도 파리의 감각
이 느껴짐

[사진 13] 모던디자인의 가로등
(샹젤리제 거리)

파리혁명 200년 기념사업으로
디자인됨

[사진 14] 클래식한 가로등(샹젤
리제 거리)

주철제 보도 등의 낡은 기둥을
재생한 것으로 조명램프는 최
첨단 무전극방전등이 채용됨

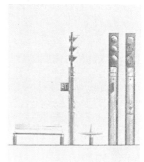

[사진 15] 투명유리의 엘리베이
터샤프트(샹젤리제 거리)

[그림 3] 샹젤리제 거리의 가구
류의 모습
(그림 출전: PARIS PROJECT
NUMERO 30 – 31, 1993)

예를 들어 스트리트 퍼니처 디자인 공모전도 공공건축 공모와 함께 폭넓게 시민들의 주목을 모으는 사례도 적지 않았다. 파리의 샹젤리제 거리에서는 1989년 파리혁명 200년 사업에 맞추어 디자인 공모가 실시되어 다양한 논의를 거쳐 전통적인 의장과 최첨단의 의장이 공존하는 형태에서 새로운 시도가 채용된 사례가 많다. 파리에는 시대를 넘은 디자인 역사가 축적되어 있다. 그 각 시대의 세계적인 최첨단 디자인이 도시 풍경에 살아 숨 쉬고 있는 것이다. 그것을 바라보는 것만으로도 실로 즐겁다. 이처럼 스트리트 퍼니처라는 작은 시설의 디자인 질, 그리고 그 집합이 도시의 품격을 인상 깊게 만드는 요소라고 해도 좋다.

스트리트 퍼니처의 기능별 분류

스트리트 퍼니처의 세계는 시설 그 자체가 갖는 기능이나 관리의 주체별로 다음과 같은 11항목으로 분류된다. ① 사람이 휴식하기 위하여 필요한 가구로서의 휴식계, ② 이용자의 환경을 청결하게 유지하기 위한 위생계, ③ 신문이나 간편한 일용품을 판매하기 위한 판매계, ④ 거리의 행동이나 사람과의 커뮤니케이션을 위한 정보계, ⑤ 축제나 이벤트를 위한 행사계, ⑥ 공원이나 유원지 등의 놀이기구계, ⑦ 공원, 보도, 차도 등 야간의 안전과 연출을 위한 조명계, ⑧ 거리의 교통기관의 운용이나 이용을 위한 교통계, ⑨ 도시의 전기, 가스 제반시설의 관리를 위한 관리계, ⑩ 공원이나 가로, 대형 옥내 공간 등의 경관을 위한 경관계, ⑪ 장애자, 고령자등을 위한 다양한 도구의 배리어프리계 등이 있다.[1] 또 형상으로 보면 주 2[2]에 제시한 것 같은 분류도 있다.

가구류의 시스템 디자인

앞에서 제시한 것처럼 가구류도 공공공간에서 다양한 종류가 있다. 이러한 시설물들을 일정한 계획 방침을 기준으로 하여 시설위치나 디자인을 컨트롤하는 것도 중요하다. 과도한 설치는 시선 장애가 될 뿐 아니라 기능 저해의 면도 있어 그것을 정리하고 통합해나가는 것이 바람직하지만 한편으로는 통합에 의해 기둥이 과도하게 두껍게 되는 등 여러 가지 과제가 남아 있다. 개개의 시설 디자인에는 구조와 의장의 센스도 필요하다.

---

1) 이 분류방법은 GK설계 故西澤健씨에 의함. ⑪은 필자가 시대의 흐름을 반영시켜 그것에 추가한 것

2) 스트리트 퍼니처의 형상별 분류
(a) 짧은 기둥(볼라드계) 시설 – 자동차 진입 방비용, 쓰레기통, 음수대, 사인기둥(단기둥형)
(b) 볼형 시설 – 가로등, 신호기, 표지판, 사인기둥
(c) 벤치, 스툴계 시설 – 벤치, 스툴, 플랜트박스, 기단
(d) 박스계 시설 – 기둥, 전화박스, 쇼케이스, 사인판, 사인탑, 전력큐빌클
(e) 지붕계 시설(쉘터) – 버스정류장 쉘터, 지하철 출입구, 파고라, 아케이드, 파라솔텐트
(f) 소건축계 – 파출소, 키오스크, 공중화장실, 장애자 엘리베이터, 등

[사진 16] 사인기능이 있는 유리로 된 방풍벽과 버스 쉘터(샹젤리제 거리)

[사진 17] 모던디자인의 개방적인 버스정류장 쉘터(리용 시내)

[사진 18] 빛을 투과하는 곡면지붕의 트랜짓 몰의 버스정류장 쉘터(폴란드)

[사진 19] 버스정류장 쉘터(필라델피아의 체스트넛트 스트리트 몰)

[사진 20] 조명기둥(기타큐슈, 문사항) 전주제조의 원심정형 콘크리트기술을 응용함

1990년 굿디자인상 경관상 수상,
설계 : 아프르종합계획사무소 + 남운승지

[사진 21] 조명기둥이나 볼라드류(동경도 임해부도심)

[사진 22] 보도등과 볼라드(동경 임해부도심)

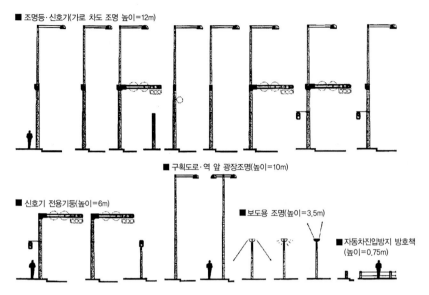

■ 조명등·신호기(가로 차도 조명 높이=12m)

■ 구획도로·역 앞 광장조명(높이=10m)

■ 신호기 전용기둥(높이=6m)

■ 보도용 조명(높이=3.5m)

■ 자동차진입방지 방호책
(높이=0.75m)

[그림 4] 조명등, 신호등(신간가로차도조명 높이=12m)
임해부도심의 기둥형 시설시스템디자인, 디자인 : 아프르종합계획사무소+GK설계, 조명 : 面出薰(LPA), 1996년
굿디자인상 경관상 수상

동경도 임해부도심(린카이후도신)에서는 가로에 설치해야 할 모든 기둥형태 시설에 대하여 전체 디자인 지침에 기본한 시스템 디자인화가 이루어져 가로등, 신호기류, 사인기둥, 볼라드, 방호책류 등을 일정한 소재, 의장으로 통일하였다. 여기에서는 모지항지구에서 사용된 조명기둥을 새롭게 기술을 혁신하여 초고강도 프리스트레스 콘크리트의 원심성형 기둥으로 신호기기능을 동시에 조합하였다. 콘크리트도 골재의 색이나 유리, 시멘트의 색(백색, 보통의 포틀랜드 실리카흄) 등의 다양성을 이용하여 볼라드, 방호책에 이르기까지 시스템화를 시도하였다. 또, 여기서는 보도의 보차도 경계로부터 폭 1m 정도의 범위 내에서 노상설치된 기둥형 시설이 시스템 디자인 지침에 기준하여 모두 컨트롤 대상이 되고 있다.

도시의 환경조각·모뉴멘트류
스트리트 퍼니처로써 모뉴멘트나 조각류도 도시공간을 장식하는 시설임과 동시에 그 장소를 특징짓는 요소가 된다. 그것도 거대하고 상징적인 것부터 애교 있는 환경 놀이시설까지 다양한데 그 설치나 유지관리에 대해서도 충분히 배려되어야 할 존재인 것은 말할 것도 없다. 단, 이러한 시설을 설치할 여유 공간이 준비되어야만 실현 가능한 일이다.

키오스크·매점·노점

일본에서는 노상의 파출소나 공중화장실, 장애자 엘리베이터 등의 고정물이나 이동가능 시설 등이 한정적으로 설치가 인정되고 있으나 그 외에는 대상 외로 제한되는 경우가 많다.[3] 그 점, 앞에서 설명한 것처럼 해외의 도시에서는 가설이라는 조건으로 본격적인 노상키오스크나 매점, 노점 등이 배치되는 사례를 많이 볼 수 있다. 이는 제4장의 오픈카페 운동에서 설명했듯이, 스트리트 와쳐Street-Watcher 효과에 의한 범죄방지, 공간사용료 징수 등의 이점이 시민의 공감을 얻어 합법화된 데에서 유래한다.

[사진 23] 파블로 피카소의 조각
(시카고 리처드 J. 데이리센터 앞)

[사진 24] 분수대 안에 환경조각
(파리, 퐁피두센터)

---

3) 도로법 제32조 제1항 '도로에 다음 각 호의 어느것에 해당하는 공작물, 물건 또는 시설을 설계, 연속된 도로를 사용하고자할 경우에 있어서는 도로관리자의 허가를 받지 않으면 않된다'라고 규정
- 1호 지하시설또는 물건 : 전주, 전선, 변압탑, 우편함, 공중전화소, 광고탑 그 외 공작물
- 4호 가옥 1체시설 : 보행아케이드, 눈대피, 그 외 해당하는 시설
- 6호 이동가능한 시설 : 노점, 상품전시대, 그 외 해당하는 시설

[사진 25] 도시 한 모서리의 조각(취리히)

[사진 26] 프랑델토바사의 환경조각(빈)

[사진 27] 동물의 오브제(뮌헨의 노이하우져 거리)

[사진 28] 유리카페(슈트트가르트의 케니히거리)

[사진 29] 노상 꽃집 키오스크(쿠리치바의 플라워거리)

[사진 30] 노상 서점(코펜하겐)

[사진 31] 노상 새 파는 집(바르셀로나의 랜드브라스 거리)

[사진 32] 노점시장(암스테르담)

[사진 33] 폼페이 보도에 남아 있는 기하학적 모자이크 포장의 흔적
2천여 년 전 시대로부터 도시의 바닥에 문양을 새겨 넣었음을 말해
줌. 그것이 현대도시의 바닥포장 문화에도 면면히 계승되어 왔다.

더욱이 가설시설의 디자인이 꽤 높은 수준에 이르고 있는 것도 일본과는 다른 점들이다. 역시 발 빠르게 도시 내 중심부에 보행자 우선을 실현한 것, 그리고 그것을 이용하는 시민들이 존재한다는 것, 그것이 이러한 시스템을 실현할 수 있었던 큰 요인이라고 말할 수 있다.

2. 도시의 페이브

스트리트 퍼니처가 도시를 연출하는 장치라고 한다면 도시공간의 바닥, 그곳은 다양한 시민활동의 무대가 된다. 그곳은 풍경을 돋보이게 하는 주역이 됨과 동시에 때로는 아름다운 포장도로를 걷는 것이 실로 즐겁게 느껴질 때가 있다. 고금동서로 도시에는 그 도시를 상징하는 광장이나 포장도로가 존재한다. 그 장소에 사용되는 페이브먼트의 소재는 돌, 흙, 구운 돌, 나무 등 실로 다양하다. 때로는 도시생활의 편리를 지원하는 기능 그 자체이며 장소에 따라서는 걸어 다니는 사람들의 눈을 속이는 착시의 소재와 패턴 등도 사용되기도 한다. 페이브는 외벽, 가로등, 수목 등의 음영을 통해 실로 다양한 실현 방법이 가능하다.

해외를 여행하는 즐거움 중 하나는 그 도시 고유의 포장도로와 조우하는 것이다. 시간의 흐름을 견뎌내고 사람들의 생활 속 깊숙이 뿌리내린 페이브의 존재, 거기에서 그 도시의 역사와 문화를 읽을 수 있다.

[사진 34] 작은 돌의 포장석(리스본 시내)

[사진 35] 흑백의 포장석(팔로 시내)

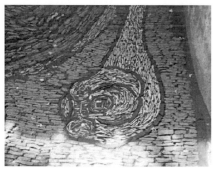

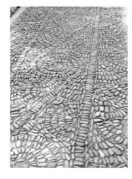

[사진 36] 옥석과 기와의 포장(중국 상하이 요엔上海豫園)

[사진 37] 옥석포장(중국 셋고우쇼 네이하浙江省寧波)

[사진 38] 작은 돌의 포장석(프라하 왕궁주변)

[사진 39] 모자이크 포장(멜버른, 블록아케이드)

[사진 40] 인정미 넘치는 벽돌 포장(오크랜드 파넬 빌리지)

[사진 41] 기억이 전해지는 바닥(바르셀로나, 몬주익 언덕공원)

[사진 42] 코블 포장(프라이부르크)
전통적인 코블은 조례에서 폐기가 금지되어 파헤쳐져도 다시 재이용되고 있다.

[사진 43] 캄포 광장(시에나)
벽돌과 돌의 조합 패턴

3. 도시의 빛

백만 달러의 야경이라고 불리는 도시의 매력 스포트는 세계 각지에 존재한다. 그 야경의 아름다움은 많은 사람들을 매료시킨다. 경관의 세계에서 '그림Figure'과 '배경Ground'이라는 개념이 있다. 빛의 무리를 '그림Figure'이라고 하면 백만 달러의 야경의 무대에는 '배경Ground'이 되는 빛을 흡수하는 거대한 면이 펼쳐진다. 대부분이 산 위에서 본 경우에는 수면, 사막, 그린이다. 수면에는 항해하는 배나 어선의 등불이 떠다니고 달빛이 물결에 요동친다. 지상에는 수면 너머의 도시풍경, 그 배후에는 어두운 하늘이 있다. 그 가운데 도시 활동의 상징이 되어 온 빛이 줄을 지어 빛의 덩어리나 입자로 무리를 이룬다. 여름의 풍물인 '하나비(불꽃)'도 암흑의 하늘이 배경이 된다. 즉, 인간이 느끼는 빛은 상대적인 것이고 배경이 어둡기 때문에 '그림'의 빛을 선명하게 인식하는 것이다. 빛이 범람하는 도시에서는 어떠한 빛도 매몰되고 만다. 이것을 적절하게 제어하는 것도 '경관'이나 '환경디자인'의 세계에서 요구되는 중요한 부분일 것이다.

도시의 라이트업

최근 주목받고 있는 것이 라이트업 수법이다. 다리나 탑, 역사적인 건물을 비추는 라이트업은 경관조명의 꽃이라고 해도 좋다. 앞에서 제시한 모지항門司港에서도 조명디자이너인 이시이 모토코石井幹子와의 협동으로 역사적 건물과 가동식 다리, 수면 등을 무대로 빛환경을 연출했는데 확실히 방문객의 체류 시간이 늘어나고 숙박객이 증가하여 호텔 가동률이 신장하는 등 경제효과를 얻

[사진 44] 야경이 유명한 하코다
테야마函館山

[사진 45] 빛환경의 디자인 사례(모
지항門司港의 제1 선착장 주변)

었다.

그것을 도시적 레벨에서 대대적으로 진행한 것이 파리이다. 1981년에 취임한
미테랑 대통령이 수도 파리의 문화정책으로 일체화된 라이트업을 제창하고
1989년 프랑스 혁명 200주년 기념사업으로 루브르 미술관 나폴레옹 플라자
의 유리 피라미드, 에트월(개선문), 에펠탑 등 센 강을 끼고 좌측과 우측의 저
명한 22개소 건조물이 계획적으로 라이트업되었다.

또, 센 강의 유람선, 바트무슈Bateaux Mouches에서 본 야경을 포함해 세계 대
도시에서도 가장 많은 관광객4)을 불러 모으고 있다고 할 정도로 그 나름의
연출이 다양하게 시도되고 있다.

일본에서는 도시의 라이트업으로써 미나토 요코하마의 라이트업 사업이 있
다. 도시 디자인 행정의 일환으로 국내 지구를 중심으로 문명 개화 이후의
서양 근대문화의 창구로써 번영했던 시대의 역사적 건물군이 라이트업되고
있다. 그 계기는 1986년 가을, 행정뿐 아니라 시민과 기업이 공동작업으로
요코하마 야경연출사업 추진협의회가 발족하여 현의 청사와 세관, 개항기념
회관 등 12동의 역사적 건물에 빛을 비추는 실험에서 시작되었다. 이듬해

---

4) 파리시의 관광객 수

외국인 관광객 : 1,500만 명, 프랑스인 관광객 : 1,100만 명, 합계 2,600만 명, 2002년 파리 관광국 조사

1987년부터 여름에는 9일간 이어지는 '썸머 나이트 페스티벌'과 연계하여 다양한 이벤트와 음악이 함께 하는 야경의 연출효과를 높이고 있다. 그 결과 현재는 50여 개 건축물로 늘어나 다리나 조각 등이 라이트업 대상이 되고 있다. 아카렌가 소코(빨간벽돌 창고)나 가나가와현의 청사, 개항기념회관, 요코하마 세관 등 역사적 건물이나 요코하마베이 브릿지, 야마시다 공원의 분수 등 요코하마를 대표하는 야간 경관을 연출하고 있다.

[사진 46] 요코하마 개항기념회관의 라이트업

[사진 47] 에트윌(개선문)의 라이트업(파리)

[사진 48] 유리 피라미드의 라이트업(파리, 루브르)

[사진 49] 노틀담의 라이트업(파리)

[사진 50] 사크레쾨르의 라이트업(파리)

[사진 51] 건물의 라이트업(파리)

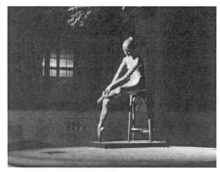

[사진 52] 야간의 보도(파리, 샹젤리제 거리)

쇼윈도와 노면의 밝기가 특징

[사진 53] 조각을 비추는 스포트조명

런던의 보도, 도시에 악센트를 부여한다.

[사진 54] 쿠라시키가와倉敷川를 따라 빛환경을 연출하고 있는 예(오카야마岡山·구라시키倉敷)

이시이 모토코石井幹子의 조명디자인

[사진 55] 보도조명(모지항)

고연색 고압나트륨 등으로 통일되어 있다.

[사진 56] 수로변의 보도조명(동경, 황거주변 도로)
여름은 차가운 빛, 겨울은 따뜻한 빛의 전환식 조명 램프가 사용되고 있다.

가로의 빛

가로조명은 기능적인 빛이 최우선이 되기 쉬운데, 그 배경으로 일본에서는 도로조명 설계 기준에 노면의 휘도나 조도 등 교통안전상의 달성 목표가 정해져 있다. 그러나 세계적으로는 에너지 절약, 환경, 자연생태의 배려 등을 포함해 지역 사정에 맞추어 설정되어 노면조도를 우선하는 가로가 있다면 건물벽면이나 가로수 조명 등을 포함한 수직면을 비추는 느낌의 연출이나 조각 등의 스포트 조명 등 다양한 수법이 전개되고 있다.

또, 지역 전체를 어느 일정한 색온도의 세계로 연출하는 경향이 있다. 예를 들면 유럽 도시에서는 나트륨계의 난색계 색온도가 많이 사용되는 경향이 있고 수은등이나 형광등 등의 차가운 빛이 많은 일본과는 분명히 다르다고 할 수 있다.

그러나 일본에서도 조명디자이너가 참가하는 공공공간 디자인이 증가하고 있고 지역 특성에 맞는 효과적인 조명수법이나 연출이 이루어지고 있다. 그에 따른 도시 매력이 향상됨과 더불어 시민들의 그 장소에 대한 애착이 높아지고 다양한 경제효과를 내는 등 디자인 질이 보다 중요시되는 시대가 되고 있다고 할 수 있다.

도시의 빛

사람들에게 안도감을 주는 요소로써 밤의 도시에 '빛'이 있다. 역시 도시 안에 집집마다 켜지는 빛, 그리고 상점마다 새어 나오는 빛, 그 밝기가 있는 것만으로 사람들은 안심할 수 있다. 그 반대로 인기척이 사라진 어두운 도시, 주간에는 활동적인 도시가 야간에는 음산하고 위험한 곳으로 변한다. 그것이 한층 더 도시에서 사람들이 멀어져가게 한다. 이러한 현상은 근대 이후의 세계 도시에서 발생하였다.

이것을 극복한 것이 제2장에서 소개한 유럽 도시이다. 지금은 밤늦게까지 도시 안에 빛이 남아 있다. 들은 바로는 이탈리아의 도시재생도 빛의 부활에

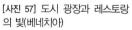

[사진 57] 도시 광장과 레스토랑의 빛(베네치아)

[사진 58] 고급주택지의 야간 조명(보스턴)
안심의 관점에서 심야도 점등한다.

서 시작되었다고 한다. 거주하는 사람이 사라진 각 주택의 개조를 반복함으로써 사람들이 그곳으로 돌아가고 밝기가 되살아난다. 그리고 길모퉁이의 카페나 레스토랑의 불빛이 그곳에서 생활하는 사람들이 머무는 장소가 된다. 이와 같은 시나리오가 착실하게 실천되어 왔다. 또 주택가에는 거리나 현관 앞의 밝기가 도시의 방범효과로 이어졌다. 오래된 전통주택가에서는 산업혁명기에 일찍이 가스등이 설치되었는데 지금은 그것이 전기등으로 전환되어 각 집집마다 야간에도 빛을 비추는 것을 지역 차원에서 정하는 사례도 적지 않다. 전면도로에 있는 편의점도 지역의 외벽색이나 야간에 상점에서 새어 나오는 빛의 밝기, 색온도를 주위 분위기에 맞추는 등의 자주적인 규제를 시행하고 있다.

이와 같이 '밝기＝방범·안전'에 관한 지역의 협조가 그 도시의 전통문화를 육성하여 그 도시에서 사람들이 지속적으로 살아가도록 하는 것으로 이어지고 있다. 이것이야말로 지속가능한 사회, 지속가능한 마을 만들기의 기본이라고 할 수 있을 것이다. 그 의미에서는 또 한 번, 빛이 갖는 의미를 재인식해도 좋지 않을까 생각한다.

카츠시카葛飾 시바마타타이샤쿠텐柴又帝釈天 참배도로 조명계획(동경, 카츠시카葛飾구)

영화 '남자는 괴로워'의 무대가 되었던 동경 카츠시카葛飾의 시바마타타이샤쿠텐柴又帝釈天 참배도로, 그 영화에서 그려졌던 직주혼합형의 시다마치 상점가는 개개의 점주의 노력으로 동경을 대표하는 마을로 변화하였다. 그 거리를 후세에 계승하기 위해 지역상점가의 거리 가이드라인 만들기가 시작되었다.

필자는 동경도의 멋진 거리 만들기 추진조례에 기반하여 2004년에 경관디자이너로 선정되어 2년간 지원한 결과 참배도로의 상점가를 중심으로 한 절이나 주위의 상점들이 참여한 특정비영리활동법인 시바마타柴又 거리 협의회가 탄생하고 2006년 지역주도형의 거리 가이드라인을 책정하였다.

그 기념사업으로써 이루어진 것이 '시바마타 요이아카리宵灯り 계획'에 의한 참배도로 점포의 라이트업이다. 목적은 전통적인 목조점포의 영업과 참배도로를 왕래하는 사람들의 흐름이 교차하는 공간을 참배도로 약 250m 구간에서 라이트업 조명으로 비추는 것이다. 그 휴먼스케일의 친근한 공간연출을 완성하였다. 더불어 각 상점의 간판을 라이트업함으로써 종래의 수은등 점등 때와는 다른 조명효과를 낼 수 있게 되었다.

전체를 색온도 3천 켈빈의 온기 있는 빛으로 통일하고 건물의 아래 조명은 무전극방전등, 간판조명은 LED 등의 초박형 기구를 사용하여 일몰 후 상점가의 번화함과 시다마치의 정서를 온화하게 연출하였다.

이 시바마타타이샤쿠텐柴又帝釈天 참배도로 라이트업'은 2007년 조명학회 조명보급상을 수상하였다.

- 사업주체 : 신메이카이神明会
- 참배도로 : 폭 5.5m, 길이 250m
- 설계 : APL(Architecture Planning and Landscape design)
- 시공 : MARUWASHOMEI
- 사업연도 : 2006년 참배도로 라이트업 사업 등(시바마타 레트로 요이아카리 계획)

[사진 59] 종전의 조명

[사진 60] 새로운 본보리ぼんぼり조명에 의한 야경

[사진 61] 종전의 조명

[사진 62] 새로운 본보리ぼんぼり조명에 의한 야경

[사진 63] 본보리ぼんぼり조명

[사진 64] 간판조명

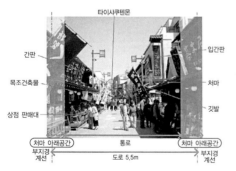
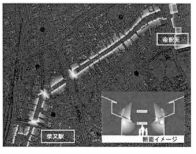

[그림 5] 시바마타柴又스러움(시바마타 지역성을 잘 살린)

[그림 6] 타이샤쿠텐帝釈天 참배도로 조명계획

타이샤쿠텐帝釈天 / 시바마타柴又역 / 단면 이미지

제2절 걷고 싶은 거리형성을 향하여

1. 마을의 원점·생활공간

지금 맞이하고 있는 환경혁명시대, 도시의 모습은 에너지 소비의 억제를 향해 크게 변하고 있다. 사실 그것을 향한 움직임은 이미 시작되었다. 그중 으뜸은 '콤팩트 시티', '도시 내 거주' 등의 키워드로 대변되는데 이미 문화인이나 부유층을 중심으로 직주근접형의 생활방식이 주목받고 있다. 변화에 눈을 뜬 젊은층에서도 통근시간의 단축과 이동에 드는 에너지 절감이 중요한 관점이 되어가고 있다. 이는 일본뿐 아니라 전 세계의 트렌드가 되어가고 있다. 근대도시계획의 분리이론에 문제의식을 가지고 발 빠르게 수정하고 전통적인 거주도시를 사수한 것이 유럽의 각 도시였다. 그 단적인 예가 파리이다. 이곳은 세계 유수의 대도시이면서 야간인구가 주간인구보다 많다고 알려져 있다. 그 증거로 도시에서 눈에 잘 띄는 거리에 면한 빌딩은 하층부가 상업시설, 상층부가 주택, 최상층부는 최고급주택이 들어서 있다. 그 질서 정연한 혼재가 매우 훌륭하다. 그리고 한보 물러선 뒤쪽의 거리에 이르면 그곳에는 생활도로가 존재하여 항상 도시에는 사람들의 인기척을 느낄 수 있는 안도감이 있다. 필자의 취미는 세계 도시의 유리지붕 파사쥬를 보는 것인데 산업혁명기의 1700년대 말부터 1900년대 초두의 백수십 년간 만들어진 당시

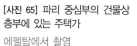

[사진 65] 파리 중심부의 건물상층부에 있는 주택가
에펠탑에서 촬영

[사진 66] 파사쥬(파리)
1826년 건축된 갤러리 비비엔
Galerie Vivienne

최첨단의 철 프레임과 유리 천창의 '빛의 가로'로 지금까지 남아 있는 것이 세계에 백여 사례에 불과하다. 프랑스에서는 파사쥬, 영국에서는 아케이드, 이탈리아에서는 갤러리아 등의 명칭으로 불리는데 파리 중심부에만 20개 가까운 파사쥬 공간이 존재한다.

유리로 구분되어 있는 하층부는 상점이나 레스토랑인데, 천창의 상층부는 격리되어 전혀 다른 별세계의 거주공간이 지금까지 남아 있다. 그 거주자야말로 상점의 친숙한 고객이라고 해도 좋을 것이다. 그것이 바로 지속가능한 사회라고 할 수 있는 것이다. 전면도로는 샹젤리제 거리에서도 근처에 거주하는 시민이 평상복 차림으로 유유히 산책하고 벤치에서 휴식하는 풍경을 볼 수 있다. 이곳이 바로 생활거리이다.

역시 살고 싶은 도시를 실현하는 데는 그를 위한 그릇으로써의 거주기능과 그 주위의 환경 만들기가 중요한 것이다. 그 양면이 구비되었을 때, 도시에 거주자가 정착한다고 하는 극히 당연한 이치가 일본에서는 소홀히 여겨지고 있는 듯한 느낌이 든다. 여기서는 거주기능이 완비된 매력적인 거리의 사례를 소개하고자 한다.

2. 생활공간의 거리형성

다이칸야마代官山 힐사이드테라스(동경 시부야) – 시간축에 의한 건축설계의 집적

건축가는 개개의 건축설계를 통해 도시의 전체적인 그림을 그린다. 그러나 도시적 스케일에까지 한 사람의 건축가가 지속적으로 관여하는 예는 일본에서는 극히 드물다. 그 대표적인 사례가 1969년 제1기 완성에서부터 1992년 제6기까지 장기간에 걸친 건축가 마키 후미히코槇文彦에 의해 조성된 다이칸야마代官山 힐사이드테라스 및 그 주변공간이다. 이곳은 간선도로를 따라 거리를 형성하기 위해 1층에 점포를 배치하고 상층부를 주택으로 한 도시형 주택의 모델이 되고 있으며, 덧붙여 동경이라는 지가가 높은 장소임에도 불구하고 용적률 제한에 꽉 채워 건축물을 건설하지 않고 환경의 질을 지킴으로써 건축적 가치를 높여 왔다. 그리고 상업공간의 개방성과 거주공간의 프라이버시를 확보하는 두 가지 양면을 세심하게 고려한 영역만들기가 이곳의 본받을

[사진 67] 메인스트리트 샹젤리제거리를 걷는 평상복 차림의 시민들 모습(파리)

[사진 68] 다이칸야마代官山 힐사이드테라스 제1기의 모서리에 있는 플라자

만한 점이라고 할 수 있다.

지금은 패셔너블한 도시로 변신한 동경의 다이칸야마代官山이지만, 당시 구 야마노테 거리주변은 몇 개의 상점과 조용한 주택, 별장지가 존재하는 전형적인 교외형 마을이었다. 그 때문에 간선도로를 따라서 제1종 주거전용 지역(당시 지정)이 높이 10m의 규제가 걸려있었던 것이 그 이후 건축설계상 제약이 되어 결과적으로는 3층 규모와 녹지가 공존하는 집합주택지, 거리의 점포군이 거리를 형성하는 형태가 되었다. 이 건축군의 경관적 특징은 40여 년에 걸쳐 각종 건축물들이 세워짐으로써 건물 파사드의 연속적 흐름가운데 시대의 첨단적인 디자인이 혼재되는 등 전체적인 어울림과 건축가의 센스가 조화롭게 표현되어 있다는 점들이 많은 잡지에서 소개되고 있다.

그 사이, 다이칸야마는 크게 변화하여 용도지역 지정의 변경으로 10m의 높이제한이 철폐된 제6기 계획에서도 동일한 스케일감을 유지하여, 가능한 한 이전의 건축양식을 그대로 따르는 등 실로 거리경관을 유지하고 있다. 그리고 거리에 면한 1층 부분의 변화로운 점포구성이나 개소에 코너플라자(모퉁이의 소광장), 파티오(중정)가 만들어지는 등 건축이 이루어내는 도시공간에 충분한 배려가 깃들여져 있다. 또, 시대에 앞서가는 디자인, 재료의 사용방법, 파사드의 구성방법 등 모더니즘의 큰 틀 안에서 각각의 시대를 나타내는 다양한 표현들이 구현되었다. 이 프로젝트는 시공 주체와 건축가의 강한 신뢰관계가 장기간 지속되었다는 점에서 건축의 집적이 도시를 만든다는 이상적인 모습을 보여주고 있다.

● 다이칸야마 힐사이드테라스

● 다이칸야마 힐사이드테라스

[사진 69] 제3기

[사진 70] 제2기

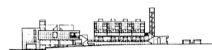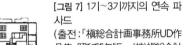

[그림 7] 1기~3기까지의 연속 파사드
(출전:『槇総合計画事務所UD作品集・昭和55年版』 (株)槇総合計画事務所)

마쿠하리幕張 베이타운(치바千葉현 치바시) – 거리경관디자인위원회의 디자인조정

주택지 개발계획에 즈음하여 복수의 사업자를 엮는 형태로 거리경관 디자인 위원회 방식에 의한 설계조정을 시도한 예로 '마쿠하리幕張 베이타운'이 있다. 이곳은 전체를 조정하기 위한 도시 디자인 가이드라인과 계획디자인회의, 단지별로 계획조정자를 정해 단지를 구성하는 건축설계단계에서 복수의 건축가 등용을 의무화하는 등 특징적인 디자인 조정 시스템을 채용하고 있다. 이렇게 만들어진 거리경관은 종래의 '단지' 이미지를 불식할 정도로 새로운 계획적 시가지의 전체상을 제시하였다.

주택지 전체의 개발 및 도로, 공원 등의 기반정비를 치바현 기업청이 담당하고 각 단지의 주택개발사업은 공단이나 민간 복수 주택사업자에게 위임하였다.

도시로서 완결성을 확보해가면서 마을의 깊이감을 이끌어내고 있는데, 각 단지는 기본적으로는 도로를 따라 배치한 ㅁ자형이지만 정점인 3개 요소마다 세밀한 기준과 규칙을 세우고 있다. 그것을 설계단계로 피드백하여 필요에 따라 규칙을 변경하는 등 더 나은 마을을 만들기 위해 유연성을 발휘할 수 있는 시스템이 적용된 점도 큰 특징이라고 할 수 있다. 지명된 많은 건축가

들 사이에서 설계조정을 하는 데 대단한 에너지가 필요하다는 것은 말할 나위 없지만 디자인된 거리경관에 매혹되는 거주자층을 확보하고, 주위 도시가운데에서 두드러지게 인기가 많은 거주지를 형성해오고 있다.

오부세小布施의 마을 만들기 – 지역에 뿌리내린 건축의 집합

'지역에 뿌리내리다'라는 말을 실천해온 사례로써 오부세小布施 마을 만들기, 그에 관여해온 건축가 미야모토 타다나가宮本忠長의 활동을 소개하고자 한다. 이곳은 관광지로써의 거리경관 정비와 생활환경의 보전, 즉 거주공간의 개선을 양립시키면서 동시에 진행하였다는 의미에서 주목할 만하다.

'잃어버리고 있는 오래된 흙으로 만든 창고나 마치야는 오부세小布施의 독자적인 마을 만들기라는 생각하에 지역문화로 다시보고 마을의 개성을 전하는 중요한 요소로 생각하여 적극적으로 보존, 재생해나가기로 한 것이다.

더욱이 이러한 목조건축의 개수에 있어서는 단순히 오래된 것을 오래된 것으로서의 모습을 남기는데 그치지 않고 새로운 가치를 부가하여 현대생활에 소생시키는 것[5]처럼 세심한 전통적 기법을 도입하여 광장 만들기, 밤나무 오솔길을 정비하는 등 지금까지 없었던 새로운 매력을 이끌어냈다. 이 점은 지금까지의 보존사업과는 차별되는 부분이라고 할 수 있다. 이 정비계획에서 세웠던 목표는 첫 번째 거주자 생활의 질적 향상, 두 번째 지역의 어메니티, 세 번째가 관광을 포함한 산업의 진흥이다. 이 세 가지 목표 모두 실현되었다.

---

5) 출전 : 『建築士のための指定講習テキスト·平成10年版』

[사진 71] 마쿠하리 베이타운의 거리경관

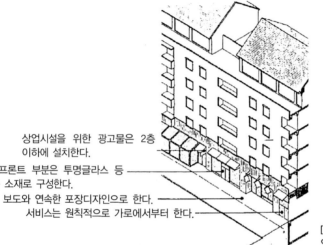

상업시설을 위한 광고물은 2층 이하에 설치한다.

가로에 면한 프론트 부분은 투명글라스 등 투과성이 있는 소재로 구성한다.

보도와 연속한 포장디자인으로 한다.

서비스는 원칙적으로 가로에서부터 한다.

[그림 8] 마쿠하리 베이타운의 저층부의 디자인 가이드라인 사례

[사진 72] 오부세 마을

정면은 신용금고의 일본풍 건축물

[사진 73] 오부세의 밤나무 오솔길

밤나무의 재료를 포장 부분에 사용한 도로공간

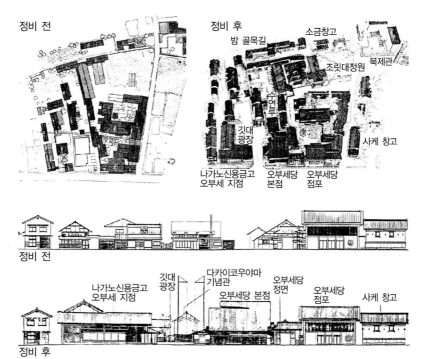

정비 전

정비 후
밤 골목길
소금창고
북제관
조릿대정원
깃대
광장
수연루
사케 창고
나가노신용금고
오부세 지점
오부세당
본점
오부세당
점포

정비 전

[그림 9] 오부세의 경관정비 전후
의 평면비교도, 전면도로의 파
사드 비교도
(출전: 『建築士のための指定講習
テキスト·平成10年版』への宮本
忠長氏の原稿より)

나가노신용금고
오부세 지점
깃대
광장
다카이코우야마
기념관
오부세당 본점
오부세당
정면
오부세당
점포
사케 창고

정비 후

오부세는 나가노현 북부의 인구 1만 2,000명의 작은 마을이지만 지금은 연간 120만 명 이상의 관광객이 방문하고 있다. 30년 전에는 나가노 근교의 일반적인 농가 중심의 마을로 밤과자를 파는 작은 상점이 모여 있는 조용한 마을이었다. 1976년 호쿠사이칸北斎館의 설계 이후, 미야모토 타다나가宮本忠長와 이 지역 일대의 토지를 소유하는 오부세당의 이치무라가문市村家과의 신뢰관계에서 기존건물의 개수, 이축, 광장 만들기 등이 전개되었고 지금은 신슈信州·나가노長野를 대표하는 관광지가 되었다. 이것이 지자체 직원, 지역주민, 그리고 지역의 유지들, 지역에 뿌리내린 건축가의 연계에 의한 거리경관정비사업의 성과이다.

3. 마을의 반공공공간, 노지의 회복

앞에서 소개한 다이칸야마 힐사이드테라스에 대하여 건축가 마키 후미히코는 다음과 같이 말하고 있다. '이 계획의 특징은, 각 건물이 단순히 구 야마노테 거리에 면하고 있는 것뿐 아니라, 부지 내에 세워진 내부와 외부의 공공 공간에 의해 각각 다른 골목길을 선택하면서 다시 구 야마노테 거리로 돌아올 수 있다. 이렇게 함으로써 보다 풍요로운 소요성을 부여할 수 있다.'[6] 즉 의도적으로 노지, 광장 등을 부지 내 곳곳에 배치함으로써 다양한 분위기의 도시공간을 연출하고 있다.

또 앞에서 소개했던 오부세도 밤나무 오솔길이나 깃발 광장 등 감각적인 외부환경 조성이 이루어지고 있다. 이는 전통적인 집락이나 도시 내에 조성된 노지 등 반공공 공간의 질적인 부분과 일맥상통한다. 마꾸하리 베이타운의 중정 광장이나 통로 공간도 같은 유형이라고 할 수 있다.

자동차의 통행을 주 기능으로 하는 큰길은 없다. 그곳에는 휴먼스케일의 세계가 펼쳐진다. 큰길을 공공공간이라고 한다면 노지나 작은 소광장은 공과 사의 중간영역인 반공공 공간이라고 할 수 있다. 이 반공공 공간을 풍요롭게 하는 것이 기분 좋은 거주환경의 도시를 조성하는 데 중요한 요소라고 생각한다.

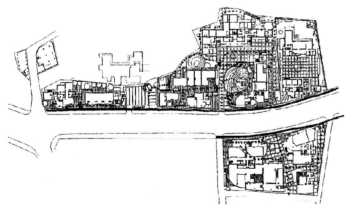

[그림 10] 다이칸야마 힐사이드테라스
'회귀성 있는 골목길'
(출전: 전게서)

---

6) 출전:『ヒルサイドテラス+ウェストの世界』槇文彦編著、鹿島出版会

지금까지 일본의 도시계획에서는 방재의 관점에서 이 노지공간을 꺼려했다는 느낌이 든다. 지금도 각지에서 방재라는 명분으로 불연화, 고도이용을 위한 마을 만들기가 전개되고 있다. 그 가운데 전통적인 노지공간이 소멸되고 있지만 아주 좁은 길은 위험한 존재가 되기도 한다.

한편, 앞에서 소개한 유럽 각 도시에서는 역사적 지구의 보전이 적극적으로 진행되고 있다. 그 보전은 형태뿐 아니라, 살아 있는 도시로써 시민들의 생활이 보장되고 있다. 좁은 노지가 넓혀지는 것이 아니라 그 풍경 그대로 후세대에 전해지도록 소중히 지켜나간다. 그리고 역사지구는 시간의 흐름에 따라 점점 더 방문자들이 가고 싶은 곳이 되어 관광명소가 되고 결과적으로 그 지역의 경제 활성화를 지탱하는 존재가 된다. 노지공간에서는 태양광이 강한 지역에서는 여름의 자외선을 차단하고 전통주택의 현관 앞에는 벤치나 스툴을 놓아서 할머니들이 뜨개질을 하고 근처 주부들이 담소를 나눈다. 노지 안쪽은 언제나 풍요로운 생활공간이 살아 숨 쉬고 있다. 그것은 이탈리아 산악도시나 역사적 시가에서도 유사한 풍경을 볼 수 있다. 이는 자동차 사회 이전부터 전통적인 문화였고 노지공간은 도시의 '내부·외부의 퍼블릭스페이스'인 것이다.

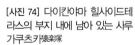

[사진 74] 다이칸야마 힐사이드테라스의 부지 내에 남아 있는 사루가쿠츠카猿楽塚
노지 일부가 연결되어 있다.

[사진 75] 노지의 길가에 나와 앉아 있는 가족들의 풍경(에규이스하임)

[사진 76] 계단이 있는 노지(도
브로부니크)

[사진 77] 노지공간(카세레스)
좁은 노지가 생활공간이 된다.

[사진 78] 카페, 레스토랑이 나열된 노지(체스터 중심시가)

오오사카 · 호우젠지요코쵸^{法善寺橫丁}의 전통적 노지의 계승

한편 그 전통적 노지의 풍경을 지키기 위한 운동이 결실을 맺은 사례가 있
다. 2002년 9월, 오오사카, 미나미의 도톤보리道頓堀 구 나카자中座의 해체공사
중 화재의 연소로 같은 구획인 '호우젠지 요코쵸法善寺橫丁'의 19점포가 소실되
었다. 그 후 2번째 반복된 화재에도 끄떡이지 않고 폭 2.7m의 요코쵸橫丁에
애착이 있는 시민들이나 전국 응원단의 지지를 받아 점주들의 강한 의지로
종전의 노지공간과 부지의 조성이 계승되어 2004년 2월에 영업을 재개하게
되었다.

부흥 단계에서 큰 장해가 됐던 것이 좁은 노지의 문제였다. 건축기준법에서

는 4m 이상의 도로로 접근할 의무가 있다. 재건에 있어서 도로폭을 넓힐 필요가 있다는 것은 전문가에게 당연한 일로 받아들여졌다. 게다가 소방법의 관점에서도 노지 후면에 밀집되어 있는 음식점가의 시비가 논의되었다. 이러한 방재상의 문제를 안고 있는 지구는 지금까지 방재불연화를 위해 재개발되어 도로폭이 확대되어 점차 소멸되어 갔다. 호우젠지요코쵸法善寺橫丁의 경우에도 폭 2m 정도의 노지 양측에는 음식점이 나열되었다. 존속되는 것이 확실히 어렵다고 생각해도 이상할 문제가 아닐 정도였다.

그러나 일반시민의 눈으로는 아시아인인 일본인이 선호하는 요코쵸橫丁의 풍광이 없어진다는 데에 대한 거부감이 있었다. 역사적인 경관을 남기기 위한 서명활동이 시작되고 이것이 전국의 지원자들을 불러 모았다. 벽면을 후퇴시키면 좁은 상점이 점점 좁아지게 되고 가옥의 정면 폭도 좁아지게 된다. 더욱이 용적률 규제가 있어서 입체화에도 한계가 있다. 풍경의 정취가 없어지면 방문객이 줄어들게 된다. 매스컴의 논조도 동정적이었다. 오오사카시의 담당자도 건축기준법의 특례를 적용하고자 정부(국토교통성주택국)와 상담하여 건축기준법의 연단건축물설계제도를 적용하게 된 것이다. 이는 설계조정된 복수건축물에 대하여 용적률 등의 규제를 일체적으로 적용하는 시스템이다. 이 제도는 1998년 건축기준법 개정에 의해 창설되어 이듬해 시행되었다. 사실 이전부터 역사적 구 항구나 어촌집락 등의 경관지구에 있어서 노지 풍경의 계승을 꾀하기 위한 방법이 모색되었다.

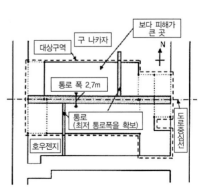

[사진 79] 재생된 호우젠지 요코 쵸法善寺橫丁와 보전된 폭 2.7m의 노지(오오사카)

[그림 11] 호우젠지 요코쵸法善寺 橫丁의 연단제도의 인정구역과 도로폐지에 의해 보전된 폭 2.7m의 노지.
참고 URL
http://www.mlit.go.jp/common/000047739.pdf

[사진 80] 호우젠지요코쵸法善寺横丁 입구

1980년대 정부 주관의 연구회[7]에서 이러한 집락의 경관보존에 관하여 건축
기준법 제86조가 확대 해석된 것은 아닌지에 대한 생각을 한 적이 있었다.
이미 주택국 내에서 준비하고 있었다고 봐도 좋을 것이다. 이 제도를 적용하
는 데 있어서는 건축계획에 대하여 특정한 행정청이 안전상, 방재상, 위생상
의 관점에서 심사하여 인정한다는 시스템이 있다.

전국에서 주목받은 부흥계획은 행정적인 대응이 신속하게 이루어져, 스구사
마시에서의 연단제도 적용에 대하여 설명회가 열리고 전문가 지도가 이루어
지는 등 이전의 풍경이나 경관을 보존한 마치나미를 재건하고자하는 지역관
계자의 의지가 모여 '호우젠지요코쵸法善寺横丁건축협정서' '호우젠지요코쵸法善寺横
丁마을 만들기 헌장'을 체결하기에 이른다. 화재로부터 1년 반이라는 경이적
인 스피드로 호우젠지요코쵸法善寺横丁가 재건되었다. 그 협정 내용은 ① 통로
폭이 2.7m 이상일 것, ② 층수는 3층 이하로 할 것, ③ 구조는 내화 건축물

7) 건축, 마치나미 경관연구회, 쿠마겐고(隈研吾), 오오노 히데토시(大野秀敏), 후노슈지(布野修治), 건설성주
   택국시가지건축과 외, 필자 참가, 『建築まちなみ景観の創造』技法党出版(1994.2), 절판

로 할 것, ④ 3층의 외벽을 후퇴시켜 피난을 위한 발코니 및 피난기구 등을 설치할 것, ⑤ 통로 부분에는 행동에 지장을 주는 간판 등은 설치하지 않을 것이다.

이렇게 요코쵸가 부활하여 입구 간판의 후면에는 많은 시민들의 지원에 대한 감사의 글이 기록되어 있고 그 감사의 마음을 잊어서는 안 된다는 강한 의지로 마을 만들기 헌장이 벽면에 각인되어 있다. 2006년에는 오오사카 도시경관건축상(애칭 오오사카 마치나미상) 특별상을, 호우젠지요코쵸法善寺横丁부흥위원회를 포함한 4개 단체가 수상하였다. 이는 요코쵸를 지지한 사람들에 수여하는 훈장이기도 하다.

어느 의미에서는 지금까지 좁은 노지를 허물고 넓은 가로를 조성하는 것이 근대도시계획의 이상으로 여겨왔다. 그러나 그것은 어디까지나 자동차 중심 사회의 유산물이라는 의견이 점차 폭넓게 대두되고 있다. 이는 새로운 시대로의 전환점을 향한 여명일지도 모른다.

제3절 도시의 매력 만들기를 위한 시스템

1. 도시환경디자인은 도시의 종합 프로듀스

도시의 재생은 사람이 단순히 모이는 것뿐 아니라 그곳에 정착해서 생활하는 것이 중요한데, 그러기 위해서는 사람들을 이끄는 도시의 '매력'이 불가결하다고 주장해왔다. 그것을 실현하기 위한 방법론 중 하나는 도시환경디자인 즉, 개선수법이다. 그것은 안전하고 건강하며 쾌적하고 아름다운 환경을 회복하고 창조하는 것을 기본으로 한다. 여기에는 기능적인 측면 뿐 아니라 감성에 호소하는 요소들도 다분히 포함된다.

그 단적인 예가 영화나 연극, 음악 세계일 것이다. 도시 디자인은 이처럼 감성에 호소한다는 의미에서 서로 통하는 면이 있다. 이 세계에서는 프로듀서라는 직업이 존재한다. 프로듀서는 기획, 입안에서부터 그것을 작품으로 완성되기까지 종합적인 책임자로써 고객의 타깃을 응시하여 자금 확보에서부터 채산성, 수익성을 주시하면서 그것을 총체적으로 관리하는 디렉터(감독)를 지명하는 권한이 있다. 디렉터는 프로듀서와 상담하여 각 역할을 배분하고 선정한다. 지금은 제작이 복잡해져서 전체를 총괄하는 이그제큐티브 프로듀서가 복수의 프로듀서를 관리하는 시대가 되었다.

도시 만들기의 경우에는 대부분 공공이 주도하고 이그제큐티브 프로듀서 역할은 결국 행정의 총책임자, 프로듀서 역할은 그를 보좌하는 각 담당자가 맡는다고 할 수 있다. 아름답고 매력적인 마을 만들기를 실현시킨 도시에서는 선견지명이 있는 훌륭한 책임자가 존재하여 유능한 디렉터 역할을 등용해왔다. 1970년대 샌프란시스코의 앨런 제이콥스, 프라이부르크의 크래오스 훈베르트, 요코하마의 타무라 아키라田村明, 이 책에서 이미 소개한 선배들을 들 수 있다. 그 의미에서는 행정담당자의 능력이 얼마만큼 그 마을의 매력을 배가시킬 수 있는지를 잘 보여주고 있다.

요코하마의 사례에서는 1970년대 도시 디자인실의 초동기에 있어서 다양한 도시 정책이 전개되었는데 필자가 가장 높이 평가하는 것이 JR칸나이역関內駅에 예정되어있던 고가수도고속도로 가나가와선神奈川線을 수로로 변경시켰다는 것, 현재 우아한 아름다움을 보여주고 있는 베이브릿지의 의장이 지금의 모습이 되도록 정부와 협의한 것, 그리고 적벽돌 창고로 대표되는 역사를 살린 도시 만들기로 전개한 것들이다. 또 야마노테 언덕의 경관보전을 위한 요강 만들기, 중심부 건물의 용적률을 제한하도록 설정하여 시가지 환경설계 제도에 의한 보너스 제도로 양호한 건물을 유도하는 일 등 셀 수 없이 많다. 그

[사진 81] 마켓 거리의 번화한 모습(샌프란시스코)

[사진 82] 수로에서 놀고 있는 어린이(프라이부르크)

로부터 40년이나 경과하여 지금은 국내에서도 가장 매력적이고 건강한 도시가 되었다. 이 책에서 소개한 해외 도시도 모두 우수한 도시 프로듀서의 이름이 알려져 있다.

2. 질 높은 디자인에 대한 기대

도시재생을 위해 나라에서 솔선하여 그 도시공간의 디자인을 추진하는 것을 제창해온 사례가 바로 영국이다. 1998년 건축가 리차드 로져스[8]가 의장을 담당했던 영국정부의 어반 TF가 그것이다. 그 보고서 『우리들의 도시 : 그 미래 – 어반 르네상스를 향하여』[9]는 새로운 어반 디자인의 시점에 기반하여 105 항목을 제언하고 있다. 그것은 이듬해 2000년 11월 의회보고 이후 실제 마을 만들기에 적용되었다고 한다.

제언의 상세는 번역본이나 인터넷상에 소개되었는데, 도시 디자인에 관련된 항목 중 몇 항목을 인용하는 등 첫 머리글이 '도시를 사람을 위해 재생하는 것'이었다.

다음으로 '사람이 제일', '도시구조물의 디자인 및 품질의 적정화'를 주장한 13번째의 제언은 '잘 디자인된 장소는 사람에게 이롭고 공간과 환경자원의 효율

[사진 83] 요코하마 적벽돌 창고의 정면으로 보이는 베이브 릿지
초기의 도시 디자인실의 노력으로 바 트러스 다리에서 사장교로 의장이 변경되었다.

---

8) 리차드 로져스(Richard George Rogers, 1933~) : 영국의 대표적인 건축가, 대표작에 퐁피두 센터(파리), 로이드 오브 런던(런던) 등이 있다.

9) *Our Towns and Cities : The Future – Delivering an Urban Renaissance*, 2000. 11.

적 사용을 가능케 한다', 이어서 14번째는 "정부가 바람직하다고 생각하는 '장소'란 매력적인 가정을 실현하고 안심하게 이용할 수 있는 질 높은 공공 공간이 마련되어 상점, 학교, 보건시설, 레저시설에 걸어서 또는 자전거로 쉽게 접근할 수 있고 효율적이며 신뢰할 수 있는 공공교통이 양호한 서비스를 제공하는 '장소'이다"로 되어 있다.

이는 21세기형 어반 디자인(도시환경디자인)이라고 할 만한 내용으로, 자동차 사회를 극복하여 '사람'과 '보행자'를 주체로 하여 매력 있는 도시공간 만들기를 실현해야 한다고 하는 의미로 해석할 수 있다. 런던에서는 참신한 도시공간 디자인 사례가 출현하였다. 지방의 리버풀, 버밍험 등에 있어서도 중심시가의 보행자 공간이나 건축디자인, 역사적 건조물의 보존재생 등이 실현되어 쇠퇴한 도시의 재생 즉 어반 르네상스가 눈에 보이는 형태로 시민들에게 제시되었다. 이러한 움직임들이 다시금 사람들을 중심부로 모여들게 하는 효과를 낳았다고도 할 수 있을 것이다.

또 영국 정부가 1999년에 설립한 CABE[10](영국건축도시환경위원회)는 나라나 지방 지자체의 건축, 도시의 디자인 안에 대하여 등록된 전문가들에 의한 디자인과 리뷰, 기술적 지원 등을 수행하여 영국 내 공공공간 디자인의 질적 향상을 추진하는 큰 역할을 담당하였다.

이러한 도시환경 전체에 걸친 디자인 지향은 영국에 국한되지 않고 유럽 도시, 미국이나 세계 선진국에서는 당연하게 받아들여지고 있다. 예를 들면 스페인 바르셀로나나 빌바오에서는 중심부에 새로운 디자인이 전개되어 많은 사람들을 불러 모으고 있다. 이곳을 방문했던 느낌은 그 공공공간의 디자인 질이 매우 높다는 것이다. 그에 반해 일본의 레벨은 아직 낮은 수준이라고 할 수 있다. 그러나 디자인의 힘이 느리게나마 점차 인식되기 시작하고 있다고도 생각된다.

---

10) 영국건축도시환경위원회(Commission for Architecture and Built Environment) : 2005년부터 영국정부의 법정행정기관

[사진 84] 번화함이 회복된 리버풀의 중심시가

[사진 85] 밀레니엄 브릿지(런던의 템스 강)

디자인 리뷰 제도는 일본에서는 앞에서 소개한 요코하마 시에서 1970년대부터 일찍이 도시 디자인실을 중심으로 시작되어 행정 내부에 그 디자인 전문직이 마련되어 왔다. 그 내부 심사에 덧붙여 도시미대책심의회라는 학자들에 의한 경관 심사도 이루어졌다. 그 결과 시내의 건축이나 공공 토목시설의 디자인에 있어서 민간의 설계조직 스태프에게 높은 레벨이 요구되어 결과적으로 실현된 디자인의 질이 다른 도시보다 월등히 높아지게 되었다. 또 모지항의 공공공간디자인에 있어서도 도시경관 어드바이스 회의에서 심사를 받았는데 그것은 어느 의미에서 디자인을 실현하기 위한 조직구성을 포함해 지자체 직원들을 계몽하는 작업이었다고 생각한다.

3. 도시환경디자이너 직무확립에 대한 기대

서구에서는 '도시환경디자이너Urban Designer 11)'가 직업으로써 확립된 지 오래다. 그러나 일본에서 그것을 직함에 사용된 예는 적다. 일반시민들 사이에서

---

11) 도시환경디자이너(Urban Designer) : 지금까지 도시디자이너, 어번디자이너라는 명칭이 일반적이었으나 본 서에서는 이처럼 표현하였다.

[사진 86] 구겐하임 미술관 근처에서 놀고 있는
어린이들(빌바오)

그 직업의 존재가 알려져 있지 않고 육성되지 않았다는 것이 현실이다. 또
한편으로 공공공간이나 교량 등 토목의 세계에서는 '경관디자이너'라는 호칭
도 정착되어가고 있다. 지금까지 어쨌든 기능적이며 견고한 구조물 설계에
무게가 실려 왔던 분야로 비로소 경관에 주목되어 왔다는 의미에서는 환영
할 만하다. 실제로 필자도 이 세계에서 구체적인 설계에 참여하는 인재를 육
성해야 한다는 자부심이 있다. 그러나 여기에서도 형태나 미적 가치에 구애
받은 나머지 거기서 행동하는 사람들의 생각이나 생활의 감각이라는 것을
간과해버리는 경향이 있는 것 같다. 이 부분에서 경관설계와 도시환경디자인
과의 갭을 느낀다.

도시 만들기는 확실히 도시공간의 질, 즉 사람들이 쾌적하다고 느끼는, 그리
고 사람들을 불러 모으는 매력 만들기의 세계가 요구된다. 이는 지금까지 기
능주의적 도시 만들기가 아니라 감성의 영역에까지 내딛는 센스, 그리고 과
거, 현재, 미래를 포함한 시간축을 초월한 디자인의 힘이 불가결하다.

그 의미에서는 도시환경디자인의 세계는 각 전문영역이 세분화하여 복잡해
진 각 분야를 통합하여 일반시민에게 알기 쉬운 언어로 이야기하는 것이다.
기획 그리고 코디네이트하는 힘이 필요하다. 코디네이트는 직역하면 '조정하
다'를 의미한다. 도시공간의 디자인 요소는 마치나미를 구성하는 건축군, 외
부공간으로서의 가로나 공원, 광장, 경우에 따라서는 수변이나 철도, 지하공
간까지 다양한 요소가 대상이 된다. 경관법이 제정되어 일반시민도 도시경관

에 큰 관심을 갖는 시대가 되었다. 지역이나 도시의 아이덴티티만들기, 경쟁화 시대에서 살아남을 수 있는 매력을 어떤 형태로 획득해나갈 것인가의 과제가 있다.

도시 디자인의 세계, 즉 총체적인 디자인을 일정한 규범 아래 조정해나가는 것이 요구된다. 도시는 살아 있는 유기체라고 할 수 있다. 형태를 만드는 것뿐 아니라 거기에 영혼을 불어넣어 거주자 한 사람 한 사람이 생활을 즐기는 것, 그 이용을 포함한 매니지먼트 수법까지 구축하는 것이다. 이러한 직무와 직업이 요구되고 있는 것이다. 그것은 지금부터 도시를 쾌적하고 활기넘치는 모습으로 만들어가기 위해 반드시 필요한 분야라고 확신한다.

맺음말

지금부터 10년 전, 대학 학창시절에 많은 도움을 받았던 이토 시게루 씨로부터 부탁이 있었다. 그는 일본의 유명 조명회사가 전국 5개 지역에서 개최하는 연속 강연을 작년에 본인이 담당했지만, 올해는 내가 맡아주기를 바랐다. 나는 그 강연을 맡기로 했고 '도시환경디자인과 도시의 활성화'라는 주제를 정하여 홋카이도에서 큐슈까지 순회 강연을 했다. 또한 도쿄의 닛켄설계 도시경영포럼(제178회)에서 같은 주제로 내용 보완하여 강연하였다. 의외로 지방에서 온 청중의 반응이 좋았던 기억이 있다. 그것은 도쿄와 지방의 격차에 관한 이야기로서 당연한 것일 것이다.

그 내용을 기초로 『도시환경디자인론』의 출판에 대한 의뢰가 학예출판사로부터 온 것이 8년 전의 일이다. 다음 해에 인연이 되어 시바우라공업대학교의 교수직에 취임하게 되었다. 전공 분야는 도시 만들기 관련의 계획 및 설계로서 실무 분야의 내용을 주로 지도하게 되었고, 수년간 강의준비와 교육에 주력하는 시간을 보내게 되었다.

젊은 시절부터 실무에 주력하여 전국 각지의 주민들과 대화하면서 계획과 설계를 경험한 실천적인 수법이 공감을 받아 많은 잡지에 작품소개를 행할 기회가 있었다. 또한 건축가, 토목기술자, 디자이너들과의 협동작업과 여러 현상설계에 참여하여 많은 성과를 얻기도 했다. 나는 세 명의 은사인 오타니 유키오, 마키 후미히코, 타무라 아키라 선생에게서 많은 영향을 받았고, 그 영향은 나의 활동과 작업들의 기초가 되었다. 젊은 시절부터 세계의 도시를 견학한 경험들과 그러한 경험들을 대학 강의에서 학생들과 공유한 결과, 나의 연구실은 많은 학생들로 붐비게 되었다.

지금 생각해보면, 내가 일했던 마키종합계획사무소의 10년간(1974~1984년)

은 나에게 많은 자극을 주었다. 최첨단의 해외 건축작품과 도시개발 프로젝트 사례들을 보았고, 마키 선생을 방문한 그 당시의 유명한 건축과 도시 디자인 분야의 전문가들과 만날 수 있는 기회를 가졌고, 때때로 도쿄를 안내하기도 했다. 사무소의 직원들 모두는 젊은 시절부터 해외 견학을 통하여 많은 자극을 받은 사람들이었다. 그러한 자극의 추구는 마키 선생의 가르침이기도 했다. 1970~1980년대 당시, 내가 견학한 유럽과 미국의 도시들은 도시 만들기에 있어서 커다란 전환점을 맞이하고 있었다. 그 전환점의 현장을 경험한 것이 후에 나의 도시 연구와 작업에 커다란 영향을 주었다. 그것이 이 책의 근저에 흐르고 있는 사상이라고 말할 수 있다. 지난 7년간 집필에 몰두한 1년을 제외하고 거의 매년 과거에 견학했던 도시를 다시 방문하여 그 도시의 성과를 검증하였다.

일본의 많은 도시를 방문했을 때, 역시 '일본의 도시 만들기'는 무언가 커다란 잘못을 하고 있는 것은 아닌지 생각하곤 했다. 계획자 및 설계자로서 관여한 도시재생 사례가 높게 평가되곤 하지만 그것은 이력에 있어서 극히 일부에 지나지 않는다. 대부분은 도시계획제도와 행정의 체계, 지방의회의 구태의연한 체질의 벽으로 인하여 공허한 결과가 되곤 하였다. 그것을 보완하지 않으면, 일본의 지방 중소도시의 재생은 가능하지 않을 것이다. 그러한 확신이 이 책의 저술로 이어졌다. 조금이라도 지방도시의 재활성화에 공헌하고 싶다는 희망을 담고 있다.

그러한 의미에서 욕심 많은 책이라고 말할 수 있다. 내용이 가볍고 부족하다고 말할 수 있을지 모르겠다. 실은 이 책의 기본은 대학에서 교육한 '경관·환경디자인', '도시환경디자인'의 30회분의 강연 자료로 이것을 1 / 4로 압축하고 문장을 간략히 하였으며 내용 또한 요약 정리하였다. 이 점에 대해서는 양해를 구하고 다음 편에서 보충하고 싶은 생각이지만, 다음 편의 출간은 독자의 반응에 따라야 할 것이다.

이 책을 어느 정도 정리한 단계에서 2011년 3월 11일 대지진으로 나의 집도 지반액상화로 크게 파괴되었고, 지역 일대의 가옥 다수가 피해를 당했다. 주말은 온종일 이재민 지원에 참여하면서, 시대가 커다랗게 변하고 있다고 생각하게 되었다. 결국 책을 대폭 수정하게 되었다. 대학 교육과 실무 작업을 행하면서 밤에 집필할 수밖에 없어서 1년의 시간이 걸렸지만, 잘 마무리할 수 있었다. 이것은 여러 선후배, 대학동료, 사무소, 조력자 모두의 도움이 있었기에 가능했다. 이 책의 집필이 완전히 정리되면, 이번에는 동북 재해지역 지원에 참여할 것이다. 아울러 현역 활동을 계속하고 싶은 바람이다.

오랜 시간에 걸쳐 해외 조사를 위한 시찰단을 기획해 준 지역과학연구회, 일본교통공사, 재단법인 도시 만들기 공공디자인센터, 도시환경디자인회 국제위원회, 현지 공식 방문의 안내 및 통역 담당자들 모두에게 감사의 마음을 전한다. 학예출판사의 마에다 씨는 이 책의 최초 기획에서 지금까지 많은 조언을 해주었고 특히 지난 2년간 출판을 위해 많은 도움을 주었다. 이 책의 디자인, 레이아웃, 교정에 관여한 모든 사람들에게도 감사의 마음을 전한다. 또한 바쁜 일상생활을 지탱해준 가족, 특히 재해를 입은 후에도 근린조사와 지원에 바쁜 나의 옆에서 묵묵히 집을 수리해준 아내에게 고마움을 전한다.

2012년 3월
나카노 츠네아키

인용문헌·참고문헌 리스트(注 : *印付は筆者が編·著に関与)

서설

- 『日本の都市は救えるか―アメリカの成長管理政策に学ぶ』 矢作弘、大野輝之、開文社出版、1990
- 『まちづくりの知恵と作法』三井不動産S&E研究所地、日本経済新聞社、1994
- 『海峡の街 門司港レトロ物語』財団法人、北九州市芸術文化振興財団、1996*
- 『特続可能な都市―欧米の試みから何を学ぶか』福川裕一・岡部明子・矢作弘、岩波書店、2005
- 『都市縮小の時代』矢作弘著、角川書店、2010
- 『都市計画 根底から見なおし新たな挑戦へ』 蓑原敬編著、西村幸夫地著、学芸出版社、2011

제1장

- The death and Life of Great American Cities, Jane Jacobs Penguin Books, 1961
- STUDIES IN CONSERVATION, Her Majesty's Stationery Office, 1968
- The Urban Design Plan for the Comprehensive Plan of San Francisco, May 1971, Allan B. Jacobs, SAn Francisco Department City Planning San Francisco, 1971
- Contemporary Urban Design, Cristina Paredes Benitez, Daab Pub, 2009
- 『明日の田園都市』E・ハワード、長素連訳、SD選書28・鹿島出版会、1968
- 『輝く都市』ル・コルビュジェ、坂倉準三訳、SD選書33・鹿島出版会、1968
- 『アテネ憲章』ル・コルビュジェ、吉阪隆正訳、SD選書102・鹿島出版会、1976
- 『アメリカ大都市の死と生』ジェーン・ジェイコブス、黒川紀章訳、SD選書118、鹿島出版会、1977
- 『ル・コルビュジェの構想―都市デザインと機械の表徴』 ノーマ・エヴァンソン、酒井孝博訳、井上書院、1984
- 『ヨーロッパの都市再開発』木村光宏、日端康雄、学芸出版社、1984
- 『都市再生のパラダイム―J・W・ラウスの軌跡』窪田陽一他、PARCO出版、1988
- 『サンアントニオ水都物語』ヴァーノン・G・ズンカー、神谷東輝雄訳、都市文化社、1990
- 『アメリカの都市再開発』木村光宏、日端康雄、学芸出版社、1992
- 『都市開発を考える―アメリカと日本』大野輝之、R・エバンス、岩波書店、1992

- 『サンフランシスコ都市計画局長の闘い』 アラン・B・ジェイコブス、蓑原敬他訳、学芸出版社、1998
- 『都市のり・デザインー特続と再生のまちづくり』鳴海邦碩他、学芸出版社、1999
- 『都市再生の都市デザインープロセスと実現手法』加藤源、学芸出版社、2001
- 『英国の中心市街地活性化ータウンセンターマネジメントの活用』 横森豊雄。同文館出版、2001
- 『都市デザインマネジメント』北沢猛他著、学芸出版社、2002
- 『欧米のまちづくり・都市計画制度ーサスティナブル・シティへの途』 伊藤滋他、民間都市開発推進機構都市研究センター 2004
- 『次世代のアメリカの都市づくりーニューアーバニズムの手法』ピーター・カルソープー、倉田直道他訳、学芸出版社、2004
- 『オーダー・メイドの街づくりーパリの保全的刷新型 「界隈プラン」』 鳥海基樹、学芸出版社、2004
- 『まちづくりの新潮流』松永安光、彰国社、2005
- 『都市美ー都市景観施策の源流とその展開』西村幸夫他、学芸出版社、2005
- 『エリアマネジメント』小林重敬、学芸出版社、2005
- 『英国の建築保存と都市再生』大橋竜太、鹿島出版会、2007
- 『フランスの景観を読むー保存と規制の現代都市計画』和田幸信、鹿島出版会、2007
- 『都市計画の世界史』日端康雄、構談社現代新書、2008
- 『都市美運動ーシヴィックアートの都市計画史』中島直人、東京大学出版会、2009
- 『米国の中心市街地再生ーエリアを個性化するまちづくり』遠藤新、学芸出版社、2009
- 『アメリカ大都市の死と生』ジェイン・ジェイコブス、山形造生訳、鹿島出版会、2010
- 『フランスの開発形都市デザインー地方がしかけるグラン・プロジェ』赤堀忍、鳥海基樹、彰国社、2010
- 『都市の戦後ー雑踏のなかの都市計画と建築』初田香成、東京大学出版会、2011
- 『新建築 71.8・特集 ・アーバンデザインの系譜』新建築社、1971
- 『都市住宅 7412・特集 ・保存の経済学』鹿島出版会、1974
- 『都市住宅 8408・特集・日本の都市デザインの現在』鹿島出版会、1984
- 『都市住宅 8411・特集・都市環境と水辺』鹿島出版会、1984
- 『プロセスアーキテクチュア No.97 特集・デザインされた都市ボストン』 神田駿、小林正美、1991
- 『造景 200108・33・特集・街なみ環境のデザイン』建築資料研究社、2001

제2장

- CHESTER : A STUDY IN CONSERVATION, Report to the Minister of Housing and Local Government and the City and County of the City of Chester, Donald W. Insall and Associates, HMSO, 1968
- CHICHESTER : A STUDY IN CONSERVATION, Report to the Minister of Housing and Local Gocernment, HMSO, 1968
- YORK : A STUDY IN CONSERVATION, Report to the Minister of housing and Local Government, Viscount Esher, HMSO, 1968
- BATH : A STUDY IN CONSERVATION, Dept. of Environment, Stationmery Office Books, HMSO, 1969
- Conervation in Action : CHESTER'S GRIDGEGATE, Dept. of Environment, Stationery office Books, 1982
- Conservation in Chester : Conservation Review Study, Donald W. Insall, Cyril M. Morris, Chester City Council, 1986
- FREIBURG ehmal−gestern−heute, Hans Schadek, Steinkopf Verlag, 2004
- Conservation and Sustainability in Historuc Cities, Dennis Rodwell, Wiley−Blackwell, 2007
- CHESTER THROUGH TIME, Paul Hurley, Len Morgan, Amberley Publishing, 2010
- 『都市のルネサンス−イタリア建築の現在』陳内秀信、中央公論社、1978
- 『イタリア都市再生の論理』陳内秀信、SD選書147・鹿島出版会、1978
- 『アーバンテザインレポート』ヨロハマ都市テザインフォーラム実行委員會、1992
- 『環境首都フライブルク』資源リサイクル推進協議会編、中央法規出版、1997
- 『にぎわいを呼ぶイタリアのまちづうり』宗田好史、学芸出版社、2000
- 『絵になるまちをつくる・イタリアに学ぶ都市再生』民岡順郎、NHK出版、2005
- 『ヨーロッパ環境都市のヒューマンウェア』大橋照枝、学芸出版社、2007

제3장

- The Landscape of Contenporary Infrastructue, Kelly Shannon Marcel Smets Nai Uitgevers, 2010
- 『路面電車が街をつくる−21世紀フランスの都市づくり』望月真一、鹿島出版会、2001
- 『路面電車ルネッサンス』宇都宮浄人、（新潮新書）新潮社、2003
- 『バスでまちづくり−都市交通の再生をめざして』中村文彦、学芸出版社、2006
- 『駅デザインとパブリックアート−大江戸線26駅写真集　21世紀の地下鉄駅をめざして』

伊奈英次、東京都地下鉄建設株式會社、2000
- 『駅再生ースペーステザインの可能性』鹿島出版会、2002
- 『世界の駅ーStations』三浦幹男・三浦一幹、ピエ・ブックス、2009
- 『ストラスブールのまつづくりートラムとにぎわいの地方都市』ヴァンソン藤井由実・吉崎佳代子、学芸出版社、2011

제4장

- Pedestrican Areas：From Malls to Complete Networks, Klaus Uhlig, Architectural Book, 1991
- NEW CITY SPACES, Jan Gehl, et al. The Danish Architectural Press, 2001
- Public Places Urban Spaces, Tim Heath, Taner Oc, Steve Tiesdell, Routledge, 2003
- Mall Maker：Vuctor Gruen, Architect of an American Dream, M.Jeffrey Hardwick, Univ of Pennsylvania Pr, 2004
- Cities for People, Jan Gehl, Island Pr, 2010
- 『都市の自動車交通ーイギリスのブキャナン・レポート』 イギリス運輸省編、八十島義之助、井上孝訳、鹿島出版会、1965
- 『都市環境の演出ー装置とテクスチュア』 ローレンス・ハルプリン、伊藤ていじ訳、彰国社、1970
- 『景観論』G・エクボ、久保貞、鹿島出版会、1972
- 『人間のための街路』バーナード・ルドフスキー、平良敬一他訳、鹿島出版会、1973
- 『楽しく歩ける街』宮崎正、岡並木、経済協力開発機構、パルコ出版、1975
- 『ショッピング・モール ＜制度篇〉』岡並木、地域科学研究会、1980*
- 『ショッピング・モール ＜実践篇〉』岡並木、地域科学研究会、1980*
- 『設計計画シリーズショッピングモール』吉田襄、井上書院、1982
- 『ショッピングプロムナード』高崎志保彦、地域科学研究会、1984
- 『ショッピングモールの設計計画』高崎志保彦、彰国社、1985
- 『街路の景観設計』土木学会編、技報堂出版、1985
- 『歩車共存道路の計画・手法ー快適な生活空間を求めて』天野光三他、都市文化社、1986
- 『建築設計資料(17) 歩行者空間』高崎志保彦編集・建築思潮研究所、1987
- 『都市環境のデザインー空間創造の実践』高崎志保彦、プロセスアーキテクチュア社、1992
- 『都市環境のデザイン (2)』長島孝一、蓑原敬、プロセスアーキテクチュア社、1995
- 『海外における都市景観形成手法』日本建築学会都市計画委員会、1999

- 『公共空間の活用と賑わいまちづくり』都市づくりパブリックデザインセンター、学芸出版社、2007
- 『建築と都市 a ＋ u · 73.8号 · 特集 · アメリカの広場』エー · アンド · ユー社、1973
- 『建築文化 76.5 · 特集 · コミュニティデザイン』彰国社、1976
- 『都市住宅 8305 · 特集 · 歩車共存道路の理念と実践』鹿島出版会、1983
- 『都市住宅 8508 · 特集 · 街並の設計手法 戸建住宅地の場合』鹿島出版会、1985

제5장

- City and port : The Transformation of Port Cities, Han MAyer, International Books, 2003
- Remaking the Urban Waterfront, Urban Land Institute, ULI- Urban Land Institute, 2004
- A＋T 35/36 : Public. Landscape Urbanism Strategies, A＋T Ediciones, 2010
- 『都市のウォーターフロント開発』ダグラス · M · レン、横内憲久、鹿島出版会、1986
- 『ウォーターフロント開発の手法』横内憲久、鹿島出版会、1988
- 『水辺の景観設計』土木学会、技報堂出版、1988
- 『港の景観設計』土木学会、技報堂出版、1991*
- 『ウォーターフロントの計画ノート』横内憲久、共立出版、1994
- 『日本の都市環境デザイン · 北海道 · 東北 · 関東編』 都市環境デザイン会議、建築資料研究社横、2003*
- 『日本の都市環境デザイン · 中国 · 四国 · 九州 · 沖縄編』 都市環境デザイン会議、建築資料研究社横、2003*
- 『日本の都市環境デザイン · 北陸 · 中部 · 関西編』 都市環境デザイン会議、建築資料研究社横、2002*
- 『清渓川復元 ソウル市民葛藤の物語』 黄祺淵、リバーフロント整備センター、日刊建設工業新聞社、2006
- 『イギリスの水辺都市再生ーウォーターフロントの環境デザイン』樋口正一郎、鹿島出版会、2010
- 『ソウル清渓川再生ー歴史と環境都市への挑戦』朴贊弼、鹿島出版会、2011

제6장

- Great City Park, Alan Tate, Taylor & Francis, 2001
- 『緑の東京史』東京都造園建設業協同組合、思考社、1979
- 『庭園 · 虚構仕掛のワンダーランド』SD編集部 · 鹿島出版会、1984

- 『緑のまちづくり学』進士五十八、学芸出版社、1987
- 『図説江戸図屏風をよむ』 小沢弘、河出書房新社、1993
- 『近代公園史の研究ー欧化の系譜』白幡洋三郎、思文閣出版、1995
- 『ヨーロッパ庭園物語』ガブリエーレ・ヴァン・ズイレン、小林章夫監修、創元社、1999
- 『人間都市クリチバ』服部圭郎、学芸出版社、2004
- 『日本の庭園ー造景の技とこころ』進士五十八著、中央公論新社（新書）、2005
- 『ヨーロッパの庭園ー美の樂園をめぐる旅』岩切正介、中央公論新社（新書）、2008
- 『バルセロナ旧市街の再生戦略ー公共空間の創出による界隈の回復』 阿部大輔、学芸出版社、2009
- 『バルセロナー地中海都市の歴史と文化』岡部明子、中央公論新社（新書）、2010
- 『プロセスアーキテクチュアNo.4（1978.02）特集・ローレンス・ハルプリン』1978
- 『プロセスアーキテクチュアNo.16（1980.07）南欧の広場』1980
- 『Kukan 90年N1月号 / No.6 特集：バルセロナ1990 都市・建築・インテリア』学習研究社、1990
- 『プロセスアーキテクチュアNo.94（1991.02）特集・ロバート・ザイオン』1991
- 『プロセスアーキテクチュアNo.78（1988.07）特集・ポケットパーク』1988

제7장

- Sienzig Kilometer Hoffnung：Die IBA Emscher-Park：Erneuerung eines Industriegebiets, Manfred Sack, Deutssche Verlags-Anstalt, 1999
- Internationale Bauausstellung Emscher Park, Klartext Verlagsges. Mbh, 2008
- IBA Emscher Park, Christa Reicher, et al. Klartext Verlagsges, 2010
- 『京都市の町なみ』産寧坂伝統的建造物群保存地区編、京都市、1977
- 『横浜銅版画ー文明開化期の建築』神奈川県立博物館編、有隣堂、1982
- 『妻籠宿保存・再生のあゆみ』太田博太郎地、南木曾町 1984
- 『横浜山手洋館群保存対策調査』横浜市教育委員会、1985
- 『日本の産業遺産ー産業考古学研究』山崎俊雄、前田清志、玉川大学出版部、1986
- 『ニッポン近代化遺産の旅』清水慶一・増田彰久、朝日新聞社、2002
- 『横浜説関本関事業記録集・生まれ変わるクイーンの塔』国土交通省関東地方整備局営繕部、2003*
- 『IBAエムシャーパークの地域再生ー成長しない時代のサスティナブルなデザイン』永松栄、水曜社、2006
- 『近代化遺産探訪ー知られざる明治大正昭和』清水慶一・清水裏、エクスナレッジ、2007
- 『八幡製鉄所近代産業遺産（建築物）保存・利活用検討調査報告書』新日本製鐵、2009*

- 『SD別冊横浜 都市計画の実践的手法その都市づくりのあゆみ』鹿島出版会、1978
- 『SD別冊都市デザイン横浜ーその発想と展開』鹿島出版会、1992
- 『都市住宅 7502・特集・川越 保存から計画へ』鹿島出版会、1975

제8장

- Design of Urban Space, Dept. of Architecture & Civic Design, Greater London Council, Architectural Press, 1980
- PARIS PROJECT NUMERO 30-31, ESPACES PUBLICS, 1993
- Our Towns and Cities: The Future-Delivering an Urban Renaissance, Transport & Regions, Dept. of the Environment, Stationery Office Books, 2000
- 『アーバン・デザインの手法』J・バーネット著、六鹿正治訳、鹿島出版会、1977
- 『槇総合計画事務所UD作品集・昭和55年版』(株)槇総合計画事務所、1980
- 『ストリート・ファニチュアー 屋外環境エレントの考え方と設計指針』西沢健、鹿島出版会、1983
- 『アーバンデザインー軌跡と実践手法』アーバンデザイン研究体、彰国社、1985
- 『モール・広場とデザインエレメントーFussgaengerbereiche＋Gestaltungselemente』D・ベーミングハウス、岡並木監訳、地域科学研究会、1986
- 『街のサイン計画ー屋外公共サインの考え方と設計』宮沢功、鹿島出版会、1987
- 『パブリックデザイン事典』稲次敏郎他、産業調査会、1991*
- 『都市の夜間景観の演出』都市の夜間景観研究会、大成出版社、1992
- 『建築・まちなみ景観の創造』建築・まちなみ景観研究会、技法堂出版、1994*
- 『照明事典 ー Lighting design』照明事典編集委員会、産業調査会、1998*
- 『建築士のための指定講習テキスト・平成10年版』(株)日本建築士会連合会、1998
- 『環境・景観デザイン百科ー光・色・水・緑・景観材料の設計術』彰国社、2002*
- 『都市 この小さな惑星の』リチャード・ロジャース、太田造史他訳、鹿島出版会、2002
- 『都市 この小さな国の』リチャード・ロジャース、太田造史他訳、鹿島出版会、2004
- 『英国の持続可能な地域づくりーパートナーシップとローカリゼーション』長島恵理、学芸出版社、2005
- 『都市と建築の照明デザイン』面出薫、六耀社、、2005
- 『ヒルサイドテファス＋ウエストの世界』槇文彦、鹿島出版会、2006
- 『小布施まちづくりの奇跡』川向正人、新潮社 (新書)、2010
- 『世界のSSD100ー都市持続再生のツボ』東京大学cSURーSSD研究会、彰国社、2007
- 『新建築・住宅特集 1987.6・まちづくり小布施町並修景計画』新建築社、1987

인간중심의 도시환경디자인

초판발행 2014년 12월 29일
초판 2쇄 2016년 11월 9일

저   자 나카노 츠네아키
역   자 곽동화, 이정미
펴 낸 이 김성배
펴 낸 곳 도서출판 씨아이알

책임편집 박영지, 김동희
디 자 인 윤미경
제작책임 이헌상

등록번호 제2-3285호
등 록 일 2001년 3월 19일
주   소 04626 서울특별시 중구 필동로8길 43(예장동 1-151)
전화번호 02-2275-8603(대표)
팩스번호 02-2275-8604
홈페이지 www.circom.co.kr

I S B N 979-11-5610-105-5 93610
정   가 26,000원